BLUE BOOK OF SHANGHAI

总　编／王　战　于信汇

上海社会发展报告（2016）

ANNUAL REPORT ON SOCIAL DEVELOPMENT OF SHANGHAI (2016)

优化社会政策　促进社会治理

荣誉主编／卢汉龙
主　　编／杨　雄　周海旺

社会科学文献出版社
SOCIAL SCIENCES ACADEMIC PRESS (CHINA)

图书在版编目(CIP)数据

上海社会发展报告：优化社会政策，促进社会治理. 2016/杨雄，周海旺主编—北京：社会科学文献出版社，2016.1
（上海蓝皮书）
ISBN 978－7－5097－8689－5

Ⅰ.①上…　Ⅱ.①杨…②周…　Ⅲ.①社会发展－研究报告－上海市－2016　Ⅳ.①D675.1

中国版本图书馆CIP数据核字（2015）第320369号

上海蓝皮书
上海社会发展报告（2016）
——优化社会政策　促进社会治理

荣誉主编／卢汉龙
主　　编／杨　雄　周海旺

出 版 人／谢寿光
项目统筹／郑庆寰
责任编辑／陈　颖

出　　版／社会科学文献出版社·皮书出版分社（010）59367127
地址：北京市北三环中路甲29号院华龙大厦　邮编：100029
网址：www.ssap.com.cn
发　　行／市场营销中心（010）59367081　59367090
读者服务中心（010）59367028
印　　装／北京季蜂印刷有限公司

规　　格／开　本：787mm×1092mm　1/16
印　张：21.5　字　数：326千字
版　　次／2016年1月第1版　2016年1月第1次印刷
书　　号／ISBN 978－7－5097－8689－5
定　　价／79.00元

皮书序列号／B－2006－046

《上海社会发展报告（2016）》
编　委　会

主要编撰者简介

卢汉龙 上海社会科学院社会学研究所资深研究员，中国社会学会学术委员会委员，享受国务院特殊津贴专家。主要研究领域为应用社会学理论和发展社会学。在现代化与社会结构转型、社会指标与生活质量、消费文化与时间分配、就业与社会阶层、都市化与社区理论研究方面均广有建树。曾先后在美国纽约州立大学、杜克大学、明尼苏达大学、康奈尔大学、耶鲁大学、布朗大学和英国社会发展研究院等著名学府从事过讲学和客座研究工作。专长于社会统计与社会调查，并在社会学实证研究方法推广与决策研究方面有积极贡献，在国内外社会学界和决策咨询方面均享有良好声誉，曾受聘担任上海市人民政府参事。现在同时还担任英国《社会学》（*Sociology*）杂志国际编委，香港《中国评论》（*China Review*）杂志编委，香港人文社会研究所顾问，中国城市国际研究网络理事等学术职务。从2001年起，负责《上海社会发展报告》的研究编写工作。

杨　雄 现任上海社会科学院社会学研究所所长，上海社会科学院社会调查中心主任，研究员，社会学博士。上海市第十二届政协委员，上海市儿童发展研究中心主任，上海市家庭教育研究中心主任，当代青年研究杂志社社长、总编辑。学术兼职：中国社会学会常务理事，中国社会学会青年社会学专业委员会理事长，国家市场、民意与社会调查标准化委员会委员，中国青少年研究会常务理事等。主要研究领域：青年社会学、社会调查与决策咨询研究、社会思潮与青年文化、独生子女与代际关系。曾主持国家哲学社会科学规划办、中央文明办、上海哲学社会科学规划办、国际奥委会等多项重要课题。出版有《激情与理性：中国青年知识分子激进主义思潮研究》《社会阶层新构成》《网络时代与社会管理》《中国青年发展演变研究》《青春与性》《巨变中的中国青年》《社会学理论前沿》（主编）等10多部专著；发表论文《特大城市社会稳定风险评估》《独二代成长状况与未来家庭、社会的风险》《十三五中国社会发展面临挑战及政策思考》等60多篇。研究成果曾获全国教育科学优秀成果一等奖、上海市哲学社会科学优秀论文二等奖、上海市决策咨询优秀成果二等奖等。

周海旺 上海社会科学院城市与人口发展研究所副所长，研究员，兼任上海市老龄科研中心老年人口研究所所长，上海社会科学院首批社科创新智库《人口发展与公共政策》负责人。中国人口学会会员，上海人口学会理事，上海老年学会理事，上海人才研究会理事。主要从事人口发展与公共政策、人口老龄化与社会保障、流动人口问题等领域的研究，承担完成过两项全国哲学社会科学基金课题，作为核心成员参与申请获得两项国家社科基金重大项目、一项重点项目，主持完成20多项上海市哲学社会科学基金和上海市政府决策咨询课题，完成70多项省市委办局委托课题项目，发表400多万字的研究成果，关于上海人口发展趋势预测、生育政策、城市人口发展战略、人口老龄化对策的多项研究成果被政府部门采纳，获得10多次省部级以上奖励。作为主编编辑出版年度报告《上海社会发展报告》7本和《上海人力资源发展报告》6本。编辑出版的《上海蓝皮书——上海社会发展报告》在2011年、2012年、2014年和2015年获得4次全国皮书奖项。

摘　要

《上海蓝皮书——上海社会发展报告（2016）》全书共有四个大的部分，第一部分是总报告，第二部分是专题篇，第三部分是案例篇，第四部分是附录。

2016 年的上海社会蓝皮书主题是“优化社会政策，促进社会治理”，结合全市完善社会政策促进社会治理创新的探索经验，从专家学者角度紧紧围绕上海社会政策和社会发展中的热点、瓶颈和难点问题，面向“十三五”的发展前景，提出优化社会政策，促进社会发展的新思路、新举措。

2014 年以来，上海积极推进社会治理体制机制创新工作，充分发挥基层组织和社会力量参与社会治理的积极作用，探索政府主导、社会参与的社会治理新模式，促进上海和谐社会建设。上海根据本市社会经济发展需要，积极推进自上而下的社会政策创新，同时，注重发挥和调动基层社区和各类社会组织的创新活力，促进社会经济结构转型。本报告中对上海优化社会政策、促进社会治理的实践探索进行了总结和分析。比如：加快基层社会治理模式探索、完善人口政策调控人口发展进程、优化人才政策和配套措施助推上海科创中心建设、着力培育各类社会组织弥补社会治理短板、调整完善教育结构适应学龄人口发展形势变化、加快卫生事业改革建立面向全体市民的优质医疗服务体系、鼓励创业带动就业、改革养老保险体系促进社会公平、加快养老服务事业建立养老服务评估机制、完善社会慈善事业发展机制、重视城市安全体系建设积极探索新形势下的城市安全防范新问题和应对办法，等等。通过社会政策创新，适应城市社会经济发展需要，逐步改善民生，提高市民生活质量，促进全面小康建设。

“附录”部分列出了上海社会发展的一些主要指标的最新数据，并与一些直辖市的发展指标进行了比较，量化地记录了上海社会发展的进程。

目录

人口发展与教育卫生

就业促进与养老保障

志愿服务与社会救助

Ⅲ 案例篇

Ⅳ 附录

总 报 告

General Report

B.1 追求更高质量的发展 实现更加公平的社会

杨 雄 周海旺 臧得顺*

摘 要： 我国经济发展进入新常态，社会发展也进入新阶段，更加注重质量和效益、城乡发展趋于一体化、收入分配状况逐步改善、消费的拉动作用日益强劲。“十二五”期间，上海社会发展质量达到中等水平，社会经济保障水平较高，社会凝聚力较强，社会接纳度较高，“土客关系”基本融洽，但公民社区参与和社团行动明显不足。“十三五”上海面临人口老龄化加剧、城乡“二元结构”突出、社会保障压力大、环境保护和节能减排约束趋紧、城市安全运行风险提升、互联网

* 杨雄，上海社会科学院社会学研究所所长，研究员；周海旺，上海社会科学院城市与人口发展研究所副所长，研究员；臧得顺，上海社会科学院社会学研究所副研究员，城市社会学研究室副主任。

时代基层治理难度大等问题。因此，上海必须高度重视社会质量的提升，提高城市运行和公共服务质量，发展社会事业，进一步改善民生；大力发展社会组织，激活社会活力，增强城市“幸福感”；积极推进城市认同与社会融和，践行上海城市价值取向；尊重民心汲取民意，加强利益协调，创新社会治理。

关键词： 社会质量 社会发展 社会治理

“十三五”时期不仅是我国全面建成小康社会的决战期、全面深化改革的攻坚期、全面依法治国的关键期，更将是全面进入“新常态”的转型期、全面实现创新驱动的突破期和全面推进国际化的上升期。展望“十三五”，全面建成小康社会目标将会如期实现，“中国梦”的第一个百年奋斗目标即将圆满完成，国家发展将会发生一系列新的重大变化：一是经济总量规模、综合国力将会有大的跃升。二是国家治理体系和治理能力现代化水平将有显著提高，政治更加清明、更具活力，依法治国和依宪执政会有新的突破。三是发展共享度和内部均衡度将会达到更高水准，向着共同富裕目标迈出坚实步伐。四是中等收入阶层将成为社会结构的重要组成部分，社会结构将会更加合理、稳定。在这个阶段，“更高质量的发展、更加公平的社会”将成为我国经济社会发展的主旋律。

在中国发展进入“新常态”的背景下，上海要继续当好全国改革开放排头兵、创新发展先行者，为全国改革发展稳定大局做出更大贡献。面对新形势、新任务，率先直面“新常态”，积极适应“新常态”，着力改革创新，全力推进创新驱动发展，加快向具有全球影响力的科技创新中心进军，争取在“十三五”末的2020年实现“基本建成‘四个中心’和社会主义现代化国际化大都市”的宏伟目标，率先全面建成小康社会。“十三五”的五年关键期，在保持经济平稳增长的基础上，上海更应注重社会发展质量的提升和人民生活质量的改善。这既是由“双百愿景”的国家战略决定的，也是由上海居民收入水平提高以后，人民对更加美好生活的向往、更高社会发展质量的期待决定的。

一　“十三五”中国社会发展趋势与社会治理导向

经济增长进入“新常态”，相应地，我国社会发展也进入一个“新成长阶段”。具体表现如下。

一是更加注重质量和效益。未来五年甚至更长时间，人们对生活质量、医疗健康、食品卫生安全、生态环境、生活满意度、幸福感等都有了更高的要求。更加注重质量的社会发展新阶段已经开始。如何通过改善社会政策，全面提高社会质量，是我国城市化进程中面临的基本问题。

二是人口红利即将枯竭。研究发现，中国人口大概在2030年达到最高值14.39亿，到2015年左右劳动年龄人口增长接近为零，到2020年前后增长率将是负值。劳动力的总量不足和结构性短缺将成为并存的重要问题。另外，农村的富余劳动力很难转移成有效的工业劳动力供给，都将影响我国企业用工和就业政策的选择。

三是城乡发展更加一体化。我国城镇化水平从2011年开始超过50%，近两年来，以农家休闲、乡村养老等形式表现出来的“逆城镇化”种种迹象愈发明显，预示着一种新趋势的到来。逆城镇化是城镇化发展的新阶段，是城乡一体化的提升，孕育着巨大的新发展空间。

四是收入分配状况有所改善。1978～2008年，我国收入分配差距总体上呈先扩大后缩小的状态，基尼系数2008年达到0.491的顶点，此后至2013年，基尼系数开始缓慢回落。我国收入分配状况的改善，为增加消费对经济的拉动作用和发展方式转变提供了有利条件，为平衡“消费侧”和“供给侧”改革打下坚实的基础。

五是消费的拉动作用日益强劲。据国家统计局发布的数据，2014年最终消费支出、资本形成总额、货物和服务净出口三大需求对国内生产总值

（GDP）增长的贡献率分别为50.2%、48.5%、1.3%，三大需求对GDP增长的拉动分别为3.7个百分点、3.6个百分点、0.1个百分点。消费成为拉动经济增长的主引擎，居民生活消费层级不断提升，以房、车、休闲、旅游、通信、网购引领的新型大众消费时代已经到来。

而未来中国社会治理将出现以下四个导向。

一是改革创新导向。未来五年要提升社会发展质量，最核心的是要在主动适应经济增长“新常态”的背景下，把改革创新尤其是科技创新贯穿于社会发展、社会治理的各个领域、各个环节。坚持科学发展，注重经济与社会、经济与资源环境协调发展，努力实现民生改善、就业比较充分，实现更有效率、更加公平、更可持续的发展。特别是要用改革的精神、思路和办法破解发展难题，把科技创新摆在国家发展全局的核心位置，以改革创新促发展、转方式、调结构、促民生改善将成为“十三五”时期甚至未来20~50年我国经济社会发展的主旋律。

二是以人为本导向。以人为本是我国经济发展不可动摇的目标。一切为了人民，为民谋利，为民解忧，保障人民群众的就业、教育、医疗、养老、居住等权益，让人民生活更加改善，是未来需要努力解决的重大问题。坚持民生为先，推进以保障和改善民生为重点内容的社会建设，创新社会治理模式，交一份让人民群众满意的答卷，使发展成果更广泛均衡地惠及人民。

三是公平正义导向。社会主义的本质是公平正义，通过解放和发展生产力，最终达到共同富裕。但是，最近20年中，我国的收入分配差距有扩大的趋势，城乡之间、不同人群之间贫富两极分化非常严重，基尼系数超过警戒线，只是2013年以来才出现缓慢回落。因此，未来五年中，健全社会保障体系、完善兜底的社会政策，促进社会公平正义和人的全面发展将成为我国经济社会发展的重中之重。

四是低碳环保导向。我国经济社会继续保持良好的发展势头，但应清楚认识到改革发展依然严峻，生态系统越来越难以承担压力。多次出现影响范围广、持续时间长的雾霾天气严重损害了城乡居民的身体健康，对人们的日常生产生活造成了严重的消极影响。未来五年甚至更长的时间，党和政府应对雾霾治理、污水处理和垃圾焚烧等生态环境问题高度重视，着力解决雾霾等一系列问题，改善空气质量，把生态文明建设放在突出的位置，建设美丽中国将是新时期的重要任务。

二　“十二五”末上海社会发展的基本判断

“十二五”时期，上海在提升社会发展质量方面取得了明显进展，上海社会科学院课题组根据“社会质量理论”构建出评估社会质量的分析框架，以期对上海“十二五”末的社会发展质量状况进行初步评估。课题组借鉴了20世纪90年代后期欧洲学者的社会质量理论并进行了完善和推进。据此理论，社会质量是指“人们在提升他们的福祉和个人潜能的条件下，能够参与共同体的社会与经济生活的程度”。包括四大基本内容：一是社会经济保障，二是社会凝聚，三是社会包容，四是社会赋权。①

社会质量理论对我国社会政策建设的发展方向和价值导向具有积极的借鉴意义，为我国推进社会政策改革提供了新的视角。课题组根据社会质量理论构建出社会发展质量研究的分析框架，测算出上海社会发展指数。若用坐标轴表示：横坐标两端分别代表了社会行动者（社区、群体等）、行动者所处的环境条件（体制、机构等）；纵坐标两端分别代表了个体发展、社会发展。行动者与环境条件之间、社会发展与个体发展之间的结构性张力可以通过“社会质量”得到缓解。本次评估利用的数据来源于上海社会科学院社会学所的“民生民意”抽样调查，运用PPS抽样法抽取了上海6个行政区共计40个居委会，最终共获得有效样本2010个。通过分析，主要总结如下。

1. 上海社会发展质量水平处于中等水平

从分析的结果来看，上海社会发展质量指数为110.71分（SD =6.63），

① 上海社会调查研究中心课题组：《2013年上海社会发展质量调查报告》，《科学发展》2013年第4期。

表明上海城市发展整体达到中等水平,① 未来有待继续发展的空间较大。从评估社会发展质量的四个维度来看，社会凝聚指数最高（平均数 = 122.24，标准差 = 8.33），其次为社会经济保障指数（平均数 = 116.25，标准差 = 7.32），社会包容指数（平均数 = 102.10，标准差 = 8.99）和社会赋权指数（平均数 = 102.46，标准差 = 16.30）较低，这表明上海应继续加强社会经济保障，并重点加强社会包容和社会赋权方面的建设。

表 1　上海社会发展质量指数（2014）

一级指标	二级指标	平均数	标准差	一级指标	二级指标	平均数	标准差
社会经济保障	经济收入	122.15	7.45	社会凝聚	人际信任	116.06	9.71
	消费负担	93.77	17.87		制度信任	123.14	14.51
	生活配套	129.07	19.26		社会信心	124.03	13.32
	安全保障	120.38	12.88		社会认同	125.73	12.63
	合计	116.25	7.32		合计	122.24	8.33
社会包容	社会援助	100.24	15.13	社会赋权	社区参与	95.32	22.37
	社会接纳	105.06	24.26		社团行动	76.87	44.34
	社会交往	98.62	19.88		机会公平	118.49	22.59
	土客关系	104.48	11.70		表达自由	119.17	20.32
	合计	102.10	8.99		合计	102.46	16.30
社会发展质量指数		110.71	6.63				

2. 虽然社会经济保障指数略低于社会凝聚指数，但仍表明上海社会经济保障水平较高、基础较为扎实

社会经济保障是整体社会质量的基础，据国家统计局 2014 年前三个季度居民收入数据，在中国 28 个地区中，上海、北京和浙江的城镇居民人均可支配收入都超过了 3 万元大关，其中上海最高，达 35769 元。本次调查中，从社会经济保障指数来看，上海市民的经济收入、生活配套和安全保障均有较高发展（指数都在 120 以上），但因消费负担较重（只有 93.77），因

① 由于测量单位有所不同，为方便理解与比较，指标转换标准分，分值越高表明社会在这一方面的发展状况越好，反之亦然；并以 100 为基准分，平均分大于 100 表明达到中等水平，小于 100 则低于中等水平。

此社会经济保障指数低于社会凝聚指数。

3. 上海的社会凝聚力较强，在制度信任、社会信心、社会认同等方面整体水平较高，在人际信任方面存在分化现象

社会凝聚的紧密程度是反映社会质量高低的重要标准。从社会凝聚指数来看，上海市民的人际信任度相对较低（116.06），也许受到都市浓厚商业氛围和“小市民心态”的影响，而制度信任、社会信心和社会认同指数均超过了120分，表明人们对政府、对社会发展的信心和城市的认同感很高，这与上海市政府在公正、公平、公开的制度性建设方面所做的努力是分不开的。

4. 上海社会接纳度较高、“土客关系”基本融洽，但总体上社会包容指数还不够高

社会包容是衡量社会发展水平的重要标志，从社会包容指数来看，上海市民在社会援助（100.24）、社会接纳（105.06）、社会交往（98.62）、“土客关系”（104.48）四个方面的得分较为接近，基本分布在中等水平100左右，这表明上海社会包容的发展需求较大。

5. 上海整体的社会赋权指数较低，公民社区参与和社团行动明显不足

社会赋权是指社会为个体发展提供的机会是否公平，是衡量社会发展质量的重要指标。从社会赋权指数来看，尽管机会公平（118.49）和表达自由（119.17）得分较高，但因社区参与（95.32）和社团行动（76.87）的指数较低，导致上海社会赋权整体指数不高，这表明急需鼓励市民社会参与的积极性，加大社会组织的培育力度。

三　“十三五”提升社会发展质量面临的新问题、新挑战

1. 人口问题依然严峻

上海的人口问题主要表现在：一方面，人口总量规模不断扩大，外来低

端人口占比较高，人口素质提升缓慢。另一方面，人口老龄化呈现程度高、速度快、高龄化突出等特点。根据我们的预测，到2045年，上海户籍人口中60岁及以上老年人口数量会突破640万，占户籍总人口的比重将达到45%，养老保障和为老服务事业面临压力巨大。另外，常住人口2014年已经达到2425.68万，其中的劳动力资源丰富，少子化严重。根据对上海常住人口老龄化的预测，60岁及以上人口占总人口的比例将在2015年达到18.6%，到2050年时则将上升至44.8%。80岁及以上人口占总人口的比例也将相应地由3.0%上升至8.3%。从未来发展来看，2020年以后上海常住人口中总抚养负担将超过50%，人口红利将消失。上海进入深度老龄化、少子化社会，政府用于养老公共服务的财政压力增大，企业用工的结构性短缺现象将会越来越突出。

2. 城乡“二元结构”仍将制约经济社会发展

上海经济仍然面临着两难格局。一方面，中心城区制造业不断向外转移，商务成本上升过快，第三产业跨越式发展的势头尚未形成，从而难以支撑全市经济的持续发展。另一方面，郊区商务成本较低的优势还没有充分发挥，城乡错位发展格局难成气候。在这种城乡“二元结构”的现实态势下，城乡发展、区域发展、增长方式、收入增长不平衡等一系列问题也开始显露出来，并逐渐上升为上海经济与社会发展的主要矛盾。这个主要矛盾可以直观地表述为：600平方公里与6000平方公里的矛盾。城乡如何协调发展，城乡二元结构如何破解，如何缩小城乡收入分配差距，对上海经济与社会发展意义重大。

3. 社会保障面临很大压力

一是社会保障需求将会更加强烈。经济继续下行将影响居民生活，特别是一些低收入、低保及弱势群体，客观上需要加大社会保障的力度。二是社会保障的财政保底压力较大。未来五年，如果经济持续下行，财政收入将面临巨大压力，政府提供社会保障的能力将受到制约。三是社会保障制度内部不平衡，“城保”、“镇保”、“农保”等多种类型享受群体之间差异较大，如果不能有效缩小差距，不同群体之间的矛盾可能会加剧。如何对接，以及对接后续问题如何处理，如何正确操作以满足人民群众的需求，将考验政府执政能力和执政水平。

4. 环境保护和节能减排等约束日益趋紧

目前上海环境保护和节能减排形成的硬约束日益趋紧。一是上海环境质量和国际同类城市相比存在较大差距。2013 年，全市酸雨、臭氧、灰霾污染日益严重，环境空气质量优良率不到 70%，PM2. 5 日均值为 62 微克/立方米，远远高于国家标准的 35 微克/立方米，与发达国家相比差距非常明显，这与市民对环境质量改善的期望仍有很大差距。二是跨区域的环境污染问题日益严重。上海处于黄浦江和长江的下游，周边城市、长江中上游省市经济快速增长，水、大气污染排放强度将不断加大。大气中的灰霾、酸雨、臭氧和水体富营养化等复合型、区域性污染问题受外部和本地双重污染影响，改善的难度比较大。三是节能减排的难度持续加大。目前上海产业结构偏重的格局短期内不会得到根本改变，在前期淘汰落后产能和推进节能减排的基础上，进一步拓展节能空间的难度越来越大。

5. 城市管理及风险应对能力亟待提升

随着外来人口大量拥入，城市功能的不断提升，上海的城市建设与城市运行日趋复杂，工业生产安全、公共交通安全、灾害与污染风险、公共卫生安全、信息泄露等风险都将进一步提升，上海的城市管理及风险应对能力亟待进一步提升。公共服务资源相对缺乏；事中事后监督体系不完善；监管不力、执法能力较弱等问题仍然存在。另外，城市公共管理和服务类的社会组织体系发育不成熟，政府过多地介入社会和市场领域，社会、市场和政府的责任边界不清。

6. 互联网时代的基层治理难度加大

据中国互联网络信息中心（CNNIC）发布 2013 年《中国互联网络发展状况统计报告》，截至 2013 年 12 月，我国网民规模达 6. 18 亿人，互联网普及率为 45. 8%，超过世界平均水平，互联网已经覆盖到中国所有县级以上城市和超过 99% 的乡镇。上海网民数量达到 1683 万人，全国排名第 2 位，网络普及率为 70. 75%。在当前网络时代，网络安全风险主要表现为：政治渗透、窃密和泄密、网络犯罪、网络技术隐患、网络军事威慑等。另外，网络交流的匿名性和潜在性，互联网的主体多集中在具有叛逆精神且缺乏自制力的青少年身上，给网络时代的社会治理带来很大风险和压力。

7. 社会组织的引导和管理成为新的难题

上海的社会组织数量已突破 1 万家，每万户籍人口拥有的社会组织数量远远超过全国平均数。这一方面成为社会治理方式多元化的标志，但同时也给政府有效管理带来挑战。一是支撑社会组织改革的法律法规还不健全，二是传统的行政管理模式与功能多元化的社会组织不适应，三是政府购买社会组织服务的政策不完善，四是对某些境外社会组织的管理缺乏有效措施。

四 “十三五”上海社会发展质量的思考与建议

（一）总体思路

针对复杂的内外部形势，“十三五”时期上海提升社会发展质量应以延续创新转型，突出改革开放，以更好地将保障和改善民生、促进社会公平正义作为出发点和落脚点。上海应更多地将国家新一轮战略布局的要求体现到“十三五”提升社会质量发展中，以国家战略的高瞻远瞩为原则和导向，以上海的市情民情为基础和起点，努力实现到 2020 年全面建成小康社会的战略目标，在关键领域、关键环节的改革上取得决定性成果，并在国家“一带一路”和“长江经济带”建设中做出突出贡献，在区域发展战略中发挥引领作用。深化社会体制和社会领域改革，加快公共服务体系建设，推进社会治理现代化，焕发社会活力，确保社会和谐有序，形成与上海建设“五中心”和国际现代化大都市相适应的社会领域基本制度体系、社会环境和城市功能，为实现上海建设“全球城市”的目标奠定坚实的社会基础。

（二）主要目标

我们认为，“十三五”期间，上海以深化社会体制改革为动力，以加强法治为基础，进一步强化政府的公益托底责任和多元社会主体作用，健全公共服务体系，创新社会治理体制，在立足中国特色和上海实际的基础上构建与国际接轨的社会发展制度体系。

1. 市民生活更加富裕，生活品质显著提高

“十三五”时期，上海经济形态应走向高端，实现充分就业，城乡居民可支配收入显著提高，2020 年前将实现上海生产总值和居民人均可支配收入比 2010 年翻一番，全面建成具有较高水平的小康社会。市民生活品质将显著提高，健康、旅游、精神文化等方面的支出将占据更大比重，人们更加追求安宁、平和、高质量的生活。

2. 城乡收入差距进一步缩小，公平正义得到切实维护

“十三五”时期，上海应将着重缩小城乡之间的差距，破除城乡二元壁垒，努力推动医疗、教育等公共资源向郊区倾斜，形成城乡一体化协调平衡发展的新格局，让郊区农民分享上海现代化建设的成果，切实维护公共正义的理念。

3. 公共服务均等化基本实现

“十三五”末，上海应在全市层面基本实现公共服务均等化目标，就业服务体系、社会保障体系、养老服务体系、住房保障体系和教育卫生服务体系等取得实质性进展。

4. 社会治理创新能力不断提升

“十三五”期间，上海要努力维护人民群众的根本利益，既要激发社会活力，又要确保社会和谐稳定，强化综合治理、依法治理、源头治理，构建符合特大城市特点的社会治理体系。

5. “一都市、五中心”全球城市基本建成

面向 2050 年的上海城市发展愿景目标，“十三五”时期应为实现以上的愿景目标打好基础。基本实现“一都市”即“国际文化大都市”和“五中心”即“国际经济中心、国际金融中心、国际贸易中心、国际航运中心和国际科技创新中心”的目标。

6. 绿色低碳、集约节约理念深入人心并融于经济社会发展

“十三五”期间，上海应加大生态环保理念宣传力度，推动绿色低碳、集约节约、循环发展等观念深入人心，并将这种理念融于经济社会发展的全过程。努力实现建设生态宜居城市目标，加快建设并完善生态文明保护的法律法规体系，形成节约资源和保护生态的城市空间、产业结构和生活方式。

（三）具体建议

“十三五”期间，上海必须高度重视社会质量的提升，立足市情、符合国情、放眼全球，通过全面深化社会体制机制改革，从维护最广大人民群众根本利益的高度，从社会经济保障、社会凝聚、社会包容和社会赋权四个维度出发，加快健全公共服务体系，加快社会治理创新，加快与国际规则接轨，释放和激发社会活力，确保社会和谐稳定，为上海基本建成“五个中心”与国际大都市提供坚实社会支撑。

1. 在社会经济保障方面，提高城市运行和公共服务质量，发展社会事业，进一步改善民生

进一步提高城乡居民家庭可支配收入，改善民生，争取 2020 年在全市基本实现基本公共服务均等化。完善就业服务体系、教育服务体系、养老服务体系、住房保障体系，以及卫生、文化等公共服务体系。

加强资源节约和环境保护，促进城市可持续发展。一是加快环境保护制度建设。二是加大结构调整和落后产能淘汰力度。加快构建服务经济为主的产业结构。大力清理和淘汰高污染、高耗能、高风险、低附加值的落后产能。三是加强大气、水、土壤等重点领域污染防治。全面推进和滚动实施《清洁空气行动计划》。四是积极推进生态绿化建设。深入推进基本生态网络建设，推进郊区公园建设，拓展中心城区生态空间，积极发展立体绿化。突出重点领域加强安全管理，提高城市安全管理精细化水平。

2. 在社会凝聚方面，应大力发展社会组织，激活社会活力，增强城市“幸福感”

加强基层社会治理能力及配套制度建设。加快居委会（村委会）“去行

政化”，夯实街镇社会共治平台。完善社会治理配套制度体系，探索“大社会”治理体制改革，进一步推进社会诚信体系建设。

加大社会组织培育和发展力度。创新社会组织登记准入制度，加强社会组织孵化基地建设，立足社区推动社会组织发展，引导居民参与社区事务，强化居民的社会网络关系培育，营造和谐邻里关系。完善政府购买社会组织服务机制，形成“政社分开、权责明确、依法自治”的现代社会组织体制。

3. 在社会包容方面，积极推进城市认同与社会融和，践行上海城市价值取向

增进社会包容，减少社会歧视。推进上海地方性立法，全面清理歧视性规定，加大弱势群体利益补偿和照顾力度，将上海“公正、包容、责任、诚信”的城市价值落到实处。

鼓励志愿行动，倡导社会援助。弘扬世博志愿精神，推动志愿服务事业，不断提高城市文明程度和市民文明素养。进一步完善社会救助制度体系，加强社会救助协调力度，统筹社会救助城乡发展。

营造和谐氛围，升华“土客关系”。增强对外来人口的包容与理解，促进“城市融入”。

4. 在社会赋权方面，应尊重民心汲取民意，加强利益协调，创新社会治理

完善个体表达自由的制度设计。真正尊重民心，善于倾听民意。完善信访制度，健全人民调解、行政调解和司法调解联动的调解体制。

探索多元共治体系建设，强化社区自治管理。创新社区治理模式，推进公共服务提供方式的社会化，初步形成多层次多元化的公共服务体系。构建社区综合服务平台，实施社区基本服务指导目录，优化调整社区治理结构，加强三社（社团、社区、社工）联动。

专 题 篇

Special Reports

·社会治理与城市安全·

B.2 上海探索构建新型社会治理体制研究

——以“两级政府、三级管理、四级网络”体制为中心的分析

夏江旗　卢汉龙*

摘　要：目前上海整个城市已在空间形态、人口分布、经济类型上呈现出中心城区 - 城乡接合部 - 远郊区的“新型三元结构”，原来的城乡二元与户籍二元并存的“双重二元结构”框架已被突破。面对这一形势变化，上海的社会治理体制在顶层部分和底层部分均存在与之不相适应的突出问题。体制顶层部分存在的问题主要是领导体制尚未定型、社会矛盾调处的统筹力度不强、社会治理资源配置的动态调整机制欠缺等；体

* 夏江旗，上海社会科学院社会学研究所助理研究员；卢汉龙，上海社会科学院社会学研究所研究员。这是卢汉龙研究员作为首席专家主持完成的上海市哲学社会科学规划系列课题“加快上海社会建设和社会管理体制创新研究系列”（编号：2014XAE006）的部分研究成果。

制底层部分存在的问题主要是条块分割制约街镇社会治理职能的强化、中心城区的社区治理体制架构尚未有效形成、郊区基层社会治理受到乡镇合并的显著负面影响等。

关键词： 社会治理体制 新型三元结构 社区

2015年党的十八届五中全会提出“完善党委领导、政府主导、社会协同、公众参与、法治保障的社会治理体制”。这一提法不仅意味着2004年十六届四中全会提出的“社会管理格局”这一政策概念在2012年的十八大上转变为“社会管理体制”之后，再变为甚至定型为“社会治理体制”，更意味着这一概念变迁将对我国以及上海的社会治理产生持续而深远的影响。正如一些研究已经意识到的，社会治理体制这一概念实质上展示并确定了社会治理的崭新思路和制度设计：在法治框架下，党政力量与社会、公众的协商互动和合作治理；改革和完善中国当前社会治理架构的重要使命是形成中国共产党领导下的纵向秩序整合机制与横向秩序协商机制之间的良性互动与衔接。①

上海在全国是最早自觉探索改革社会治理体制的地区之一，并形成了颇具特色和影响的“上海模式”。“上海模式”的基本内涵是“两级政府、三级管理、四级网络”体制②，能否在优化“二级政府、三级管理”的同时，做活“四级网络”，应该是上海逐步打破长期以来以党政部门为主导力量、以行政化为基本特征的纵向型社会治理体制，形成纵向秩序整合机制与横向秩序协商机制之间的良性互动与衔接的关键“第一步”。因此，在新的历史

① 李友梅：《中国社会管理新格局下遭遇的问题》，《学术月刊》2012年第7期。

② 所谓“两级政府”是指市、区两级政府（郊区是“三级政府”，即市、区、乡镇三级政府）；“三级管理”是指作为区（县）政府派出机关的街道办事处以及郊区的乡镇政府行使基层管理职能；“四级网络”是指村委会和居委会。参见浦兴祖《特大城市城区管理体制的改革走向——兼谈“两级政府、三级管理”之提法》，《政治学研究》1998年第3期。

条件下，需要对“两级政府、三级管理、四级网络”体制进行分析和把握，这对今后上海市创新社会治理的改革思路和制度设计都非常重要。

一 上海社会治理体制的现状特征

改革开放以来，上海逐步探索改革社会治理体制，下放管理权限、下移工作重心，下沉服务管理资源，形成了“二级政府（郊区是三级政府）、三级管理、四级网络”体制。这一体制的现状特征主要表现在以下五个方面。

（一）三级管理、四级网络的职能分工格局

市委、市政府主要根据国家宏观决策，对本市社会治理工作进行领导决策，统筹管理，并协调各区县之间关系；区（县）主要根据市委、市政府决策对区域内社会治理工作进行决策管理和统筹协调；乡镇和街道对辖区内的社会治理工作负全面责任，主要行使强化综合管理、监督专业管理、指导基层群众自治的职能；村委会、居委会主要负责开展村民、居民自治活动，同时协助政府开展相关工作。

（二）分级负责的三级工作推进体系

2009 年 11 月以来，上海市、区（县）分别成立社会建设工作领导小组，负责统一领导全市、各区县范围内的社会建设和管理工作（部分街镇也相应建立了社会建设工作领导小组），市、区县直属的多个相关党政职能部门被列为市、区（县）领导小组成员单位，并确定了专项工作的分管领导和相应责任处室，建立工作协调联动机制；领导小组下设办公室（社建办），主要承担开展调查研究、进行统筹规划、提出政策建议、加强协调指导的职能。乡镇和街道普遍设立社区管理办公室或社区管理科等机构，与其他相关职能机构共同负责辖区内的社会治理工作。目前全市基本形成党委统一领导、分级负责、条块结合、以块为主的社会治理工作推进体系。

（三）专职专业为主、专群结合的工作队伍体系

上海参与社会治理的工作队伍主要有党政部门及其所属事业单位的专职人员队伍、居委会和村委会工作人员队伍、社区工作者队伍、社会治理协管员队伍、志愿者队伍等五大类队伍，基本形成党政专职力量为主、社会专业化力量支持、社会一般力量协助参与的社会治理工作队伍体系。其中，全市专职执法管理人员9.2万人（含公安警力4.66万人）①；居委会工作人员18665名，社区干事6393名；从事社会治理的各类社会工作者约15万人；各类社会治理协管员7万余人；平安志愿者队伍85万人，城市管理志愿者3.1万人。

（四）城乡二元的财力保障与编制配置结构

市与区县在分税制基本框架下，实行“11753”的差别化财政政策。②各区县根据本地实际，进一步理顺了与乡镇、街道的财政分配关系。目前中心城区大部分街道已剥离招商职能，街道工作所需经费与招商税收脱钩，由区本级以部门预算方式保障，区级职能部门与街道之间实行“条费块转”。目前中心城区少数区以及郊区仍对街道下达招商或税收指标，对街道实行税收分成的财力保障体制。郊区乡镇作为一级独立财政，社会治理经费主要由其本级负责保障，同时试行“镇财区（县）管”改革，加大区县辖区内的财力统筹配置力度。专职管理人员编制主要有行政编制、事业编制两类，编制人数长期按照城乡两元标准和机构的行政等级进行核定，目前仍没有较大

① 叶青主编《上海法治发展报告（2012）》，社会科学文献出版社，2012，第11页。

② 所谓第一个“1”，即对浦东新区实行“税收属地征管、地方税收分享、基数差额返还”政策；所谓第二个“1”，即对崇明县实行地方税收全返和生态专项资金支持的倾斜政策；所谓“7”，即对嘉定、青浦、松江、奉贤、金山、闵行、宝山等七个郊区实行市级工业园区内的市、区两级财政收入增量返还园区的政策；所谓“5”，即对黄浦、徐汇、长宁、静安、虹口等五个中心城区实行部分服务业企业市级财政收入增量返还所在区的政策；所谓“3”，即闸北、普陀、杨浦三个财力相对困难区同时享受上述“7”和“5”的政策。参见上海市发展和改革委员会《“十二五”规划纲要解读第三十七讲　加快改革和完善财税体制》，http：//www.shdrc.gov.cn/main？main_colid = 499&top_id = 398&main_artid = 19141，2015年11月26日。

调整。全市街道行政编制平均61.9名，事业编制平均52.1名；乡镇行政编制平均55名左右，事业编制平均80名左右。

（五）以街镇为关键节点的管理工作平台体系和联动网络①

目前上海在街镇层面普遍建立了如下社会治理工作平台：街镇社会治安综合治理工作中心、社区党员服务中心（有的名称为社区党群服务中心，今后将陆续更名为社区党建服务中心）、社区社会（或民间）组织服务中心、社区事务受理服务中心等，部分区还在街镇层面建立了城市综合管理与应急处置联动分中心（网格化管理分中心）。以上述工作平台为中间枢纽环节构建了一系列区县－街镇－村居－块区的多级社会治理联动网络。

二　上海构建社会治理体制面临的基本形势："新型三元结构"

目前，上海的城市空间在总体上已明显形成中心城区－城乡接合部－远郊区三个圈层。三个圈层不仅在经济结构、人口结构、社会结构上存在比较明显的差异，同时每个圈层内部也不同程度地并存着城乡二元差别和户籍二元差别②，而且还出现了本地城镇居民（1267.8万）、中心城区导出居民（规划规模245万）、本地农业人口（151.6万）、本地失地进城农民（约180万）、外来务工经商人员（675万）、外来务农人员（14万）、外来专业人员（70万）、外籍和港澳台人员（21万）等多种重要利益群体交叉并存的局面。亦城亦乡的城乡接合部的崛起打破了原来的城乡二元结构，多种身份的重要利益群体的并存突破了原来的户籍二元结构，这些变动使得流行的城乡二元与户籍二元并存的"双重二元结构"政策分析框架的解释效用开始减弱，单纯地从城乡、户籍的角度已很难准确地观察和描述业已发生变化

① 上海现有103个街道办事处，107个镇，仅有2个乡。为行文方便，本文将街道、乡镇合称为街镇。

② 目前上海市中心城区尚有22个城中村地区。

的复杂现实图景。我们认为，当前上海的社会治理已进入一个新的历史阶段，它的基本标志是上海社会治理面对的总体态势已经大大突破了原来的城乡二元与户籍二元并存的“双重二元结构”框架。基于空间形态上的“三圈层结构”，整个城市在经济类型、人群类型、社会形态类型的空间分布上业已呈现“新型三元结构”，以及由此导致的社会矛盾类型和居民社会服务管理需求类型在空间分布上的“新型三元结构”。这一“新型三元结构”的大致情况如下（见表1①）。

表1　上海基于三个空间圈层的“新型三元结构”

	中心城区	城乡接合部	远郊区
城市化程度	深度城市化	新近城市化，局部地区存在农村和农业形态	局部城镇化，大部分地区保存农村和农业形态
平均人口密度（人/平方公里）	26701	3908	953
外来人口平均比重（%）	24.4	51.9	26.2
经济结构	以第三产业为主	以第二产业为主，分布有全市80%的工业区块	以第一、第二产业为主
社会结构	以本地城市居民为主，外来人口主要从事商业服务业	本地城镇居民、中心城区导入居民、失地进城农民和大量外来务工经商人员杂居，人口倒挂现象普遍	本地城镇居民、本地农民和外来“农民工”
社会矛盾特征	重大矛盾冲突相对低发	重大矛盾易发高发	重大矛盾冲突低发
公共服务需求特征	集聚了全市80%的优质公共服务资源，居民需求超出基本公共服务的标准	基础设施超载，公共服务体系建设严重不足，居民对基本公共服务均等化和城乡一体化的期待非常迫切	对基本公共服务均等化和城乡一体化的期待相对较低，对农业科技社会化服务体系需求强烈
社会治理需求特征	精细化、信息化、便利化	规范化、精细化	规范化

① 表1中人口密度、外来人口比重根据《2014年上海统计年鉴》相关数据计算得出；工业区块数据根据上海市开发区协会相关数据计算得出；公共服务资源分布数据根据上海市发展改革研究院相关资料计算得出。

（一）市中心深度城市化地区

主要包括黄浦、徐汇、长宁、静安、普陀、闸北、虹口、杨浦等区，常住人口约700万，平均人口密度高达26701人/平方公里。该区域产业结构已基本完成由制造业为主向商业、服务业为主的转型过程，人口结构中来沪人员占常住人口总数的24.4%，主要从事商业和服务业。常住人口对公共服务的需求高于现行的基本公共服务标准，对社会治理的要求趋向精细化、信息化、便利化。这些地区的主要问题是当前社区建设的水平同社会治理的新要求之间不能较好适应的矛盾进一步突出。其中，围绕着社会治理资源的合理配置与运用，有效实施社会治理，并与基层群众自治实现有效衔接的社区建设成为核心问题，"两级政府、三级管理、四级网络"体制在社会治理资源配置和基层架构设置上有待改革完善。

（二）城乡接合部新近城市化地区

主要包括闵行、宝山、嘉定、浦东新区、松江、青浦、奉贤等的大部分区域，常住人口约1550万，镇域人口约1200万，区域人口密度为3908人/平方公里。该区域正处于快速工业化和承接中心城区城市功能转移的转型阶段，其特征表现为：在城镇化形态迅速扩大的同时，因耕地保护政策的要求还将保留部分农业和农村形态，城乡二元结构在许多地方将长期存在。该地区来沪人员集中，占常住人口的51.9%。社会治理面临的主要问题是：随着数十个保障房大型居住社区的建设，中心城区人口大量导入，相对于中心城区的公共服务和社会治理标准，导入居民普遍存在心理失衡，对导入地的公共服务水平不满情绪较重；大量来沪人员在诸多城中村地区聚居，人口流动性高，社会安全问题多，社会结构普遍存在劣质化现象，大量城中村需要进行社区化改造和治理；户籍农业人口与失地农民要求享受与城市居民同等水平的社会保障和公共服务；社会治理方式需要从原来农村的社会治理方式逐步转变为城市化地区规范化、精细化的社会治理。

（三）远郊局部城镇化地区

主要包括金山、崇明两个区县以及松江、青浦、奉贤、嘉定、浦东等区的部分地区，常住人口约150万，人口密度为953人/平方公里，来沪人员占常住人口的比例为26.2%。该区域由于受耕地保护红线的限制，仍保留着相当规模的农村和农业形态，属于工业化和城市化程度相对较低的地区。该类地区社会治理的主要问题是：要求缩小城乡居民在基本公共服务和社会保障方面的差距，对城乡一体化和农村社区化建设充满期待；已城镇化地区居民要求比较规范化的社会治理，农村地区居民希望按照新农村建设的要求进行社会治理；与中心城区和城乡接合部地区的来沪人员相比，该地区的来沪人员对基本公共服务均等化的需求和期待较低。但在城乡二元的服务管理资源配置方式下，这些地区实施社会治理的资源有限、能力不足、社区化建设推进缓慢的问题同样存在，但矛盾的尖锐程度要低于城乡接合部地区。

三　上海社会治理体制构建中存在的突出问题

上海现行的“两级政府、三级管理、四级网络”管理体制在第一级——市、第二级——区县、第三级——街镇、第四级——村居等四个层级都分别存在与现实形势变动不相适应的问题。按照政策分析上的惯用划分方法，这里暂将市、区县两级视为体制的顶层部分，把街镇、村居两级视为体制的底层部分，从顶层和底层两部分来考察分析现行体制中存在的问题。

（一）现行体制顶层存在的主要问题

1. 市、区县两级社会治理的领导体制尚未完全定型

2012年5月，中共上海市社会建设工作领导小组更名为中共上海市社会建设委员会（以下简称为市社建委），下设办公室，设在原来的市社建办；中共上海市社会治安综合治理委员会更名为中共上海市社会治理综合治理委员会（以下简称为市综治委），下设办公室，设在原来的市综治办。经

此调整之后，上海的社会治理领导体制得到了进一步加强和完善。但整个领导体制仍然存在如下问题：第一，区县层面尚未进行相应的领导体制调整；第二，2009 年以来建立起来的社建办系统在区县层面的设置模式尚未统一，类似情况在城市管理行政执法等系统也同样存在，[①] 不利于区县之间的工作协调和部门力量的协同整合，也不利于公共服务、社会治理、城市综合管理之间的融合联动。

2. 市、区两级对社会矛盾调处的统筹协调不足

当前各种跨历史阶段、跨区域、跨部门、跨不同利益群体的新型社会矛盾不断出现，对预防、处置、化解这类社会矛盾的统筹协调能力提出了非常高的要求，现行体制中以区县、街镇或政府职能部门为社会治理责任落实单位的做法逐步暴露出局限性。比如，对同样性质的矛盾，由于缺少全市统一的政策或法规，不同的区县、街镇以不同的方式、标准予以解决，从而引起不同行政区域之间社会矛盾调处上的不协调、不平衡。同时有些因市级重点工程建设所造成的社会矛盾和群体性事件的调处化解工作本应由市一级负责，却变成由区县和街镇责任，这不仅有违事权的分级负担原则，而且区县和街镇也缺乏相应的化解能力。

再如，按照现行管理体制，群体性事件的终端处置由分管的职能部门负责。由于各部门所面临的矛盾压力、所拥有的处置经验、所掌握的调处资源具有很大差异，对同一类问题出台的处置方案在不同部门之间、不同时期之间往往差别很大，同时各个部门之间也缺少有效的信息共享、动态联判机制，有时导致“小事拖大、大事拖炸”，酿成较大影响的群体性事件。

3. 市、区两级缺少配置社会治理资源的动态调整机制

社会治理资源配置方式的刚性，使资源配置远远滞后于城镇化和经济社会结构变动的进程，成为社会治理能力不足的一个突出瓶颈。首先是人力资源配置上存在的“总量控制有力、动态调整不足”问题。表现之一：按照

① 目前上海各区县城管执法局和城管大队在班子配备、领导职数、内设机构、名称上尚未统一和规范。

现行体制，社会治理的人力资源基本按照党政部门的行政级别进行配置，与党政部门实际服务和管理的区域大小、人口结构、社会结构的变动基本没有关联（见表2[①]），其结果是上级政府控制住了行政和事业编制的总量，但区县、街镇和有关职能部门却不得不靠自行招聘各类名目的工作人员来协助完成工作，导致队伍庞杂，待遇不一，管理困难。[②] 表现之二：按照20世纪90年代以来所确立的管理体制框架，社会治理人员编制也相应按照城乡二元标准配置，导致中心城区人均各类社会治理力量配置远高于郊区，如全市的万人警力比约为21人，中心城区的万人警力比平均在30人以上，而城乡接合部地区平均只有10人左右，某些街镇不足2人。随着快速城市化和人口社会结构的变化，城乡接合部地区的公共服务和社会治理的任务大幅增加，公安、城管、食药监、环境保护、司法、劳动监察等行政管理力量不足的问题日益突出。

表2　2011年上海市C区各街镇管辖面积、人口结构与行政编制、财力配置状况

街道、镇	辖区面积（平方公里）	人口密度（万人/平方公里）	来沪人员比例（%）	每万人公务员编制数	实有人口人均部门预算（元）
HY街道	2.05	5.0	2.8	6.0	615.1
JS街道	1.50	3.5	5.3	10.5	971.7
XH街道	2.20	4.6	2.8	5.5	558.8
ZQ街道	1.92	3.4	34.2	8.5	792.9
TS街道	1.91	4.4	7.9	7.3	697.8
XX街道	2.27	3.9	18.9	6.4	580.3
BXJ街道	1.41	3.7	23.4	10.2	912.9
HQ街道	4.05	2.0	42.4	6.9	653.1
CQ街道	7.79	0.3	25.4	18.7	1564.7
XJ镇	12.09	1.2	37.5	3.6	—

① 表2根据中共上海市C区委社会建设工作领导小组办公室提供资料制作。按照《统计法》的要求，本文特隐去真实名称，代之以字母。

② 其中社会管理类协管员队伍有11支，分别是：房屋协管、商品交易市场协管、市容环境协管、环保协管、特种设备安全协管、交通协管、社区保安、社区综合协管、就业援助协管、劳动监察协管和社会保险协管。

其次是财政资源配置的区域失衡问题（见表3①）。近年来，上海市对各区县实施了差别化的财政政策，并加大了对财力相对薄弱区县的财政支付转移力度，取得了一定成效，比如杨浦、普陀、虹口等区和远郊的金山区、崇明县的人均财政支出最近几年有了较大改善。但总体上看，全市范围内财力资源不平衡的问题仍然比较突出，尚未按照不同区域的常住人口规模和社会结构、各自承担的社会治理任务和责任的大小为基础标准，建立起对财政资源进行动态统筹调整的有效机制。表现之一：各区县年度财政支出的离散程度逐步加大，从2006年的0.425增至2014年的0.536；2006年人均财政支出最多的静安区是最少的杨浦区的3.99倍，而到了2014年，人均财政支出最多的静安区与最少的宝山区之间的差距扩大到5.10倍。众所周知，城乡接合部地区所面临的社会建设和管理的任务是最重的，因此该地区各区县的人均财政支出也应该是最高的。但实际情况是，2006～2014年上海市城乡接合部地区各区县的人均财政支出不仅增长缓慢，明显低于中心城区和远郊区的区县，并且与中心城区、远郊区的差距出现扩大趋势。这说明，近年来上海各区县的财力配置与各自所承担的社会建设和管理负担之间是不协调匹配的，总体上在朝着不合理的方向发展。

表3　2006～2014年上海分区域常住人口人均财政支出情况

	2006年	2007年	2008年	2009年	2010年
各区县平均(元)	7442.6	8608.3	9469.3	10472.4	10810.2
最高区与最低区之比	3.99	3.94	4.46	4.54	4.82
离散系数*	0.425	0.430	0.487	0.505	0.588
中心城区平均(元)	8482.9	9803.7	10921.9	12210.5	13495.1
城乡接合部平均(元)	6568.7	7433.1	8259.7	8548.3	7474.2
远郊区平均(元)	6360.6	7764.2	7934.0	9384.9	10404.5

	2011年	2012年	2013年	2014年
各区县平均(元)	11976.4	13163.0	14307.8	15641.5
最高区与最低区之比	4.89	4.86	5.10	5.05

① 表3中的数据根据2007～2015年《上海统计年鉴》的相关数据计算得出。

续表

	2011年	2012年	2013年	2014年
离散系数*	0.562	0.547	0.553	0.536
中心城区平均(元)	14664.9	15934.2	17285.8	18738.5
城乡接合部平均(元)	8657.7	8898.6	10477.1	11540.2
远郊区平均(元)	12837.9	15121.2	15803.0	17608.3

注：*离散系数是指标准差与均值的比率，是测度数据离散程度的相对指标。考虑到2006～2014年上海市常住人口财政支出的人均值每年都不同，故用每年度数据的标准差与均值的比率即离散系数更能准确反映各区县常住人口人均财政支出的不均衡程度。

表现之二：近年来城区除少数区外，街道一般已取消了招商引税职能，街道经费改由区级财政统一保障。由于街道、乡镇的社会治理任务不平衡、财力差异大，造成在不同区县的街镇之间，甚至在同一区县内的街镇之间出现相对事权而言财力上的不平衡。如表2所示，同属C区的HQ街道与CQ街道相比，辖区人口密度约是后者的7倍，外来人口所占比例也远超出后者，公共服务和社会治理负担较重，但2011年的实有人口人均部门预算却不到CQ街道的一半。

（二）现行体制底层存在的突出问题

1. 基层治理中条条、条块关系不顺，严重制约政府治理的整体效能

首先，部门分割影响工作协同。街镇社建办虽已普遍成立，但该机构仅能协调“社区建设”范畴的工作，难以统筹协调“社会建设”范畴的工作；执法部门之间权责划分不够科学，多头执法和相互推诿并存，社区综合执法推行缓慢；社区各类服务平台隶属多头，既有资源分散、整合不足的问题，也有功能叠合、重复建设的现象，服务的针对性、可及性、便捷性、长效性有待提高。

其次，条块分割制约街道综合管理职能的发挥。近年来街道承担的社会治理任务越来越多，按照长宁区2011年的统计已达107项，其中公共安全类56项，行政执法和专业管理类42项，基层自治和社会参与类9项，涉及

区级层面近20个条线部门。但是条块分割问题严重制约着街道社会治理职能的强化。一是街道对区级条线部门派出机构的双重管理难以有效落实，街道履行综合管理职能时明显缺乏牵头协调的权威性，区职能部门及其派出机构的配合程度往往取决于街道“面子”的大小和“票子”的多少。二是条块在一些职能分工上主体不明、边界不清，不少职能部门提出工作进社区、重心下移的要求，往往通过会议部署、文件下发、考核评比等方式不恰当地扩大街道一级的履职范围，却未同时向街道提供相应的人力、财力和物力及其管理权限，致使街道承担了过多的行政成本和责任风险。三是街道综合管理与条线专业管理缺乏有机衔接的科学运作机制，发现问题和管理处置未能形成充分的工作合力。往往出现条上“有权管，但看不到”，块上“看得到，却无权管”的情况。

2. 中心城区的社区治理体制架构尚未有效形成

一是行政事务进社区的机制方式存在缺陷。近十多年来，条线事务下沉街道的数量已增至100多项，但缺乏相应的准入把关和退出调整机制，街居之间欠缺承接事务的功能载体，任务便直接下传到居委会，导致街道日益政府化、居委会日益机关化，同时“权随责走、费随事转”原则大多没有落实，街居承担了过多的运作成本和责任风险。据2001年的典型调查，当时行政事务占用居委会成员约30%的时间和精力①，而目前已超过80%。据2014年我们对本市三个街镇的问卷调查结果，大多数居委会工作任务中行政性任务占到85%，90%的居委会主任表示，近十年来居委会工作负担越来越重，目前已不堪重负，严重影响了居委会的自治工作，导致多数居委会开展居民自治的能力建设长期滞后，形象备受诟病。据2014年5月《新闻晨报》的网络调查，49.4%的人在5档赋值中对居委会打了最低分②。此外，由于不同年龄、在业状况、收入、区域的居民在参与社区自治方面分化明显，上海世博会前后兴起的“自治家园”建设运动在选点布局上受到明

① 卢汉龙、李骏：《中国城市居民委员会工作的比较研究》，《社会科学战线》2007年第6期。
② 言莹：《49%的网民给基层干部打最低分》，http://newspaper.jfdaily.com/xwcb/html/2014-05/13/content_1166856.htm。

显限制。

二是社区共治平台载体的功效发挥受限。街道层面的社区共治平台，如社区代表大会、社区委员会等在性质上缺乏法律界定，基层对推进共治的作用、内涵、路径尚无普遍共识。同时，一些共治机构开会间隔时间长，议事不及时；兼职委员和居民代表议事积极性不高。而在公共话题收集、公共议题提炼、公共决策的执行及监督评估等方面也缺少程序上的明确规定。居民区层面的社区共治平台，如业主委员会的法律定位不够明确，业主大会的议事决策成本居高不下。而房管等职能部门的指导力度不强，小区综合管理机制尚未做实，业主委员会与业主、居委会、物业企业关系不顺问题多见，不同小区物业管理状况差别很大。

3. 郊区基层社会治理受到乡镇合并的显著负面影响

2000 年以来全市乡镇由原来的 212 个调整到目前的 109 个，调整减幅为 48.6%。调整后的郊区镇面积、人口规模分别增加 1 倍和 2 倍左右。一些规模较大的镇（面积超过 100 平方公里的有 9 个，超过 50 平方公里的有 35 个；人口超过 20 万的有 16 个，超过 30 万的有 5 个），在社会治理上出现“小马拉大车”现象。一个突出表现是：由于辖区面积和人口规模过大，治理资源的不足和可及性问题进一步凸显出来。以地处城乡接合部的闵行区为例，各类社区公共服务平台以及相应的人财物等资源主要布点在镇里，其辐射半径基本在两公里以内，惠及的范围主要局限在周边居民区，难以满足更远地区居民群众就近就便、多层多样的服务需求。同时，随着区域的快速城市化，近年来新建居委会的数量不断增加，但街镇层面的社区公共服务网络向新设居委会的居民区延伸不及时，降低了市民群众对政府治理效能的感受度和认可度。

从城市化和经济发展的角度来看，行政区划调整使乡镇布局趋向合理，经济资源配置得到优化，加快了郊区城镇化的发展，但也反映出乡镇区划调整对经济发展、城市建设一手考虑硬，对社会治理一手考虑软，对加强社会治理的形势要求估计不足的问题。乡镇合并后，由于郊区“三级政府，三级管理”体制同样缺乏社区这一中间层级作为落实社会治理功能的制度化载体，结果与中心城区类似，镇把大量的行政管理职能下压到村委会，村委会的行政角色远远超出了本应居于主要地位的基层群众自治组织者的角色。

四 上海探索构建新型社会治理体制的思路策略

近年来，上海在完善优化“两级政府、三级管理、四级网络”体制、探索构建新型社会治理体制方面取得了较大进展，与城市治理体系和治理能力现代化的趋势要求日益相适应。2014 年，中共上海市委将“创新社会治理、加强基层建设”作为“一号调研”课题，出台了“1 +6”政策文件，聚焦街镇、村居层面，加强社会治理的基层基础建设，社会治理体制深化改革迈上新起点，进入新阶段。

未来一个时期，上海构建新型社会治理体制应进一步明确思路，做好深化改革的总体设计。概要而言，在加强党的领导的前提下，一是做优“两级政府”，加强市区两级的统筹协调职能；二是做实“三级管理”，突出街镇的基层治理职能；三是做活“四级网络”，激发村居的社会自治能力；四是做强社会协同参与，拓展社会治理的组织支撑，形成纵向秩序整合与横向秩序协调有机衔接和良性互动的复合性治理架构。

（一）做优“两级政府”，加强市区两级统筹协调职能

1. 健全市区两级社会治理领导体制

坚持和加强党的领导是社会治理的政治保证，党组织是社会治理的关键组织基础和枢纽力量，党建引领是创新和加强社会治理的核心方法。十八届五中全会通过的《中共中央关于制定国民经济和社会发展第十三个五年规划的建议》中，“加强和创新社会治理”部分在篇章结构上已被放置在“加强和改善党的领导”之下。未来时期，上海应加强和突出市委、区（县）委对全市和各区县社会治理工作的领导核心地位，充分发挥统揽全

局、协调各方的作用。主要有以下着力方向：一是加强社建委（办）和综治委（办）两个部门职能分工基础上的协作，增强工作合力；同时按照增强统筹协调能力的原则，积极研究区级社建办设置模式的统一和优化措施。二是把区域化党建提升到更为突出的位置，发挥其整合各类治理资源的社会共治平台功能，深化市－区县－街镇三级社区党建服务中心的功能内涵建设，探索创新新形势下党的群众工作和社会工作理论体系和实务体系。三是加强社会治理的法治保障和政策制度供给，完善社区、社工、社会组织“三社联动”的法规政策体系，促进社会治理的法治化、制度化；利用大数据时代的信息技术手段，推进社会信用体系建设，提升社会“巧治理”能力。

2. 完善市区统筹社会治理的两大主干性机制

社会矛盾统筹调处机制和社会治理资源配置动态调整机制是市区两级统筹协调职能的重要体现和支撑。首先，在社会矛盾调处机制建设上，要建立健全覆盖事前防范－事中处置－事后评估的全流程统筹协调制度。对社会矛盾和稳定风险的源头，在全面排摸核查的基础上，兼顾重点人群、重点区域、重点事项，分别建立市级和区级档案数据库，市区两级重大工程项目、重大决策社会稳定风险评估的界面建立互连；对影响面广、涉及人群多、具有共性特点的社会矛盾，市级决策部门要及时制定全市统一的处置政策和操作意见；对区（县）际接合部地区或涉及多个区（县）的重大社会矛盾，要建立市、区（县）两级联动机制，强化信息联通、动态联判、方案共商、资源共享。

其次，在资源配置动态调整机制建设上，要尽快建立健全涵盖人（包括机构和编制）、财、物等资源配置的全方位动态调整政策方案。针对城乡接合部地区已成为治理资源“洼地”的现状，市级财政要进一步加大对该地区的转移支付力度，力争到2020年左右城乡接合部地区常住人口人均财政支出达到当年全市平均水平；针对大型居住社区所在区，要强化措施，进一步推动人口导出区域与导入区域之间的财力分担和互动支持；针对公共服务网络和资源的城乡分布差距，要按照市委、市政府《关于推进新型城镇化建设促进本市城乡发展一体化的若干意见》，将基础设施和环境整治的布局重点放在郊区，公共服务资源配置向郊区人口集聚地倾斜，义务教育、卫生医疗、文化体育等基本公共服务事项，建立市与区县相结合的投入机制，提高统筹层次；针对各区县内部街镇之间治理资源分布不均衡问题，区级要建立相应机制确保“费随事转、条费块转”落地，加大对街镇财力的统筹平衡力度。

（二）做实“三级管理”，突出街镇的基层治理职能

2015 年初以来，上海各区县均相继成立了“创新社会治理加强基层建设”工作推进领导小组（并下设办公室作为临时办事机构），全力落实市委、市政府“1 +6”政策文件精神。目前主要着力推进以下工作：一是进一步明确街道的社会治理职能定位。全面取消街道招商引资职能及相应考核指标和奖励，将街道工作重心切实转移到公共服务、公共管理和公共安全上来。①二是优化街道内部机构设置。街道党政内设机构按“6 +2”模式设置，即统一设置 6 个办公室，另可根据需要再设 2 个工作机构，促进了机构归并和人员精简。三是社会管理权力进一步下放到街镇。赋予街道规划参与权、综合管理权、重大决策和重大项目建议权、对区级职能部门派出机构负责人的人事考核权和征得同意权（见表 4），条块关系有所理顺。四是社会治理资源进一步下沉到街镇。将市区两级机关精简的编制全部下沉到基层一线，2015 年已经划拨约 700 个市级编制充实街镇；街道经费在由区级财政托底保障的基础上普遍有所增加，一些区县的街道经费甚至翻倍。②

---

① 这是继 2004 年、2011 年上海推动街道职能向社区建设和社会治理方向转变之后的又一重大决策。参见《中共上海市委关于加强社区党建和社区建设工作的意见》（沪委〔2004〕17 号）、《中共上海市委、上海市人民政府关于加强新形势下社区建设的若干意见》（沪委办发〔2011〕51 号）。

② 如宝山区对街道经费支出采取“二个托底、四个新增”的办法。2015 年街道用于“三个公共”的财政支出不低于 2014 年的基数，同时再安排 4 个增量保障约 1. 5 亿元，让街道能够专注于社会治理。

表4　区级职能部门派出机构分类管理和街道权限情况

管理模式	区级职能部门派出机构	街道权限
区属、街管、街用*	城管中队、房管办、绿化市容所	街道拥有财权、人事任免主动权
区属、共管、共用	派出所和交警中队、市场监管所、社区卫生服务中心	街道拥有考核权，其中群众满意度测评权重为70%，街道考核权重为30%
区属、共管、街用	司法所	群众满意度测评、街道考核和职能部门考核权重分别为40%、40%和20%

注：*城管中队在乡镇实行“镇属、镇管、镇用”。即把区县城管执法局派驻在乡镇的城管执法中队调整为乡镇政府直属的行政执法机构，以乡镇政府名义执法，人、财、物全部交由乡镇管理。同时，建立公安部门保障城管综合执法的工作机制。此外，各类社区辅助队伍的招录、管理等权限也逐步统一交给街镇。

尽管以上举措有力地缓解了街镇层面治理资源薄弱和管理权限不足的问题，但街镇的社会治理职能在进一步强化凸显之后，治理职能的载体设计与建设进展滞后的问题就变得更加严重，街道与村居之间的社区“中间层”治理组织架构如果迟迟不能普遍建立起来，街道“政府化”、村居“机关化”的问题就不能从根本上解决。为此，需要对街道、乡镇的社会治理职能载体设计和建设采取分类突破的思路。

1. 推进社区工作（服务）站建设和网格化管理，在街道与居民区之间形成“中间层职能载体”

以“一站多居”、“一网格多居”为主要设置方式（对于规模较大的居委会可以通过适度的规模调整予以实现，原则上居委会所辖户数以700～1500户为宜），在街道和居民区两个层面之间形成总体布局合理、资源投放高效、更加贴近基层、上下衔接顺畅的社会服务管理平台载体体系；同时将街道的大部分行政性服务职能剥离转移到社区工作站，大部分行政性管理职能剥离转移到综合管理网格上，促使街道职能逐步向统筹策划社区建设、创意设计社区发展项目的方向转变，逐步形成“前店（社区工作站和综合管理网格）后厂（街道）”的运作机制，形成“社区工作（服务）站主要提供公共服务、综合管理网格主要实施行政管理、居委会开展基层自治”的新型治理结构。

2. 分阶段、多模式改革乡镇行政管理架构，在乡镇和村居之间构建“中间层治理载体”

结合上海郊区既有实践探索，未来应采取分阶段、多模式的齐头并进方案逐步稳妥破解大型镇、大型居住社区治理难题。具体言之：第一阶段主要是完善目前普遍实行的“镇管社区”体制。加强社区事务受理、卫生、文化、综治等分中心建设，推动公共服务和社区治理网络和资源向镇管社区及时延伸覆盖，并健全社区党委、社区委员会、社区（管理）中心的“两委一中心”共治平台体系。第二阶段主要是建设“基本管理单元”。对暂时不具备析出街道条件、常住人口2万以上，集中城市化面积2平方公里以上，地域边界较为清晰的区域，将其作为一个基本管理单元，全面配置基本公共服务、基层管理与执法资源。目前上海在全市范围首批确定了67个基本管理单元。第三阶段主要是“析出街道”。对城市化地区与中心城区或新城连接成片、边界清晰、市政基础设施和基本公共服务设施完善的区域，达到一定面积和人口规模（一般在10万人左右），在基本完成农村集体经济组织产权制度改革、村组撤制的情况下，积极推进析出街道，使区域管理幅度更加合理，治理资源运用更加高效（见表5）。

表5　2015年上海析出街道工作进展情况

	新成立街道办事处	原所属街镇	成立时间
普陀区	万里街道办事处	自长征镇析出	2015年1月6日
	真如街道办事处	撤销真如镇行政建制	
闵行区	浦锦街道办事处	自浦江镇析出	2015年7月2日
松江区	广富林街道办事处	九里亭街道办事处	2015年7月29日
	自方松街道办事处析出	自九亭镇析出	
奉贤区	西渡街道办事处	自南桥镇析出	进行中
青浦区	待定	新城1站大型居住社区改制	正在研究论证
宝山区	待定	大城镇	

（三）做活“四级网络”，激发村居的社会自治能力

激发“四级网络”治理活力，核心路径是为村委会、居委会减负增能，

具体而言，有以下三个互为支撑、互为补充的实施方案。

1. 自上而下的行政性减负

严格实行市、区职能部门职责下沉街道、行政性事务下沉社区的准入制度，如有新增事项确需街道、村居承担的，职能部门不能直接下派，须由区委、区政府严格审核把关。同时建立村委会、居委会依法依规协助行政事务清单和印章使用清单，对于超出清单范围的行政事务，需要经村居民代表会议审议通过。

2. 自内而外的职能剥离转移

完善社区工作（服务）站、综合管理网格建设，对于不宜由村居承担的行政性事务，应剥离转移给社区工作站和综合管理网格承担和实施。同时加快社区工作者队伍建设，推动社区工作（服务）站向社会组织转型，行政性事务逐步相应转变为购买社区工作站服务的方式予以完成；通过综合管理网格优化整合一批行政执法力量和协管员队伍，加快转制改革，推动协管员队伍组织形态企业化或社会组织化，部分行政性事务亦可采取向转制后的协管员队伍购买服务的方式予以完成。

3. 自下而上的草根性激活

一是在居民区层面，充分发挥小区物业管理联席会议和居民协调会、听证会、评议会等制度化共治平台，在居民区党组织领导下，积极推进物业管理、文化建设、矛盾调解等自治工作。二是总结和推广“居民自治家园”创建的经验，鉴于目前居委会人口规模总体上偏高，居民社会分化大、自治开展难的现状，可以优先在居民小区、居民小组、楼道等更小范围、更低层面上推行居民自治，尤其要培育建设好各类草根性的居民自治小组和活动团队，积累自治经验，形成居民自治的成熟模式，并逐步向上移植到居民区层面。

（四）做强社会协同参与，拓展社会治理的组织支撑

1. 形成调整社会协同参与治理的基础性制度安排

尽快制定市区两级《政府转移职能目录》《政府购买社会组织公共服务项目目录》《可承接政府购买公共服务项目的社会组织名录》等基础性目录

或清单，以及《政府购买社会组织公共服务项目指导意见》《社会组织准入标准指导意见》《政府购买社会组织公共服务项目监管体系指导意见》《政府购买社会组织公共服务项目评估体系指导意见》及其操作细则，形成政府购买社会组织服务的政策制度体系；用好用活现有的政府购买服务机制，因类制宜地将社区工作（服务）站、居委会乃至业主委员会、物业服务企业纳入购买服务的承接对象。

2. 深化社会发育和基层治理的微观组织基础

发挥浦东新区综合配套改革先行先试的优势，加大放开社会组织的直接登记力度，简化社区群众团队备案程序；重点培育扶持政府职能承接型社会组织、政府职能补位型社会组织、基层自治促进型社区社会组织等三类社会组织，支持和鼓励社区居民成立形式多样的群众团队，充分发挥其基层治理人才孵化器、居民自治队伍蓄水池、社区和谐催化剂的作用，深化社会发育和基层治理的微观组织基础，实现社会组织规模、结构、布局与行政管理体制改革、政府职能转变保持协调同步，与社会治理的需要相适应。

B.3

上海基层社会治理创新进展与问题研究

陶希东*

摘　要： 基层社会治理是特大城市创新社会治理的重要内容之一。本文结合上海市委2014年底发布一号课题以来，街镇基层改革的相关政策设计和实践动向，梳理了上海基层治理改革的最新进展，并分析了当前改革中存在的一些问题，最后提出了未来时期特大城市基层治理改革的主要趋势。

关键词： 基层　社会治理　上海

一　基层社会治理创新的重大意义

伴随着我国城市化进程的加快，截至2014年，我国常住人口城市化率达到54.8%，大约7.5亿中国人开始居住在城市当中，中国社会逐步进入了真正以城市为主导的城市型社会。党的十八大以来，国家全面提出了国家治理体系和国家治理能力现代化的总体改革目标以及国家经济社会发展的"新常态"，而如何突出以人为本，更加注重经济发展质量和效益，继续改善民生，切实提升民众的获得感，成为各级政府谋求创新发展、绿色发展的重要战略任务。众所周知，街镇、居委会、村委会等基层单位，是城乡居民的主要生活集聚地，也是诸多社会矛盾和社会问题集中存在的地方，更是直接体现民生改善程度的人居环境，构筑稳定和谐、民主有序的基层治理体

* 陶希东，上海社会科学院社会学研究所研究员。

系，是任何一个国家或城市实现社会和谐、政治文明的根本基础和重要保障。在新时期，切实加强基层社会治理创新，提升基层治理能力，对推动中国全面建成小康社会进而实现两个百年奋斗目标，均具有十分重大而深远的意义。具体而言，加强基层社会治理创新，具有三个重大意义。

（一）加强基层社会治理，是国家治理体系的重要一环

实现国家治理体系和治理能力现代化，是党的十八大提出的全面深化改革的总体目标，而这一目标从横向来看，包括经济治理体系、政治治理体系、社会治理体系、文化治理体系和生态治理体系，是一个完整的全领域结构体系，而从纵向来看，包括中央或国家层面的国家治理、区域治理、省市区治理、基层治理，是一个完整的多层次治理体系。可见，基层社会治理，是国家治理过程中的重要一环，更是整个国家治理体系的重要组成部分和根基所在。唯有实现基层社会的有效治理，才会实现整个国家治理能力的现代化。

（二）创新基层社会治理，是创新社会治理体系的主要源泉

实践是检验真理的唯一标准，党的理论创新也不例外。创新社会治理体系是当前党和政府面临的重大理论创新和执政任务之一，但要想实现真正的创新，无法离开基层社会的支持。在基层社会中，蕴含着普通民众的聪明才智，存在针对各类社会问题的有效治理方式，唯有从基层吸收经验，吸取民间智慧，才会不断丰富我国社会治理的基本理论体系和实践体系，进而总结社会治理创新的一般规律，因此，基层社会治理的创新，是国家创新社会治理体系的主要源泉。

（三）创新基层社会治理，是提升民众获得感的重要依托

在“新常态”下，切实改善民众的公共服务水平、提升社会民生质量，提升民众真实的获得感，是新一轮全面深化改革和社会治理创新的重要目标所在。而民众的获得感，除了通过收入分配、政策扶贫等途径，切实提高收

入水平和物质生活水平外，更重要的是，要让普通民众对自己身边或小区不断改善的生态环境、社会文明程度、人际关系和谐等隐形变化也深有感触，共享治理方式创新带来的成果和效益。而这些因隐形环境变化而产生的获得感，更多地需要依靠街道、居委会、村委会等基层社会的有效治理。因此，唯有真正实现了基层社会的创新性有效治理，才会真正提升广大人民群众的获得感。

二　2015年上海基层社会治理的改革与实践

上海作为人口、经济、信息、科技等各类要素高度集聚的现代国际大都市，社会治理工作始终是一个十分艰巨的战略任务，特别是随着上海经济加快转型发展、人口总数大量增加、社会结构趋于多元、群众利益诉求复杂多样、信息传播方式深刻变化，传统的社会管理模式很难面临严重挑战，特别是自2014年3月，习近平总书记提出上海要“努力走出一条符合特大城市特点和规律的社会治理新路子”的总体要求以来，全市上下共同努力，一起行动，努力寻求符合上海特大城市规律、满足民众需求、解决基层社会问题的社会治理良方。为此，2014年市委设立了题为“创新社会治理、加强基层建设”的一号课题，由市委书记亲自组织开展调研，历时近一年，课题组走访了大量的基层社区，听取了多层面、各领域的意见或建议，并于2015年初正式发布了“1+6”研究成果［“1”指《市委市政府关于进一步创新社会治理加强基层建设的意见》（以下简称《意见》），这是总纲；“6”是指六个配套文件，主要包括街道体制改革、居民区治理、村级治理体系建设、社会力量参与社区治理、深化拓展网格化管理、社区工作者管理办法等6个方面］，成为2015年全市基层社会治理改革创新的重要依据和行动指南。近一年来，上海各区县进行了卓有成效的基层社会治理创新与改革，成效显著，实践成果也十分丰富。

上海此次进行的基层治理改革，是对传统“二级政府、三级管理、四级网络”管理体制的一次深度创新，旨在通过体制革新、人财物等资源的重新配置，进一步提升基层治理的权威性和治理能力，切实解决大都市基层社会面临的诸多矛盾与问题。由分析“1+6”成果的主要内容来看，2015年推动基层社会治理改革的核心主张与实践做法如下。

（一）街道体制的改革与重塑

街道办事处是特大城市城区政府的派出机构，是基层社会治理的重要主体和空间资源配置单元，实现街道治理的现代化，是我国特大城市治理能力现代化的重要依托和保证。此次上海的基层治理改革中，街道的体制改革是一大亮点，做出了诸多新的制度安排，对全国城市基层管理体制改革具有重要的借鉴意义。

1. 取消经济职能，强化公共服务职能

在传统体制下，街道作为城区政府的派出机构，承担着大量的经济职能，发展经济、增加税收、招商引资是街道的核心工作，这使得街道过多地关注经济发展而无法顾及公共服务和公共管理的问题，也导致了不同经济实力的街道之间，公共服务水平存在较大差距，社会发展不平衡现象突出。为此，此次改革对街道的职能做出了新的界定，即全面取消街道的招商引资职能和相关的经济考核指标，街道主要履行加强党的建设（新增）、统筹社区发展（新增）、组织公共服务、实施综合治理、监督专业管理、动员社会参与（旧版为协调社区资源）、指导基层自治（旧版为指导自治组织）、维护社区平安（旧版为维护社会稳定）等8项职能，街道所用经费由区政府全额保障，明确公共管理、公共服务、公共安全成为新时期街道的核心任务，这为切实改善基层社会秩序提供了体制保障。在这一改革指导原则下，全市各街道采取不同措施，加大进行经济职能的转型，全面打造公共服务型街道。如松江区，在区、街道两个层面设立投资促进服务中心，每个街道设立分中心，并与街道实现功能剥离、空间隔离、财政分离，所有的经济职能划归该中心进行管理和运作，街道重点聚焦公共服务、公共安全和公共管理事宜。

2. 增加街道权限与资源，发挥统筹协调能力

在传统治理中，街道和居委会往往承担着十分繁重的上级部门指派的任务，有些居委会承担着100多项职能、有上百本工作台账，但所拥有的财权、人权、物权与繁重的工作事务严重不匹配，使得基层干部忙于应付完成各项上级任务，苦不堪言，更缺乏有效满足当地居民需求的实力和能力。更重要的是，在街道这一区域中，纵横关系不顺，街道无权也无法有效协调和调动驻区单位有效参与社区治理，社区共治格局难以形成。此次改革，坚持重心下移、资源下沉、权力下放的原则，赋予了街道更多的权限和资源，如赋予街道党工委对区职能部门派出机构负责人的人事考核权和征得同意权，赋予街道规划参与权和综合管理权，赋予街道对区域事关群众利益的重大决策和重大项目的建议权等，让街道做到有权、有物、有人，工作职能与资源配置相匹配，增强在块层面上的综合协调能力。最典型的改革举措就是对全市城管资源实行“镇属镇管镇用”、“区属街管街用”的下沉式改革，做实做强基层城管力量，例如金山区在九个镇中成立了城市管理执法中队，隶属各镇人民政府，调整一线人员编制，对镇进行全覆盖管理。

3. 社区向街道回归，并设置统一的内部机构

在过去一段时期，上海的街道被改称社区，社区（街道）党工委是街道的领导力量，但在“镇管社区”等多元体制并存的情况下，社区的概念出现一定的模糊和混乱，为此，此次改革，将街道原来的社区党工委统一更名为街道党工委，领导机构名称上实现了向街道的回归和统一。同时，对街道内部的机构设置做出了“6+2”的规定，即统一设置党政办公室、社区党建办公室、社区管理办公室、社区服务办公室、社区平安办公室、社区自治办公室，同时可根据街道实际需要，增设2个工作机构①。目前，各区县已基本完成了机构设置工作，表1列举了部分区县街道内部机构设置的情况，主要区别表现在两个自行设置的机构上。

---

① 中共上海市委、上海市人民政府关于进一步创新社会治理加强基层建设的意见，2014年12月31日。

表1 上海全市部分区县“6+2”设置方案

区县	“6”	“2”	主要职能
徐汇	党政办公室；社区党建办公室；社区管理办公室；社区服务办公室；社区平安办公室；社区自治办公室	社区发展办公室	负责动员社会力量参与社区治理，联系和服务区域单位，整合社区相关资源，为各类区域单位提供服务，优化区域发展的公共环境。负责组织落实社会经济专项调查、普查和在地统计工作。负责宣传舆论管理、精神文明、文化、教育、科普、体育等工作
		专项办公室	负责强化具有区域特点或管理服务特殊性工作，把街道特定区域或者特定受众的管理服务工作做优、做强、做实
黄浦	同上	党群办公室	主要履行社区统一战线、宣传(精神文明)工作职能
		社区发展办公室	主要履行社会事业发展、旧区改造、政府事实、社区规划、服务驻区单位等工作职能
青浦	同上	党群工作办公室	主要履行社区统一战线、宣传思想、精神文明建设工作
		综合发展办公室	统筹社区发展、服务指导“三农”工作、财政审计

4. 促进机关服务窗口化、平台化

搭建服务窗口和平台，为辖区居民提供高质量的公共服务，是此次改革的一大重点。实际上，在改革之前，上海街道都设立有社区事务受理服务中心、社区文化活动中心、社区卫生服务中心、社区生活服务中心四大服务窗口，此次改革，在此基础上，增设了城市网格化综合管理中心、社区党建服务中心（原社区党员服务中心更名为社区党建服务中心）和社区综治中心，要求工作互动、人员融合。至此，在街镇层面，形成了七大服务管理平台体系，实现机关服务的窗口化、平台化。但需要指出的是，此次改革并没有把社区生活服务中心纳入改革框架之中，这预示着街道已经建立的生活中心面临着职能、运作机制的重新调整与改革。

（二）改革与完善乡镇治理体制

近年来，随着上海城市化发展和基层政区调整变动，在郊区出现了一些大镇、大型居住区等形态，管理服务任务很重，但行政资源的配置还是按照镇级建制进行配置，无法有效满足实际管理的需要，给基层治理带来巨大挑战。为此，《意见》对进一步完善乡镇治理体制做出了新的设计，其改革亮点有两点。

1. 创建并做实基本管理单元

近年来，由于外来人口增加、中心城区旧区改造、大型居住区建设、乡镇合并等因素，上海的人口空间布局出现了新的趋势和特点，在近郊区地带出现了一批人口规模超过 20 万的大镇，为此，实行了“镇管社区”新模式，但在一些被合并乡镇、大型居住区等地带，公共管理和公共服务仍然存在不少问题。为此，此次改革，提出了基本管理单元新设想，旨在综合考虑人口、规模、面积等因素，选择一定地段设立新的管理单元，配置相应的公共服务资源和行政执法、专业管理力量以及专门、多功能的服务分中心，实现基本管理单元公共服务的完备性、可及性和便利性，提高管理效率。为此，郊区政府根据实际情况，探索开展基本管理单元建设、申报和实施，如松江区政府从 15 个镇中选择了 10 个基本管理单元，进行管理架构的进一步完善和创新。

2. 进一步推进析出街道

基层行政区划的同步改革与调整，也是此次基层治理改革的重要内容，要求对城市化地区中与中心城区或新城连接成片、边界清晰，达到一定条件的区域，区县要积极推动析出街道工作。从改革实践来看，普陀区长征镇的改革具有一定的代表性。长征镇地属普陀区，在 2014 年 12 月之前，长征镇拥有人口 23 万，面积 10.81 平方公里，但其辖区呈现南、北两片不相连接的状态，中间被真如镇、石泉路街道所分割，北片 3.3 平方公里的万里地区，是整个街道的单独“飞地”，万里地区的居民办事需要跨越真如镇到南片的长征镇区，生活非常不方便。为此，普陀区政府根据一号课题的精神，对长征镇的行政区划进行了调整，把原属长征镇北部单独片区的万里地区，从长征镇中析出，成立独立的万里街道，并按“6 + 2”的机构设置要求，新建了街道行政组织架构，主要发挥公共管理、公共服务、公共安全的核心职能。这是2015年全市第一个析出街道的案例。这一调整彻底解决了长征镇南北分割治理中面临的诸多矛盾和不便，促进了空间服务资源的科学、有效配置，也大大提升了对基层居民的社会服务能力和水平。

（三）完善居民区治理体系

居民区是基层社会治理的基本单元之一，构建完善的居民区治理体系，是确保基层社会治理成效的重要保障。为此，《意见》提出的改革亮点如下。

1. 搭建和完善居民区共治体系

居民区是一个拥有多重组织体系的管理单元，能否实现多元组织之间的协同、协调与资源整合，是有效提供公共服务、化解社会矛盾的决定性因素。为此，此次改革一方面要求在居民区中，充分发挥党组织、行政组织、自治组织（居委会、业委会）、市场组织（物业公司）、驻区单位、社会组织（群众活动团队等）共同参与居民区治理，积极搭建居民区联席会议、社区委员会等平台，并探索符合条件的居委会成员通过合法程序兼任业委会成员的方法，加强居民区多元共同民主协商机制建设，实现居民区共治的局面。这方面改革，青浦区盈浦街道的社区委员会具有一定的代表性（专栏）。又例如奉贤区南桥镇，联合区域内18个业主委员会，成立了全国首个镇级业委会联合会，实现了居民小区业委会的规范运作和有效自治。另外，在居民区治理中，特别强调了党组织和党员的作用，通过推行驻区单位党组织到社区党组织报到、党的组织关系不在现居住地的党员到居住地党组织报到的“双报到”制度，进一步健全区域化党建平台，让各级各类党组织和党员充分融入本地化的居民区治理体系中，发挥资源整合与引领作用。

专栏：青浦区盈浦街道社区委员会概况

青浦区盈浦街道在2015年5月设立了“社区委员会”，作为社区代表大会闭会期间社区管理和服务的常设议事协商机构。新设立的社区委员会下设五个专业委员会，分别是社会安全委员会、城区管理委员会、社会保障委员会、社区文化事业发展委员会和社会组织委员会，对涉及社会性、公益性、群众性的社区事务进行议事、协商、评议、监督，对街道范围内的社会热点、难点问题，各专委会进行专题议政活动，目前委员会共有35人，来自各个行业及各个阶层，具有社会的广泛性及代表性。

2. 切实提高居委会自治能力

在法律上，居委会虽是群众自治组织，但在实际工作中，更多承担着过多的行政职能，超负荷运转，一直是居委会建设的一大难题，居委干部在沉重的行政工作压力下，无法顾及真正的居民自治事务。为此，此次改革提出了两个改革方向：一是减负增能，具体包括制定居委会协助行政事项清单、建立事项准入制度、建立电子台账建设等方法，切实减轻居委会的工作负担。二是积极设立社区基金或居委会自治金，引导居委会提升自治能力。例如2015年7月，青浦区盈浦街道设立了市郊第一家政府主导的非公募社区基金会，动员辖区企业、慈善机构、社会组织、社区居民等各种社会力量筹集资金，募集原始基金500万元，基金规模居全市街镇社区基金会之首。同时，发布了2015年度前期推行的包括为老服务、环保宣传、少儿教育、青年就业、文化服务领域的首批15个公益项目，赢得了社会的支持、认可和称赞。这是盈浦街道在完善社会治理方面的一项创新举措。

3. 把居民区党组织书记全面纳入事业编制

居民区治理的实践表明，居民区党组织书记，作为居民区治理的带头人和负责人，在居民区治理中发挥着十分重要而独特的作用，一个有能力、有群众基础的好书记，往往会带动居民区治理不断走向完善和成熟。但长期以来，较低的社会地位和经济待遇，大大制约了居民区党组织书记队伍的年轻化、职业化发展。此次改革最大的亮点在于把居民区党组织书记全面纳入了事业单位编制体系，享受事业单位退休待遇，增加遴选渠道，提高工资待遇，为夯实基层班长队伍提供了强有力的保障。

（四）完善村级治理体系

虽然上海的城市化率已经非常高，农业比重以及农民数量很少，但强化农村治理，依然是加强基层社会治理的重要内容之一，为此，此次改革也对农村治理体系做出了新的制度安排。主要亮点和改革实践如下。

1. 完善并强化村级组织体系建设

全面加强村党组织建设，全面建立健全村务监督委员会，发挥领导、监督职能，确保农村集体经济合规有序发展。为了进一步解决农村地区人才缺乏的现状，针对农村党支部书记，实行定向招录公务员和事业编制的制度，并不断完善薪酬体系和福利保险，不断夯实村支书队伍的健康持续发展。在此基础上，探索村集体经济组织、驻村单位、群众团体、社会组织等共同参与的村级治理体系，加大群众监督，防止村级腐败行为的发生。

2. 全面提高村自治水平

除了继续完善村民会议、村民代表会议制度外，进一步加大村规民约的设立或修订、落实村务公开制度、建设村民议事协商机制、法治体系、新村民融入等建设，实现法治、德治、自治、共治的有机统一。金山区高楼村在依法治村方面进行卓有成效的实践，如村里设立法律服务站，对村民提供法律咨询服务，对发生在村内的邻里矛盾和各种纠纷进行现场调解；针对外来人口，在加大考察和遴选的基础上，将优秀外来人口吸收进村领导班子或村小组组长，同时建立新民村服务站，提供相关服务，实现了包容性治理。

3. 推进美丽乡村和农村社区建设

城乡服务差距或公共服务非均等化，依然是上海统筹城乡发展进程中面临的一大难题。如何提升农村地区的公共服务水平，进一步改善农村生态环境，建设美丽乡村，就成为此次基层社会治理创新的重要内容，其改革的重点是推动乡镇公共服务延伸到村组，建立多层次农村社区公共服务体系，提供公平、效率、便利的各种服务，更好地满足农村地区居民的服务需求。典型案例有松江区新浜镇，在全镇各村设立一门式服务大厅，推行居委干部一门式办公、开展一门式服务，将农林水、平安管控、土地管理、民生民事、人口健康、党群建设等服务送到村民家门口。

（五）组织引导社会力量参与社区治理

社会力量是创新社会治理的主体力量。加大培育社会组织，引导多元社会力量参与社区治理，是特大城市提高基层治理效能的关键所在。为此，《意见》做出了如下制度安排和创新。

1. 明确参与社区治理的社会力量主体和重点，积极搭建各类平台

改革方案进一步明确指出，参与社区治理的主体社会力量包括驻区单位、社会组织（社区生活类、社区公益慈善类、社区文体活动类、社区专业调处类）、社会工作者、社区骨干（老党员、老干部、党外代表人士和在职党员、社区代表）、志愿者、两代表一委员（党代表、人大代表和政协委员）等，形成多元参与社区治理的良好格局。因此，在现有基础上，努力发展各类服务型社会组织，搭建多元主体参与的平台，成为基层治理实践创新的主方向。如松江区泗泾镇成立的鼓浪路商户自治协会，作为政府、商户、社区之间的参与共治平台，在促进商户规范经营、改善社区商务消费环境方面发挥了重要作用。

2. 完善社会力量参与社区治理的扶持政策

对此，改革方案重点围绕建立健全政府购买服务机制，创新专门扶持社会组织或孵化基地发展的财税政策，旨在形成政府与社会组织紧密合作的局面，增加社区公共服务的供给，改善社区公共服务的质量和效率。这些改革具体包括全面制定政府购买服务指导目录、承接社区服务的社会组织指导目录、规范政府购买服务流程、强化绩效评估、政府购买服务经费列入财政预算等方面，有效引导和保障社会力量有序参与社区治理。例如徐汇区漕河泾街道，针对社区公共安全管理面临的诸多难题，主动购买第三方专业机构服务，对重点区域的公共安全管理进行业务培训、方案设计、绩效评估等，收到了较好的效果。

（六）深化拓展网格化管理

基层城市管理是特大城市社会治理创新的重要内容之一，很早以前上海就建立了网格化管理体系，但由于基层管理队伍的不断增多，网络化管理出现网络重叠、体制不顺的问题，影响了实际管理的绩效。为此，一号课题从明确边界、整合资源的目的出发，对城乡基层网络化管理架构提出了完善性要求，旨在实现城乡基层网络管理的全覆盖和高效率。主要改革亮点包括如下。

1. 合理设置管理网格和职能边界，深化城市管理体制改革

包括网络管理体系向城市住宅小区和农村地区延伸，明确城市网格化管理的边界主要包括城市管理、市场监管、街面整治等领域，不断推动治安巡逻防控网、武装应急处置网、群防群治守护网与城市综合管理网格的充分结合，减少各类网格的叠加交叉现象。对此，如虹口区的川北街道，设置了“32个网格+6个协作块”，对疑难杂症实施精细化管理，收到了明显成效。还例如黄浦区城管体制全面推进城管进社区改革，在社区设立社区工作室，建立“弄管会、路管会”等社会自治组织，并与绿化、公安、市场监管，居委、物业等部门一起，成立联合巡察督导队，充分借助城市网络化管理平台，不断提升管理和服务水平。

2. 组建街道、乡镇城市网格化综合管理中心，健全完善运作机制

在基层城市管理中，成立统一的管理平台，并实现与多种已有城市管理机制的相互衔接、协调整合各方力量，实行统一无缝隙整治管理，是此次改革的重要内容。如青浦区盈浦街道设立了城市网格化综合管理中心（增挂安全管理事务中心牌子），主要承担街道“12345”市民服务热线受理派单、应急值守、突发事件处置，巡查发现辖区内各类城市综合管理问题，对各渠道发现的问题进行派单调度、督办核查，指挥协调相关执法管理队伍开展联合执法处置、安全监督检查和安全隐患排查，协助做好防汛抗台、防震减灾和应急预案的制定实施等工作。

（七）建立社区工作者职业化体系

如何整合并打造一支专业化的基层工作队伍，是上海基层治理创新的重要内容，也是重要保障之一。为此，一号课题从整合队伍、统一管理的视角出发，提出了社区工作者这一新概念，即在本市居民区和街道、乡镇公共事业岗位直接从事社区服务和管理，由街道、乡镇承担全部经费保障和统一管理使用的就业年龄段全日制工作人员，并提出了社会化招聘、职业化发展、契约化管理的改革方略，主要思路如下。

1. 实施社会化招聘

如长宁区在对社区工作者的入职，按照公平、公开、平等竞争的原则，向社会实行公开招聘，对持有社会工作职业证书或社会工作专业毕业的大学生、优秀大学生村官、"大学生服务社区计划"的优秀大学生、市委组织部选派到区县社区岗位实习锻炼的优秀大学生、热心社区公益事业的志愿者等应聘人员可优先录用[①]。

2. 职业化发展

主要表现在为社区工作者制定明确的岗位等级、薪酬体系和职业认证制度，促进这支队伍的专业化、职业化水平。如长宁区将社区工作者划分为3岗18级，细化了其不断努力上升的等级序列；同时制定了由基本工资和绩效工资组成的社区工作者薪酬体系，其中基本工资与本人岗位等级相对应，占年收入的80%左右；绩效工资根据本人工作情况，经考核确定，占年收入的20%左右[②]。

3. 实施契约化管理

街镇对正式聘用的社区工作者，通过设立民办非企业单位——"街道（镇）社区工作者事务所"，由该事务所与社区工作者签订劳动合同，实行劳动合同管理。

① 《上海长宁探索构建社区工作者统一职业化薪酬体系》，http：//www. vos. com. cn/news/2015 - 06/27/cms859668article. shtml，2015 年 6 月 27 日。

② 《上海长宁探索构建社区工作者统一职业化薪酬体系》，http：//www. vos. com. cn/news/2015 - 06/27/cms859668article. shtml，2015 年 6 月 27 日。

4. 完善绩效考核机制

在传统体制下，各级领导干部的考核通常采取的是“上对下”的考核制度，区职能派出机构考核街道、街道考核居委会，在这种体制下，向上级部门或领导负责，成为各级干部工作的主要目的。而一号课题提出在对社区工作者的考评中，加大群众评议，并将考评结果作为其调整岗位、调整等级、薪酬待遇、奖励惩戒、续聘解聘等的重要依据。如虹口区曲阳街道建立了“下对上”的双评级机制，即居民考评居委干部、居委干部考评街道，特别是居委会干部对街道的考评中，街道邀请几位资深居委干部组成考评小组，由170余位居委干部全体参与打分，对街道机关科室、机关联络员逐一评价打分。尽管考评小组对街道干部的考评仅作街道考评的参考值，但一旦考评小组对某个同志做出差评，就预示着其工作属于不称职。还例如四平路街道的社区工作者考评，也实现了变“自上而下”为“自下而上”，老百姓满意不满意成为社区工作者成绩好坏的重要依据。这一改革策略，有效克服了基层工作“向上负责”的弊端，切实推动了基层干部“向下负责”的转变，让更多居民从基层工作中受益。

三　上海基层治理改革面临的主要问题及改革展望

（一）主要问题

任何一项改革都存在风险与问题，基层治理改革也一样，在释放基层活力的同时，也面临着一定的问题。2015年上海基层治理改革已经基本完成，根据实地调研来看，主要存在如下几个问题。

一是基层结构调整面临的职能分散化和“多对一”、“一对多”的问题。也就是说，在传统管理时期，街道设置有多个科室，科室职能相对综合化、明确化，对应上级部门也较为清晰，例如原来的民政科就是对应上面的民政局，但此次改革以后，本来属于一个部门或科室管理的诸多职能根据“6 + 2”的要求，可能进行了分散化配置，即不同领域的工作任务被配置到不同的办公室当中了，如民政的社区自治、养老等管理职能可能分属不同的办公室，这造成了基层多个办公室同时对应区县同一职能部门、区县一个职能部门可能同时联系街镇多个办公室的局面，在改革初期对纵向管理上可能带来一定的混乱和不便。当然，随着职能部门人员对新工作任务的不断熟悉和正常开展，这种矛盾也会得到逐步理顺和解决。

二是缺乏统一规范的适应基层单位职能的绩效考核办法。根据基层体制改革，街镇完全放弃了传统的招商引资职能，进而转到公共管理、公共服务、公共安全上，也取消了原来的经济考核指标，更重要的是，街镇被赋予了对驻区单位绩效考核的参与权和建议权，这些制度有效地保障了街镇不断提升以块为主的公共治理水平。调研发现，在全市范围内，一方面，对基层街镇干部尚没有一个统一的新的绩效考核体系，以充分反映公共管理、公共服务、公共安全的治理程度，以及为民服务的水平；另一方面，街镇考核驻区单位也只落在纸面上，尚没有具体的抓手和操作规范。以上这些都有待进一步完善、细化和落实。

三是基层居委会干部薪酬体系改革引发公务员对收入分配的议论。根据最新的改革举措，就业年龄段的居民区党组织书记被纳入了事业编制，制定了薪酬体系，实现了职业化发展，这对吸引更多有为青年积极投身社会基层工作无疑具有非常大的激励作用，对夯实基层治理具有决定性的作用。但在调研中我们也发现，有些城区实施居委会书记队伍的薪酬改革以后，其收入水平有了明显增长，甚至还高出了部分刚入职公务员的收入水平，这引发了公务员群体对收入分配和自身价值的再议论。当然，存在这种质疑和争论也是正常的，但根据笔者对居民区党组书记工作复杂性、繁杂性和基础性特征的了解认为，一个真正愿意为民服务、帮困解忧的合格基层书记，可能在工作上比一般人付出了更多的精力，就应该获得比一般人多一点儿的收入。

（二）改革展望

新时期，上海推动的上述基层治理改革，是对已经实行近 20 年的“两级政府、三级管理、四级网络”模式的再创新，是有效应对社会转型、破解复杂多元社会矛盾的体制机制再造，具有十分重大而深远的战略意义。随着上述改革方略的不断落实和推行，上海的基层治理将呈现如下几个趋势性特点。

一是真正走向以民为主、需求导向的治理，治理效率趋向更高。特别是改革方案做出的取消街道招商引资职能和“6+2”体制设计，将会进一步推动街道工作“向上对口”转变为更加注重“向下对应”，会更好地面向基层、面向群众、面向需求，满足百姓需求、改善民生服务真正成为基层治理的出发点和落脚点。

二是基层治理更趋区域化、综合化、信息化。通过“双报到”制度的实施，街道党组织的统筹协调作用将会得到显著放大，区域化党建将成为调动纵横向各类资源的有力治理平台，基层治理更走向区域化、综合化。特别是城市网格化综合管理中心的构建，将不断整合城市管理资源，带动城市管理走向联动化、信息化、智慧化，为群众提供便捷、高效的公共服务。

三是基层社区治理呈现多元参与的共治格局，构建真正的社区生活共同体。发挥党和政府的作用，完善和落实有利于社会组织发展的财税政策，制定政府购买服务指导目录和承接社区服务的社会组织指导目录，将为社会组织、居民、企事业单位有效参与社区治理提供了渠道和平台，在提高基层公共服务水平的同时，真正会建成丰富多彩的基层社区生活共同体。

B.4

上海积极探索社会组织参与基层治理工作新机制

孙甘霖　方士雄　鲁　兵　唐璟琳　龚佳颖*

摘　要：　本文在深入调查研究的基础上，对上海市委“创新社会治理　加强基层建设1+6文件”提出的社区生活服务类、公益慈善类、文体活动类、专业调处类四类社会组织参与基层社会治理的基本情况进行了分析，总结了社会组织参与社会治理的机制和途径，以及在促进基层社会治理创新中发挥的显著成效，同时也对其发展中存在的突出问题进行了剖析，最后提出了改进和完善社会组织工作机制，促进社会治理创新的工作思路。

关键词：　上海　社会组织　基层治理

为贯彻落实上海市委书记韩正同志关于“大力推动社会组织参与社会治理”的要求和市委副书记应勇同志关于“重点聚焦以基层治理为主要内容的四类社会组织”等要求，结合市委“创新社会治理　加强基层建设1+6文件”的贯彻落实，上海市社会工作党委、市社会建设委员会办公室（以下简称“市社建办”）通过广泛调研座谈，并与市政府发展研究中心、华东政法大学社会治理研究院合作，对本市社会组织参与基层治理的情况进行了

* 孙甘霖，上海市社会工作党委书记，上海市社会建设委员会办公室主任；方士雄，上海市社会工作党委研究室主任；鲁兵、唐璟琳、龚佳颖为上海市社会工作党委工作人员。

深入研究。本文对上海四类社区社会组织参与基层社会治理的基本情况和存在问题进行了归纳总结，并提出了改进思路。

一 上海社会组织参与基层治理工作的基本情况

目前，上海市级层面共有这四类社会组织 18 家，主要通过其在区县的工作站和街镇的社工点深入社区提供服务，如自强社会服务总社（147 个）、新航社区服务总站（152 个）、阳光社区青少年事务中心（148 个）等；区县层面注册登记的这四类社会组织有 3051 家，占区县注册登记社会组织总数的 28.34%，其中，生活服务类 20.85%、公益慈善类 57.33%、文体活动类 13.20%、专业调处类 8.62%。此外，还有备案管理的群众活动团队约 2.3 万家。以上四类社区社会组织在创新社会治理、加强基层建设中发挥了积极作用，为社区老年人、残疾人、青少年等特殊群体和普通居民提供多样化、专业化的公共服务。

（一）通过多元主体参与对接社区共治自治

1. 参与社区共治平台

社会组织作为社区共治主体之一，在基层参与社区共治平台，开展协商互动，融入了基层的治理架构。社会组织及其党组织负责人也被吸纳进入社区委员会、区域化党建联席会、社区代表大会等社区共治平台，参与社区公共事务的民主协商与多元利益表达。如静安区美丽园社区共建联合会目前已吸纳包括社会组织在内的 38 家驻区单位加入，该组织主动跨前，牵头操办老式多层住宅的加装电梯工程，获得了居民好评和良好的社会效应。

2. 承担社区共治责任

社会组织作为驻区单位参与区域志愿服务和公益活动，如参与社区结对帮困，为特殊群体和困难群体提供无偿或低偿的服务；与其他驻区单位进行合作，在社区开展各类志愿服务和企业社会责任服务等，不断拓宽各类群体参与治理的途径。如普陀区甘泉路街道数十家社会组织，从 2007 年开始参与社区帮困结对工作，一家社会组织每年结对一位困难老人或困难学生，为其提供资助，排忧解难。

3. 培育居民自治

社区社会组织扎根在基层，转变了联系群众、服务群众的理念和方式，促进了社区自治参与的广泛性和互动性，培育发掘出一批社区骨干，使众多的社区积极分子和群众团队涌现出来。如徐汇区凌云街道梅陇三村“绿主妇”议事会、湖南街道弄管会搭建居民自治平台，发育了居民的自治精神，有效激发了基层活力。

（二）通过枢纽式服务管理对接政社合作

1. 促进政社合作对接

枢纽型社会组织作为政社沟通合作的桥梁和平台，在参与治理中实现“三个对接”：一是需求对接，通过社会化渠道挖掘社区需求；二是项目对接，根据需求设计购买服务项目，筛选和引入社会组织承接；三是资源对接，建立政社沟通和互动机制，为社会组织连接各类社区资源。如静安区构建的“1 +5 + X”社会组织枢纽式服务管理体系已成为一个培育发展社会组织的工作平台，成为一个服务协调社会组织的工作枢纽，为推进政社合作发挥了不可替代的桥梁纽带作用。

2. 发挥枢纽支持作用

搭建枢纽平台，实行政社分开，健全社会组织的联系服务机制，协助基层政府完善购买服务管理，提出扶持社会组织发展的政策建议。同时，指导帮助其他社会组织完善内部治理结构，开展社会组织从业人员培训，提供第三方评估和督导。如浦东新区映绿公益事业发展中心已为200多家公益组织提供咨询服务和业务辅导，还为150多家公益机构提供了一站式项目支持。

（三）通过政府购买服务对接社区需求

1. 建立购买社会组织服务规范机制

社会组织通过政府购买服务，主动对接社区需求，为社区提供多样化和专业性的公共服务。基层政府建立了购买社会组织服务的规范机制，明确项目清单、设立专项资金，采用多种形式购买服务，引导社会组织进入社区。制定了购买服务相关的准入、监督和评估制度，提升了社会组织参与的社会效益。如杨浦区开通了全市第一家区级政府购买社会组织服务网站，全区各委办局和街道镇委托社会组织承接的事项统一交由平台操作，2015 年全区政府购买社会组织公共服务项目 228 个，项目资金 4023 万元。又如，静安区通过出台制度文件，建立了从项目立项到采购、监管、评估一整套科学规范的工作流程，由区社建办进行归口管理，2015 年，共计 3708 万元的 205 个项目获得立项。

2. 拓展购买服务的领域

一是聚集服务资源。社会组织以社区事务受理中心、社区文化活动中心、生活服务中心、睦邻中心等为载体，对服务设施进行托管，为社区居民提供了一站式、多样化、个性化的社区服务。如浦东新区屋里厢社区服务中心托管三林世博市民中心，在提供社区服务、促进共治自治方面发挥了积极作用。二是满足民生服务需求。社会组织在社区范围内开展老年人综合服务、残障人群服务、青少年教育、就业援助、社会救助、文体活动等，为社区特殊群体、困难群体和普通居民提供生活服务、社会支持和精神慰藉，满足了居民多层次、多元化的需求。三是发挥专业调处作用。社会组织在家庭危机干预、社区公共事务协商、拆迁安置、业委会建设等专业调处领域，发挥了专业化人才和社会化方法的优势，与社区综合治理、文明创建工作等形成互补。如徐汇区海布社工师事务所的“白玉兰开心家园”知心妈妈项目，为长期上访妇女提供服务。又如，浦东新区睿家社工服务社成立三年来，劝和夫妻达 1500 多对。再如，虹口区新家园事务所指导业委会的组建和运作。

（四）通过培育孵化对接社区营造

1. 培育社区社会组织和群众活动团队

一些支持型的社会组织积极引导社区自发组建社会组织和群众活动团队，为初创期的社区社会组织提供运营管理指导和培训，建立相适应的孵化过程和愿景设计。如浦东新区非营利组织发展中心（NPI）近年来成功孵化了40多家社会组织，“扶上马、送一程”。

2. 提升社区社会资本

社会组织从直接承接政府的服务性工作，转型为以社会化方式提供专业性辅助工作，在此过程中提升社区的社会资本。如杨浦区成立了全市首家非公募性质的社区公益基金会——江浦社区公益基金会，旨在通过开展慈善救助、资助社区公益项目和社区公益活动，促进社会资源整合。

（五）通过服务社区对接党建区域化

1. 建设服务型党组织

社会组织在社区（综合）党委和社会组织综合党委的指导下，通过建立党支部、联合党支部、活动党支部的形式，加强服务型党组织建设，并建立健全工青妇组织，通过党建引领和党群、党社互动，为社区提供更专业、更优质的服务。

2. 党建整合区域资源

发挥社会组织党组织的政治核心优势，整合社区各类资源。如长宁区成立区凝聚力工程学会和各街镇分会，以党组织为核心，推动政府、企业、社会组织等各方面力量融合互动、资源整合；闵行区由区社会建设党委等部门牵头，企业党组织引导党员群众共同参与社会组织设计的公益活动，激发党员的服务意识。

3. 促进党建与社建联动

社会组织基层党建工作的重要抓手是服务社区。如黄浦区五里桥街道党建服务中心打造的互联网“公益宝”平台，为居民群众、驻区单位组织开辟了解和参与社区公益服务的新路径，平台注重发挥党组织和党员的模范带头作用，将驻区企事业单位、社区居民等紧密凝聚在基层党组织与党员周围，共同为社区的和谐发展出谋出力。

总之，从全市范围来看，本市社区生活服务类、公益慈善类、文体活动类、专业调处类等四类社会组织参与基层社会治理有了初步的探索，目前主要通过多元主体参与对接社区共治自治、枢纽式服务管理对接政社合作、政府购买服务对接社区需求、培育孵化对接社区营造、服务社区对接党建区域化等路径，在社区公共服务、公益慈善、文体活动、扶贫救助、化解矛盾、培育自治、民主协商等领域发挥着重要的参与主体作用。但从与建设社会主义现代化国际大都市目标相匹配的社会建设工作要求来看，社会组织参与社会治理的工作还处于起步阶段，在思想认识、结构优化、政策支撑等方面还有诸多不足之处，万里长征只是开了一个头，任重道远。

二　上海社会组织参与基层治理工作的不足之处

1. 对社会组织参与基层治理的认识有待提高

一是对社会组织参与“不在意”。基层政府职能转移是催生社会组织参与社区治理的重要路径，但有的职能部门、条线在推动职能向社会组织转移过程中缺乏内生动力，导致社会治理的空间让渡不足，资源也未得以充分释放。二是对社会组织参与“不放心”。对社会组织参与治理的能力心存顾虑，比较习惯与体制内的社会组织合作，缺乏引入竞争和择优合作的意识。三是对社会组织参与“不支持”。与社会组织的合作意识较为薄弱，基层政府、居委会和其他驻区单位与社会组织互动不够，导致社会组织难以较快、较好地融入社区。

2. 参与基层治理的社会组织结构有待优化

一是落脚基层的社会组织结构不合理。据统计，目前在区县登记的四类社区社会组织中，生活服务类占20.85%、公益慈善类占57.33%、文体活动类占13.20%、专业调处类占8.62%，从中看出专业调处和参与基层治理的社会组织还比较少，同时，枢纽型、支持类的社会组织也不多。二是参与基层治理的领域不全面。目前的公益项目主要是针对老、幼、病、残、困等弱势群体对象而设定，购买服务经费和公益基金对扶持项目的内容限定较为严格。诸如针对社区内的中青年居民、企业白领、普通大中学生的服务项目，或涉及调解维权、环境保护和社区共治等项目都难以获得资助。三是发挥社会治理“最后一公里”作用不明显。社会组织作为第三方力量，应该更好地凸显其在基层治理和公共服务中承上启下的重要角色。

3. 引导社会组织参与治理的支持政策有待完善

社会组织参与基层治理工作存在一定瓶颈，其关键是制度建设和政策配套不到位。一是政策配套不完善。引导社会组织参与社会治理，目前以区县条线和街镇“自行设计、自主推动”为主，表现为多样性和碎片化共存，系统性、整体性不够等特点，也往往带来工作重复、财力浪费。二是激励机制不健全。对社会组织从业人员的职业发展、薪酬标准等配套性制度有缺失、不到位，特别是社会组织带头人和领军人才的培养激励机制尚未形成，社会组织从业人员流动性强，也难以留住人才。三是社会氛围不匹配。当前，鼓励倡导社会组织参与基层治理的宣传力度不大，一定程度上影响了社会组织获取相应资源。

三　促进上海社会组织参与基层治理的对策建议

在贯彻落实市委“创新社会治理　加强基层建设 1 +6 文件”的过程中，上海市社会工作党委、市社建办与市民政局（市社团局）、市财政局等多部门联合发文，助力推动社区社会组织建设、参与基层治理。市社会工作党委、市社建办从抓典型、抓人才、抓枢纽、抓公开、抓党建等方面入手，着力发挥社会组织在参与基层治理中的作用。

1. 抓典型，探索社会组织参与基层治理基本路径

选取一些工作基础较好、探索实践较多的街镇开展社会组织参与基层治理工作的试点，注重发挥典型引路和示范效应，为全市社会组织参与社会治理提供参考和借鉴。以居民最关心、最直接、最现实的问题为导向，完善政府购买社会组织提供公共服务的制度建设，发挥社会组织积极作用，协助解决社会治理“最后一公里”问题，保障各类行政资源和公共服务能够“软着陆”。建立健全社会力量参与化解信访、动拆迁等社会突出矛盾的工作机制，拓展社会组织参与社区事务的途径。

2. 抓人才，营造社会组织健康有序发展的良好环境

研究制定扶持培育参与基层治理领域社会组织的指导性政策，通过开办扶持、场地支持、税收优惠等方式，大力培育和发展四类社区社会组织。加强对社会组织从业人员的培养和激励，加大在政治参与、评先评优、人才资助等方面政策倾斜力度，建立完善的社会组织从业者职业薪酬体系和指导标准。

3. 抓枢纽，建立社会组织枢纽式服务管理工作体系

采取主动培育和社会化自主形成相结合的方式，把区域社会组织联合会、社会组织服务中心、社会组织孵化园等发展成为枢纽。推动社区党委逐步发展成为基层社会治理的党建领导枢纽。同时，明确枢纽型社会组织党组织负责本领域、本区域社会组织党建工作的协调和指导，畅通社会组织反映诉求的渠道，实现社会组织党建工作的全覆盖。

4. 抓公开，探索社会组织规范化和信息化公开机制

完善现代社会组织法人治理结构，持续推进社会组织规范化建设和评估工作。充分利用信息化技术，探索建立社会组织信息公开的统一互联网平台，逐步推动社会组织“章程公开、事务公开、财务公开、资金筹集渠道公开和人员薪酬公开”。充分发挥社会组织的行业、专业、第三方、扎根基层等独特优势，探索社会组织参与协商的渠道和机制。

5. 抓党建，服务凝聚社会组织融入区域化党建格局

发挥党组织的政治引领和资源整合作用，以社区党委为平台，推动社会组织融入区域化党建格局。贯彻落实中央《关于加强社会组织党的建设工作的意见（试行）》，会同市委组织部等有关部门，将起草并出台上海的实施意见，加强对社会组织的联系、管理与服务，健全联席会议制度，进一步理顺管理体制，完善工作机构，明确具体工作职责，把党的工作融入社会组织运行和发展过程，更好地组织、引导、团结社会组织及其从业人员，推进社会组织党建工作。

附表　上海市四类社区社会组织数量统计

项目	社会组织数量合计	四类社区社会组织小计	其中			
			生活服务类	公益慈善类	文体活动类	专业调处类
市级层面	2005	18	1	8	5	4
浦东新区	1814	568	164	316	39	49
徐 汇 区	740	231	35	137	31	28
长 宁 区	595	188	33	104	21	30
普 陀 区	507	156	23	101	23	9
闸 北 区	482	160	28	90	21	21
虹 口 区	521	134	26	81	18	9
杨 浦 区	664	193	39	122	28	4
黄 浦 区	673	152	17	95	37	3
静 安 区	479	117	28	71	9	9
闵 行 区	809	210	55	102	32	21
宝 山 区	521	132	17	79	18	18
嘉 定 区	518	159	23	94	28	14
金 山 区	477	111	26	64	20	1
松 江 区	551	164	43	88	24	9
青 浦 区	518	96	11	67	13	5
奉 贤 区	485	119	29	58	18	14
崇 明 县	408	161	39	80	23	19
区县合计	10762	3051	636	1749	403	263
四类社区社会组织占区县登记管理社会组织总数的 28. 34%						
各分项社会组织在这四类社区社会组织中的比例：		100%	20. 85%	57. 33%	13. 20%	8. 62%

说明：根据上海市社团局提供的《2014 年上海社会组织名录》归类梳理。

B.5

上海面临的特大城市公共安全问题及其应对策略

宗传宏 *

摘　要：　城市公共安全问题是城市系统中最为突出的问题之一，也是城市管理中难度最大的问题之一。上海既面临特大型城市所共有的、规律性的公共安全问题，也有自身经济社会不断发展带来城市系统日益复杂化而产生的特有的公共安全问题。从产生根源上看，上海城市公共安全问题主要由独特自然环境条件和极端气候条件、国际宏观环境变化、人口持续增加、城市空间布局、经济社会转型四个方面。上海城市公共安全的应对不是孤立的，而是与经济社会发展一体的，城市公共安全的管理要逐步市场化、社会化，鼓励社会力量多方参与，形成合力，才能为上海四个中心和国际大都市建设保驾护航。

关键词：　上海　特大城市　公共安全

按照2014年3月16日国务院出台的《国家新型城镇化规划（2014～2020年)》的标准，截至2013年底，按市辖区（现行行政区划口径）常住总人口计算，中国大陆有特大城市17座，其中2000万以上1座，1000万～2000万6座，500万～1000万10座。

---

* 宗传宏，上海社会科学院城市与人口发展研究所副研究员。

由于特大型城市人口规模和密度大，城市结构复杂，外部环境更加复杂，一旦出现突发公共事件，“放大效应”明显，往往易发影响更大的“次生事件”，甚至“事件链”。

上海被认为是当今中国现代化和国际化程度最高的特大型城市，一旦发生城市突发公共事件，其放大效应更加明显。提升应对重大城市公共安全问题的能力，是上海经济社会可持续的关键环节之一，也是上海持续推进四个中心和国际大都市建设的必要保障。

一 上海面临的特大型城市所独有的一系列公共安全问题

未来一段时间是上海基本形成四个中心框架，以及上海自贸区、全球科技创新中心启动实施的关键阶段，上海经济社会结构将产生巨大转变，上海作为特大型城市，大型基础设施不断增多，城市结构更加复杂化，特别是人口规模的持续增长和布局的不合理，将对资源承载力产生巨大压力。

（一）由独特自然环境条件和极端气候条件带来的公共安全问题

从区位条件看，上海濒江临海的区位，容易受到来自海洋、陆地多种自然灾害的侵袭。此类问题主要集中在七个方面：一是海平面上升。2009 年，中国科学院、WWF（世界自然基金会）等机构联合发布《长江流域气候变化脆弱性与适应性研究报告》，指出“近 30 年来，上海沿海海平面上升了 115 毫米，高于全国沿海平均的 90 毫米，应对海平面上升已经迫在眉睫”。“如果不采取有力措施，50 年后上海的部分地区将被淹没”。二是地面沉降。上海地处沿海，土质较软，1966～2011 年的 45 年间，上海地面累计沉降量约为 0. 29 米[①]。采取人工回灌等综合治理措施后，地面沉降有所控制。随着现代服务业的发展，楼宇经济将是未来上海经济发展的重要增长点。高楼

① 中国百科网，http：//www. chinabaike. com/z/shenghuo/kp/2012/1130/1147749. html。

的不断增加，特别是中心城区高楼密度仍然在不断提高，将对地面沉降带来更大的影响。地面沉降除对基础设施造成损害外，还会对水电、煤燃气、石油以及通信等“生命线工程”造成危害，极易造成重大事故。三是台风。上海市每年都遭受太平洋热带气旋的袭击，并带来大风、暴雨、风暴潮等灾害，对洋山深水港、外高桥等航运系统的影响巨大。四是雷击。雷击对高楼的危害是世界性的普遍问题，不论世界第一高楼迪拜哈利法塔，还是纽约世贸中心都多次遭受雷击。上海属我国雷击多发地区，全市年平均雷暴日为53.9天，造成的人员伤亡每年都有发生，特别对高楼众多的区域，造成经济损失的严重性呈上升趋势。2010年4月13日凌晨，东方明珠塔遭受雷击，由于铺设了非阻燃保温材料，顶端就燃起了熊熊烈火。五是高温。上海每年高于35℃气温日数一般为9天左右，异常时可达20～30天。一旦形成持续高温的情况，对供水供电系统将形成巨大压力。同时，高温会加剧光化学烟雾的产生，加剧城市大气污染。六是地震。上海存在可能发生中强以上地震的地质构造，历史上曾有5级左右地震的记录，现被国家列为地震重点监视防御区。另外，南黄海及邻近省市地震对上海可能产生的波及影响也不容忽视。七是咸潮、赤潮。近年来，长江口附近海域每年都要发生多起大规模（面积超过1000平方公里）的赤潮灾害，而且遇到咸潮的情况日益增多，对海洋生物资源造成严重破坏，对青草沙水库等原水造成巨大威胁。

（二）由国际宏观环境变化带来的公共安全问题

随着上海进一步融入全球发展体系，未来国际环境的不确定性也将对上海城市公共安全带来较大的影响。一是恐怖活动。近年来，国际恐怖势力的跨国联络和作案日益活跃，巴黎恐怖事件为人口密集的特大城市敲响了警钟。同时，国际恐怖组织进行招募的目标群体呈现出明显扩大化的趋势，具有固定职业的专业人士和本土恐怖分子成为实施恐怖活动的主力，这种趋势对上海同时应对国内国外两种恐怖势力提出了更高的要求。二是流行性疾病。全球每年因流行病死亡的人数高达15万以上，2020年，这个数字预期会增加一倍。Sass、禽流感、埃博拉等致命性疾病已经在人们身边。这对人口密集的上海影响更大。三是网络安全事件。信息技术和互联网革命快速发展，意识形态与网络、微博、现代传媒等工具相互契合，对城市公共安全带来较大的影响，大大增加了网络意识形态等信息技术安全事件发生的概率。仅两年世界就发生了多起重大的数据安全事件。包括 eBay 在内的大牌零售商以及 Neiman Marcus 等多家酒店的用户信息遭到入侵泄露，这些信息包含了大量用户的信用卡数据，这将带来无法估量的经济损失。

（三）由人口持续增加带来的公共安全问题

人口问题是上海未来发展不可回避的问题，也是带来城市公共安全的核心因素。人口持续增加带来的城市公共安全问题主要集中在三个方面。一是人口规模的不断增加带来的公共安全问题。上海虽然城镇化率已经达到 90% 以上，但全国城镇化的不断持续，人口向上海集聚的趋势仍然会长期持续。据相关机构预测，2030 年上海人口将接近 3000 万。人口的持续增长对资源承载力产生巨大压力，特别对本身存在水质性缺水问题的上海。另外，人口持续增长对人口管理、公共卫生、群体性事件、基础设施的安全性问题都将带来巨大的压力。二是人口密度过高带来的公共安全问题。现代服务业的高度发展，以及单中心的城市格局，导致上海中心城区人口密度过大。目前，内环以内密度超过 4 万人/平方公里。陆家嘴金融城的容积率为 3. 1，人口密度为 5. 8 万人/平方公里，已远远超过纽约曼哈顿 2. 8 万人/平方公里、巴黎市区 2. 1 万人/平方公里等国际特大型城市的城市中心的人口密度。中心城区人口密度过大带来很大的安全隐患，对城市公共安全的管理带来巨大压力。从人口流动速率看，人口流动非常密集，仅虹桥综合交通枢纽每天人口的流量就将达到 80 万人次左右。三是外籍移民增加带来的公共安全问题。2013 年，上海外籍常住人口已经达到 17. 6 万，而且以每年超过 7000 人的速度成正比递增，预计 2020 年上海外籍移民将达到 80 万，管理难度不断加大。

表1　主要年份在沪外国常住人口

单位：人

类别	2005年	2010年	2012年	2013年
按国别(地区)分				
日　本	27812	35075	39091	37671
韩　国	14047	21073	20456	20578
新加坡	5547	7545	6935	6717
德　国	4591	8023	8680	8948
英　国	2904	5591	6196	6457
加拿大	4279	7306	7669	7832
美　国	14329	24358	26000	26279
澳大利亚	3729	6165	6545	6917
法　国	4181	8238	9472	9828
按类别分				
留学人员及家属	10224	16064	14467	6067
驻华机构代表及家属	9769	8933	6174	4285
外资企业工作人员及家属	60137	95623	95303	89468
外国专家及家属	4586	6638	7528	7580
永久居留外国人		948	1587	1886
半年以上长期签证外国人		2230	54	20

资料来源：《上海统计年鉴（2014）》。

（四）由城市空间布局带来的公共安全问题

上海作为特大型城市，空间规划布局复杂性，由此带来的城市公共安全问题主要集中在四个方面。一是国际航运中心基础设施安全。国际航运中心基础设施主要包括港口物流体系、集疏运体系、综合性枢纽三大基础设施体系，每项基础设施都规模巨大，一旦发生自然灾害，或者事故灾难，往往使整个航运体系受到巨大影响，对人民生命财产安全也将造成巨大的威胁。二是轨道交通安全。截至2013年底，上海的城市轨道交通全网线路总长达到567公里，达到世界第一的规模。预计在2020年左右达到800公里规模，可承担单日1000万～1200万人次的出行任务。轨道交通事故和人为破坏因素将并存，加上超长的线路和大密度人口集聚，对上海轨道交通的管理提出了更高的要求。三是高楼灾害。上海24米以上的高层建筑已经超过6000幢，30层以上高层建筑超过2000幢，其中100米以上的超高层建筑有近1000幢，而且大部分集中在中心城区，这种高楼规模、数量和空间布局的特点加大了高楼防灾减灾难度，特别是高楼火灾的防控难度。同时，一些老的高层建筑，由于布局规划的不合理带来许多遗留问题。例如，2010年11月胶州路教师公寓大火，由于高层公寓与外部干道的交通只有一个狭窄的通道，影响了救援。四是“生命线工程”事故。上海供水、供气、供电、通信等“生命线工程”许多面临老化的现象，有些产品还是20世纪80年代的。同时，老建筑中还存在规划不合理、电线裸露、乱搭乱接的现象，特别对人口密度大，建筑物集中的地区，一旦发生事故，影响较大。

（五）由经济社会转型带来的公共安全问题

上海在转型发展的关键时期，往往不可避免带来一系列的城市公共安全问题，主要有两个方面。一是金融安全。上海将建成全球金融机构、金融市场、金融人才和金融服务的集聚地。在加快金融创新、提高金融核心竞争力、提升金融国际化水平等过程中，金融安全问题将是上海长期需要重点关注的问题。金融安全问题也是国际金融机构面临的重大挑战。2013年，著名黑客组织“匿名者”再次放出重磅炸弹，该组织在网站上公布了包括美国银行、汤森路透、ClearForest、彭博社、TEKSystems在内多家“重型企业”的内部文件（包括客户资料），数据的链接和说明都可以在网页上找到，据悉这些机密数据总量达到了14GB。二是霾污染。从2011年6月1日首次发布霾预警信号以来，上海及长三角地区重点城市每年出现雾霾污染的天数达到100天以上，霾对人体健康，以及城市水上、道路和航空交通影响日益增大。上海霾污染的原因不仅在于经济发展带来的污染和城市热岛效应，而且与长三角区域的污染问题息息相关。

二　上海应对特大城市公共安全问题的主要不足

目前，上海城市公共安全框架体系不断完善，形成了上海特色的“测、报、防、抗、救、援”城市应急管理体系，城市突发公共事件的应急处置能力不断提高，但由于上海城市公共安全问题的数量和复杂程度不断增加，上海城市公共管理的能力还有待提高。

（一）城市公共安全的整体意识亟待提高

据统计，我国每年因社会公共安全问题造成的经济损失可达GDP的6%左右。长期以来，由于应急管理是需要高投入的领域，而且成效往往不容易显现，往往不被各级部门所重视，虽然在转型期，传统的GDP论逐步被创新理念所代替，但习惯“做加法”，不习惯“做减法”的思想仍然占据相当的地位，特别是侥幸心理比较严重，需要在“十三五”期间进行纠正。另外，市民的城市公共安全意识也有待提高。如外滩踩踏事件，背后折射出来的是市民对安全防范意识的不足。

（二）基础数据系统有待进一步完善

上海城市公共安全重点控制区域、重点线路、重点控制行业、重点控制人群、重点控制项目等不健全，长效的数据库系统仍然不完善。即使有专业数据库，各数据库之间也没有做到互联互通，仍然存在信息孤岛的现象。这也导致无法形成战略层面的总体风险控制图。这一问题从“十五”以来就没有真正解决。例如，对于人口的规模、结构、就业、变化趋势等，公安、卫生、人口、商委等部门的统计数据库之间存在出入，但具体出入在哪里，如何造成的却没有真正认识，增加了应急管理的难度。

（三）市场化程度不够

国内外经验表明，城市公共安全应急体系建设需要市场化要素参与才能提高效率。由于应急体系在上海乃至全国属于垄断性的领域，市场化参与程度普遍不高。主要体现在三个方面：一是应急产品的研发和生产开放度不够。上海具有科技和人才优势，但应急产品的开放度还不完全，气象、地震、消防、预警预报等高端产品一般不对外开放，应急物资的生产一般没有公开向社会招标。常规产品虽然市场化程度较高，但尚无整体的应急产业规划，产业目录和标准欠缺，形成专业性企业少、品牌企业少、产业集群少的“三少”现象。应急产品的自主创新能力和研发水平较低，产品不成系列。例如，“11·15”胶州路大火中消防水枪喷射高度只能到10楼，类似高云梯车高端产品的研发核心技术都在国外。二是大型应急项目开放度不够。目前，对绝大多数大型应急项目的门槛过高。一般来说，项目要求乙方必须具有国家级资质，但往往符合资质的单位只有一两家，而且基本都是国有企业。具有资质的企业有时对项目并不擅长，擅长项目的专业化企业往往无法进入，影响了项目实施效果。三是应急评估体系的市场化程度不够。从发达国家经验看，单纯依赖政府灾后救援已经不能满足社会发展、保障人民生命财产的需要，市场化的应急评估体系成为政府应急管理的有力补充。国外发达城市公共安全应急项目评估一般都由第三方评估机构实施。从目前情况看，应急评估体系难度最大的环节是事前评估，事前评估中难度最大的环节就是资产评估。从“十一五”以来，上海市相关部门和区县就考虑建立一套科学的应急资产评估体系，但由于数据库基础薄弱、工作量大、缺乏统一的评估标准等问题，一直无法真正落实，其中，关键的问题是无法向市场开放，这直接影响到灾害保险、应急咨询服务等应急体系的市场化进程和效率。面对巨大的城市公共安全压力，紧靠政府“一家独大”，没有市场机制，没有社会参与，很难从容应对。

（四）社会参与的力度不足

一是在广度上，社会力量参与不够。社会力量参与不够的主要原因既有社会力量薄弱的原因，也有政府重视程度不够、参与渠道不顺、体制机制不灵活等原因。目前，上海应急管理体系中的很多环节是不向社会公开的，宣传力度不足造成了民众对城市公共安全的认识不足，也就必然造成了社会参与度不高。另外，由于应急宣传工作本身就需要前期大量投入，成效需要长期验证，而且无法量化反映，造成政府相关部门积极性不高，特别是发动、组织社会参与的力度不够。应急演练方面，虽然已经取得了一定的经验，但都是局部的、点上的较多，不论规模还是民众知晓度都不够。二是在深度上，缺乏社会参与的“核心力量”。目前，上海对社区、学校、单位等基本单元的挖掘程度不够，专业救援人才主要以专业部门为主，人力往往无法配备充足，灾害发生后往往无法第一时间实施救援，政府与社会力量相结合的“核心力量”——专业性梯队尚未形成。

三　相关对策建议

城市公共安全管理体系提出了更高的要求，以往靠政府一方独大的管理方式难以应付，必须借助市场化和社会化的力量，形成三方联动的发展态势，才能提高城市公共安全管理效率和管理水平。

（一）切实把城市公共安全要素纳入城乡规划范畴

一是要统筹考虑突发公共事件要素的布局。要对应对群体性事件的空间布局、地下避难场所的互联互通等重点考虑，特别在大型基础规划中，更要考虑公共安全要素的空间布局。二是空间布局要以人为本。以人为本就是有利于公民遇到突发公共事件及时回避、逃生和处置。如要充分考虑轨道交通站点的选址、通道、空地、周边设施布局，以及应急设施的使用便利性等。三是便于常态化的管理。目前，城乡规划中存在空间布局和公共安全管理功能相脱节的现象，甚至办公地点与管理地点相距很远。实际上，突发公共事件，特别是群体事件的预警预报往往靠基层群众和有经验的管理人员提供信息。空间不集聚必然导致功能无法得到充分发挥。

（二）扎实推进公共安全信息系统建设

一是要建立城市公共安全风险信息图库。建议组织第三方评估机构，重点是针对重点控制区域、重点线路、重点控制行业、重点控制人群、重点控制项目进行基础性的统计和摸排，建立城市公共安全风险图。二是要构建统一的数据库平台系统。借鉴上海市诚信信息平台建设经验，构建统一数据库平台，打通公安、卫生、人口、商委等部门的专业数据库，实现互联互通。

（三）探索市场化机制

一是推广基层市场化运作经验。目前，上海街道、镇、企事业单位等基层单位已经引进市场化要素，向全社会招标购买保安、医护等服务，这种经验应逐步扩大推广。二是探索重点项目市场化招标机制。建议适当向市场化转变，招标专业性强的企业，并做好项目监管工作。三是探索应急评估市场化体系。从“十一五”以来，上海市相关部门和区县就考虑建立一套科学的应急资产评估体系，但由于数据库基础薄弱、工作量大、缺乏统一的评估标准等问题，一直无法真正落实，其中，关键的问题是无法向市场开放，这直接影响到灾害保险、应急咨询服务等应急体系的市场化进程和效率。面对巨大的城市公共安全压力，紧靠政府“一家独大”，没有市场机制，没有社会参与，很难从容应对。建议在符合国家法律法规的前提下，探索引进有资质的第三方，在应急体系评估、应急产品生产、应急咨询、应急保险等方面进行运作，借助市场化手段提高应急管理水平。首先要做好应急资源评估工作，建议先从宝山、闵行等经济基础较好的郊区先进行试点，摸清资产状况和应急资源情况。在大型应急项目中，对于关键部件或环节，扩大招投标的范围和招投标单位的资质条件；对于一般部件和环节，可探索全面引进市场化机制。

（四）构建社会化机制

一是加强“三位一体”的专业化队伍建设。要在政府主导的专业队伍建设的基础上，放宽民间救助力量的准入门槛，建立政府与民间专业救助队伍合作的长效机制。同时，依托社区、园区、学校、企业，培养参与性相对稳定，有一定专业化程度的应急队伍。逐步形成政府应急部门、民警救助力量、社会应急队伍为核心的分工明确、层次分明的“三位一体”的专业化队伍。二是加强社会参与的“核心力量”志愿者队伍建设。要针对社区、园区、学校、企业等实际，以社团、街道、业主委员会、居委会、物业管理委员会等为主体，通过半专业化的培训等手段，形成志愿者队伍，并以此为社会参与的“核心力量”，贯彻落实应急管理方针政策，开展对大众的宣传教育。三是加强应急专家队伍建设。要充分利用上海高校、科研机构集中，专家力量较强的优势，开展建立专家数据库。要建立“绿色通道”，及时将专家的研究成果和观点向市领导及相关部门反映。对采纳的成果和建议，要及时转化落实。

（五）大力发展应急产业

一是现代服务业方面，加快推进应急保险业发展。上海要结合国际金融中心建设，率先开发应急类金融衍生产品，重点发展应急保险业，特别是灾害保险。在应急基础评估完善的基础上，可由金融办牵头保险公司及个别区县进行试点，将保险纳入灾害事故防范救助体系。二是现代制造业方面，加快推进新型应急产品的研发与生产。上海要结合全球科技创新中心建设，充分利用军工技术优势突出的特点，推进军民融合，推进应急产业发展。支持上海在地震气象监测观测系统、民防工程设备等传统应急产品方面有优势的企业。同时，根据上海实际，重点培育金融监测、应急指挥调度平台、卫星导航、航天航空技术、特种装备、应急体验设备等新兴应急产品方面的研发和生产。鼓励宝钢及其他企业对应急产品的原材料进行研发创新，形成特种原材料基地。在高端成套应急系统方面，鼓励企业引进、消化、吸收国外应急先进技术和先进服务理念，鼓励跨国公司设立总部和研发中心，并逐步培育我国应急龙头企业。三是构建有利于应急产业发展的生态环境。构建应急产业目录，完善应急行业标准，鼓励建立应急产业园区，鼓励推进 PPP 模式，完善应急产业知识产权评估和交易体系，实施应急产业高端人才引进优惠政策。

（六）加快开展应急体验活动

应急体验是集应急宣传、教育培训于一体的应急管理方式，通过公民亲身体验，形成对突发公共事件的深刻认识，培养公民防范突发公共事件的能力和素质。日本早在1931年阪神大地震后就规划建设了多个地震体验室，对培养民众的防震意识起到了巨大作用。我国也陆续开展了相关应急体验设施的建设工作。上海在应急体验方面应走在全国的前列。建议加大科技馆、地震、消防展览馆等相关展览馆开设相关体验活动。在东方绿舟等基础设施较好的远郊地区设立应急体验基地，鼓励中小学生和社会公众参与。

（七）创新城市公共安全宣传模式

从国外的应急管理经验看，社会参与是应急管理体系中不可缺少的部分。在社会参与的应急工作中，应急宣传工作则是其中最主要的部分。国外一般地方电视台都规定每周向社会宣传的时间在1～3小时。日本几乎每个地区的政府网站上都用5～6种语言宣传公共突发事件的处置方式，包括容易发生哪些突发公共事件、逃生通道的位置、避难场所的分布、如何进行逃生等。上海在宣传方面重点从以下几方面着手：一是适当公开应急规划和预案。综合性的应急规划、预案，以及部分专业性应急规划、预案向社会公开，并广泛征求意见，增强社会参与度。避难场所、应急通道等基础设施信息向公众公开。二是以社区为抓手，推进宣传力度。社区是每个人生活的地方，是开展城市公共安全宣传的基本单元，也是开展民间应急工作的基本单元。在社区平台上，要与基层党建相结合，充分发挥社区党员和进社区的先锋带头作用，向社区居民宣传城市公共安全基础知识，培训应急自救能力。三是创新宣传模式。新媒体与传统媒体相结合，加大社会宣传力度。建议建立相关微信公共平台，向公众宣传城市公共安全知识和应急管理工作，并通过交流，向公众征求相关应急工作的意见，加大公众参与度。规定上海相关电视台每周有2～3小时的应急宣传时间，加大每年国际减灾日社会参与宣传的力度，在相关报纸开设相关问题报道和研究专栏，鼓励利用东方讲坛、论坛、研讨会等形式开展宣传等。

（八）全方位提高城市公共安全教育水平

国外发达国家普遍将应急管理知识纳入中小学课本，在高等教育中有专业的高校，综合性大学中也普遍设立了相关专业进行研究。上海已经在中小学加强了相关教学工作，但在高校体系缺失较大，体现在没有相关课程，相关专业缺乏，硕士、博士研究生的培养工作不足。因此，加强高校的应急研究和教育首先还是要提高开放程度。另外，鼓励成立应急相关的民间教育机构，与政府、事业单位教育机构相互配合，进行专业、半专业和志愿者的培训工作。

（九）加大应急演练力度

国外发达国家非常重视应急演练，演练种类繁多，甚至是烦琐，并且层次分明，都以法律法规形式要求强制执行。美国应急演练上至针对白宫领导的政府策略与政策问题，下至针对州、地方、部落和私营部门进行的基础演练。日本9月1日每年一度的防灾日都要进行应急演练。仅2012年的防灾日日本就有约39万人当天参加了针对地震、海啸等灾害的演练。上海在应急演练方面已经取得了一定的经验，但都是局部的、点上的较多，不论规模还是民众知晓度都不够。应急演练的关键是要与应急规划和预案相结合，与应急宣传教育培训相配套，切实在民众中取得一定的反响才能真正起到防范的效果。一是扩大规模和范围。可以总结世博会和外滩踩踏事件的经验教训，组织大规模的应急演练工作。二是要有针对性。要结合上海城市公共安全的关键环节进行演练。例如，在上海高楼密集的陆家嘴、徐家汇等地定期开展高楼应急演练，规模要扩大，宣传力度也要加大。三是演练要与培养半专业化队伍相结合。国外发达国家非常重视半专业队伍的培养，鼓励通过自愿或社会捐助等方式，培养社会力量的半专业队伍。在公众中，半专业队伍和志愿者人数一般都在30%以上，甚至可以达到50%。由于这些人员对应急知识和救援有一定操作能力或知晓度，而且往往第一时间靠近突发事故现场，直接参与救援。目前，上海仍然以政府主导的专业队伍救援为主，而且力量无法遍布所有区域，遇到突发事件有时力不从心。此次外滩踩踏事故中，救援队伍无法第一时间到达，如果有30%左右的人是半专业队伍或志愿者队伍中，有应对知识，又可以第一时间参与其中，会减少一定损失。因此，在演练中培养半专业化队伍，可以达到事半功倍的效果。

（十）构建区域大联动机制

随着长三角同城化和区域一体化进程的推进，上海城市公共安全的辐射面已经扩大到周边区域，区域公共安全联动成为未来发展的必然趋势，但区域公共安全联动的理念还没有完全形成，需要在未来实现突破。一是充分发挥现有的区域协调机制的作用，构建应急管理体系协调机制。建议将应急管理协调机制在长三角区域协调机制中单列，形成联席会议制度，并通过课题研究，形成专题，推进区域应急联动发展。二是要统筹规划区域要素资源。进一步打破区域行政分割，科学合理地确定应急管理体系在区域的整体定位和职责部署。要充分发挥中心城市的功能和影响力，调动各方面的积极性，明确各地区的功能分工。要充分利用区域及周边的资源，从全局的角度出发，统筹区域的信息联通、应急物资、避难场所、设备和人员的配备。三是推广常态与非常态应急联动。要总结世博会应急管理体系联动经验，在迪士尼项目中进行推广应用。在此基础上，把这种“非常态”的管理机制发展为“非常态”和“常态”相结合的区域应急管理体系。

·人口发展与教育卫生·

B.6

提高上海生育水平的配套政策研究

周海旺　杨 昕*

摘　要：　本文对上海长期保持超低生育水平带来的严重人口年龄结构失衡问题进行了深入分析，认为工作竞争激烈和养育孩子的高成本是很多人不愿意生育两个孩子的重要原因，并且现有的生育相关福利政策对于养育两个孩子的家庭没有提供必要的帮助。因此，要充分借鉴国际上鼓励生育的有效经验，研究出台鼓励家庭生育两个孩子的相关政策。比如，改变生育政策观，调整舆论宣传导向，倡导育龄人群生育两个孩子，改变现行的鼓励晚结婚少生育的福利政策，把治疗不孕不育的部分费用纳入医保，构建婴幼儿照护网络，开展公益性婚介服务，允许女性未婚生育，等等。

关键词：　上海　生育水平　生育政策

为了顺应人口发展形势的需要、尊重人民的生育意愿，2013 年 11 月，十八届三中全会通过《关于全面深化改革若干重大问题的决定》，提出实施“单独二孩”政策；2015 年 10 月底，十八届五中全会又进一步提出实行“全面二孩”政策。党和政府希望通过调整生育政策提高生育水平，但是生

* 周海旺，上海社会科学院城市与人口发展研究所副所长，研究员；杨昕，上海社会科学院城市与人口发展研究所副研究员。本文是上海市卫生和计划生育委员会 2015 年政策研究课题的部分成果。

育政策调整的效果似乎并不理想。根据政策调整之前的研究预测，政策放开后，上海市的年出生人口数量可能增加2万~3万人，但从2014年3月1日政策开始实施到2014年12月底，全市共批准单独夫妻再生育申请1.66万例，到2015年9月底的一年半时间内，申请单独二孩的家庭共2.98万，实际多出生人口1.5万人。要真正实现生育水平的显著提高，单纯调整计划生育政策还远远不够，需要调整各种相关的社会福利政策，营造普遍生育二孩的社会氛围，鼓励家庭按政策生足两个孩子。

本文首先对最近10多年来上海生育水平变化、人口自然变动、人口老龄化、劳动力数量变化等情况进行分析，揭示上海长期保持超低生育水平带来的严重人口年龄结构失衡问题；接下来分析影响生育决策的各种原因，寻找超低生育水平的症结所在；最后，借鉴国际经验，提出若干鼓励按政策生育、提高生育水平的配套政策建议。

一　生育率长期保持超低水平，后果严重亟待改变

过去几十年来，上海户籍人口一直保持着过低的生育水平，由此造成户籍人口总量增长缓慢、户籍人口中劳动年龄人口规模和占比下降、老龄化加速等问题，对上海社会经济的持续稳定发展造成了负面影响。

1. 上海的生育率长期保持超低水平，最近4年才略有回升

上海2001年以来的总和生育率长期保持超低水平，2001年上海户籍人口总和生育率为0.79，2003年最低时只有0.63，2009年为0.76，2010年略有回升，为0.89，但仍然处于超低生育率水平，也低于2010年全国育龄妇女1.55的水平。最近4年中，上海育龄妇女总和生育率有所回升，2014年达到1.13，这是20多年来上海户籍人口生育水平的最高峰，但仍然远远低于国际公认的人口世代更替生育水平（2.1）（见图1）。

2. 上海最近10年出生人口规模持续增加，正处在一个出生小高峰阶段

2000~2014年，上海的常住人口和户籍人口出生规模均呈现出不断上升的趋势。常住人口出生规模从2001年的8.11万增加到2014年的22.19

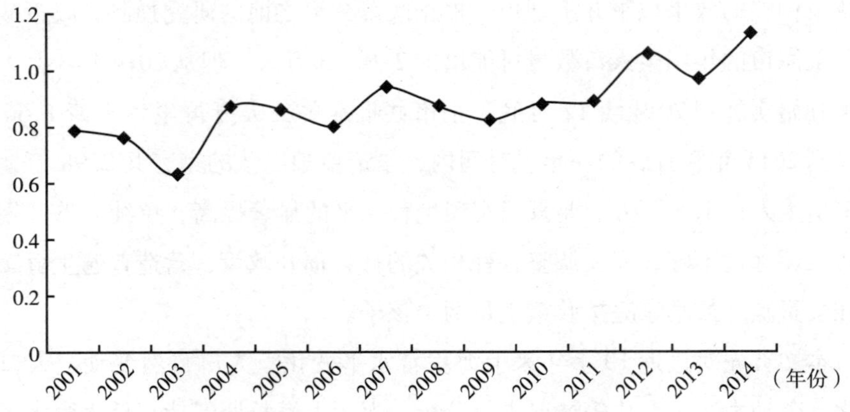

图 1　2001 年以来上海市户籍人口总和生育率变动

资料来源：上海市卫生和计划生育委员会。

万，年均增长 13.36%，户籍人口出生规模从 2000 年的 6.95 万上升到 2014 年的 12.41 万，年均增长 5.62%（见图 2）。

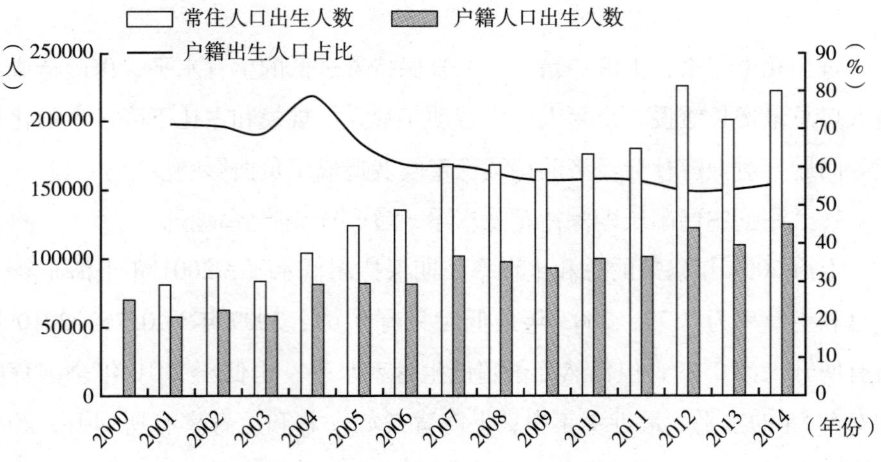

图 2　2000～2014 年上海常住和户籍人口出生变动

资料来源：1. 2000～2010 年数据来自《上海人口与计划生育年鉴》（2001～2011 年）。

2. 2011～2012 年数据来自上海卫生和计划生育委员会网站，http：//www. popinfo. gov. cn/stat/ssh/。

3. 2013 年以来的数据来自上海卫生和计划生育委员会内部统计资料。

无论是常住出生人口规模还是户籍出生人口规模都具有台阶式上升的特征，但时间范围有差异。常住出生人口规模在2006年前具有逐年增加的特征，出生人数从8.11万增加到13.34万，年均增长率为13.11%；2007~2011年常住出生人口规模稳定在16.40万~18.00万；2012年以后出生人口规模基本稳定在22万左右。可以看出，常住出生人口规模在2006~2007年、2011~2012年有跳跃式增长。而户籍出生人口规模在2000~2003年从6.95万下降到5.73万，之后逐渐回升；2004~2011年，户籍出生人口的规模从8.09万上升到10.15万，年均增长率为3.65%；2012年以后则一直在12.10万~12.50万之间波动。可以看出，户籍出生人口规模在2003~2004年之间、2011~2012年之间有跳跃式增长。

3.出生人口中一孩率最近几年下降速度加快，生育政策调整效果初显

与出生人口规模不断上升相伴的是一孩率的逐年下降。常住出生人口的一孩率从2001年的92.45%逐渐下降到2014年的75.81%，进而下降到2015年的70.51%，14年间共下降了近22个百分点；户籍出生人口的一孩率从2000年的96.94%下降到2014年的84.86%，进而下降到2015年的77.42%[①]，14年间共下降了近20个百分点（见图3）。

如果以生育政策改变的2014年为分水岭，可以看到在2000~2013年常住出生人口和户籍出生人口的一孩率分别下降了15.27个和7.42个百分点；2014~2015年常住出生人口和户籍出生人口的一孩率分别下降了6.67个和11.97个百分点。生育政策调整之后常住出生人口一孩率的下降占总下降幅度的30.32%，而生育政策调整后户籍出生人口一孩率的下降占总下降幅度的61.32%。比较2013年、2014年和2015年的出生人口一孩率，我们认为生育政策调整的效果在逐渐显现。

户籍人口和常住非户籍人口出生一孩率的变化表明，生育政策调整对户籍人口的影响更为显著。2014年以后户籍人口出生一孩率连续两年明显下

① 2015年的数据截至第三季度末。数据来源为上海市卫生和计划生育委员会。

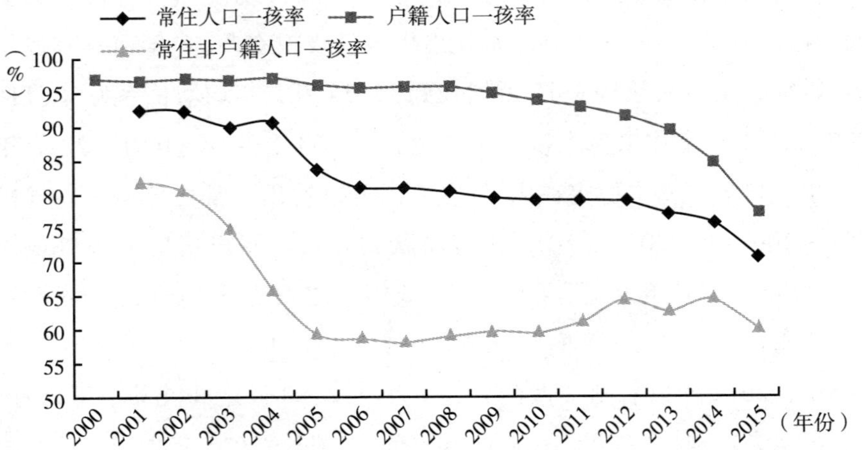

图3　2000～2015年上海常住、户籍和常住非户籍人口出生一孩率

资料来源：上海市卫生和计划生育委员会，2015年是前三季度统计数字。

降，且2015年下降幅度超过2014年；而常住非户籍人口出生一孩率2014年较2013年上升，2015年较2014年下降。

2014年3月开始实施单独二孩政策以后，上海再生育申请人数显著增加。自2014年3月起，单独二孩政策在上海全市铺开，夫妻双方只要有一方是独生子女的就可以提出再生育申请。在此之前，只有双独夫妻、农村单独夫妻、婚前一方未生育而一方生育过一个或者两个、第一个子女为非遗传性残疾的等情况下可以再次生育。

最近两年上海市户籍人口再生育申请的数量增加，有些是由政策调整所带来的短期结果。比较2013年和2014年上海市再申请情况，我们可以看到，2014年提交申请的家庭比2013年增加了1倍还多，但其中双独夫妻提出申请的数量从7593件下降到6909件，下降幅度9.08%，婚前一方未生育而一方生育过一个或者两个、第一个子女为非遗传性残疾的等其他类型的申请数量从5963件下降到5333件，下降幅度为10.56%，而单独夫妻提出申请的数量从692件上升到16639件，增加了23.04倍（见表1）。

表 1 2013 年、2014 年上海市再生育申请情况

单位：件，%

项目	2013 年		2014 年	
	绝对数	占比	绝对数	占比
全年再生育审批申请	14248	100.00	28881	100.00
其中：双独夫妻	7593	53.29	6909	23.92
（农村）单独夫妻	692	4.86	16639	57.61
其他类型	5963	41.85	5333	18.47

资料来源：上海市卫生和计划生育委员会，http：//www.wsjsw.gov.cn/wsj/n429/n432/n1488/n1490/u1ai135501.html。

4. 户籍人口自然变动长期保持负增长或零增长态势，户籍人口增长主要靠迁移

上海是全国最早实行计划生育的地区，从 1993 年起至 2011 年，户籍人口自然增长率连续 19 年负增长，其间，户籍人口自然变动减少 42.1 万人（见表 2），2012 年因为是龙年，出生较多，超过了死亡人口，2013 年户籍人口自然变动又出现负增长，减少 7800 人；2014 年因为出台“单独二孩”政策，户籍人口的自然变动增长 4600 人，但是户籍人口的自然增长率仍然接近零。长期以来，上海对户籍迁移控制都很严，户籍人口的机械增长比较慢，1990～2014 年净迁入总量 181.07 万，年均净迁入人口仅 7.54 万，最近三年净迁入人口更是明显减少，2014 年减少到 5.77 万，这也是造成上海户籍人口总量增长缓慢的一个原因。

表 2 上海户籍人口自然增长情况（1990～2014 年）

年份	出生		死亡		自然增长	
	人数（万人）	出生率（‰）	人数（万人）	死亡率（‰）	人数（万人）	自然增长率（‰）
1990	13.12	10.25	8.63	6.74	4.49	3.51
1991	10.08	7.80	8.56	6.70	1.52	1.10
1992	9.37	7.30	9.10	7.10	0.27	0.20
1993	8.40	6.50	9.40	7.30	-1.00	-0.80

续表

年份	出生		死亡		自然增长	
	人数（万人）	出生率（‰）	人数（万人）	死亡率（‰）	人数（万人）	自然增长率（‰）
1994	7.63	5.90	9.42	7.30	-1.79	-1.40
1995	7.11	5.47	9.79	7.53	-2.68	-2.06
1996	6.79	5.21	9.77	7.50	-2.98	-2.29
1997	6.42	4.92	9.57	7.33	-3.15	-2.41
1998	6.17	4.73	10.13	7.75	-3.96	-3.03
1999	6.56	5.01	9.54	7.28	-2.98	-2.27
2000	6.95	5.27	9.45	7.17	-2.50	-1.90
2001	5.76	4.34	9.34	7.05	-3.58	-2.71
2002	6.20	4.66	9.67	7.27	-3.47	-2.61
2003	5.73	4.28	10.07	7.52	-4.34	-3.24
2004	8.09	6.00	9.65	7.16	-1.56	-1.16
2005	8.25	6.08	10.23	7.54	-1.98	-1.46
2006	8.12	5.95	9.80	7.19	-1.68	-1.24
2007	10.08	7.34	10.22	7.44	-0.14	-0.10
2008	9.67	6.98	10.70	7.73	-1.03	-0.75
2009	9.23	6.62	10.67	7.64	-1.44	-1.02
2010	10.02	7.13	10.87	7.73	-0.84	-0.60
2011	10.15	7.17	11.11	7.85	-0.96	-0.68
2012	12.11	8.51	11.74	8.25	0.37	0.26
2013	10.89	7.62	11.67	8.16	-0.78	-0.54
2014	12.41	8.64	11.95	8.32	0.46	0.32

资料来源：2009年、2013年、2015年《上海统计年鉴》。

5. 户籍劳动年龄人口数量进入持续减少阶段，劳动力资源紧缺情况加剧

考察2004年以来的上海户籍人口年龄构成，在2008年以前户籍人口中劳动年龄人口数量还在缓慢增加，但2008年以后，户籍人口中18~59岁劳动年龄人口数量开始持续减少，2008年上海户籍18~59岁劳动年龄人口数量为943.32万人，2014年底已经减少到866.23万人，净减少77.09万人，其中18~34岁青年劳动年龄人口减少34.77万人，35~59岁中老年劳动人口数量减少42.32万人。一方面，上海社会经济在快速发

展，对劳动力的需求有增无减；另一方面，上海户籍劳动年龄人口绝对数量却在减少，这是造成上海最近10多年来外来从业人员数量大幅度增长的主要原因（见表3）。

表3　上海户籍劳动年龄人口数量变动情况（2004～2014年）

年份	合计	17岁及以下	18～59岁	其中		60岁及以上
				18～34岁	35～59岁	
2004	1352.39	169.97	921.65	317.19	604.46	260.78
2005	1360.26	161.07	932.82	323.47	609.35	266.37
2006	1368.08	154.07	938.40	328.86	609.54	275.62
2007	1378.86	149.95	942.08	334.08	608.00	286.83
2008	1391.04	147.15	943.32	336.07	607.25	300.57
2009	1400.70	146.11	938.88	337.12	601.76	315.70
2010	1412.32	146.14	935.16	336.03	599.13	331.02
2011	1419.36	147.17	924.43	330.97	593.46	347.76
2012	1426.93	150.72	908.89	323.63	585.26	367.32
2013	1432.34	153.50	891.21	313.38	577.83	387.62
2014	1438.69	158.48	866.23	301.30	564.93	413.98

资料来源：2005～2015年历年《上海统计年鉴》。这里的劳动年龄人口统计口径是18～59岁，与我国劳动法规定的16岁劳动年龄起点有两岁的差距。

6. 老龄化出现加速发展趋势，户籍人口年龄结构失衡加剧

上海在20世纪70年代就完成了人口由成年型向老年型的转变过程。1990年上海市户籍人口1334.19万人，其中60岁以上的老年人口有189.08万人，占总人口的14.17%，65岁以上的老年人口有125.14万人，占总人口的9.38%，百岁老人达到了80人。到2014年底，上海60岁以上的户籍老年人口有413.98万人，65岁以上的户籍老年人口达到了270.06万人，80岁以上老年人口达到75.32万人，百岁老人达到1631人。2014年上海户籍60岁及以上的老年人口数量超常规增长，一年中就净增长26.36万人。从相对比重来看，60岁及以上的户籍老年人口占总人口的比重呈现不断上升的趋势，从1990年的14.17%上升至2014年的28.77%，80岁及以上的老

年人口占总人口的比例也在不断攀升，从1990年的1.29%上升至2014年的5.24%。据预测，到2045年左右，上海60岁以上户籍老年人口数量将达到600多万人，常住老年人口将达到800多万人。如果上海不能有效提高生育水平，未来将面临非常严重的养老问题。

二　生活和工作压力使育龄人群的生育意愿和生育能力下降

随着社会经济发展，上海育龄人群的生育意愿已经发生了根本的变化，很多家庭不愿意生育第二个孩子。2009年5月上海市人口计生委对12000名20~45岁户籍人口及在沪居住半年以上的来沪流动人口开展了生育意愿抽样调查，结果显示上海市户籍人口平均生育意愿为1.07个，低于2003年户籍人口生育意愿1.17个，其中，男性意愿生育数为1.08个，女性为1.06个，很接近；已婚者为1.14个，未婚者为0.85个，已婚高于未婚。

2013年11月上海市卫生和计划生育委员会对8500名在婚（含初婚、再婚）、年龄为20~50周岁、夫妻双方至少有一方为本市户籍人口进行生育意愿调查。这也是为实施"单独二孩"生育政策进行的摸底调查。结果显示，上海市在婚户籍人口平均生育意愿为1.46个，夫妻双方是否为独生子女对生育意愿影响不大，介于1.45~1.48个之间。

从生育意愿的调查结果来看，2013年人们期望的生育数量高于2009年，但其实际生育行为却并没有明显的差别。2013年被调查对象的实际生育情况是在婚育龄夫妻平均有0.85个孩子，其中双方均为独生子女的为0.79个孩子，比全部育龄妇女的平均数据差别不大。根据上海市卫计委的统计，2011年上海市有1.2万对夫妇申请生育二孩，实际只有不到一半的人真正怀孕；双独夫妻中生育二胎的比例仅8.6%。

从崇尚多子多福到不愿意多生子女，这其中除了生活方式改变、闲暇偏好转移、过去计生工作的宣传等原因，还有其他一些客观因素。

1. 孩子的养育成本高，严重影响了生育意愿及生育行为

从2013年11月上海市卫计委的抽样结果看，被调查对象的生育意愿与其收入水平呈显著的正相关关系。家庭总收入6万元及以下的被调查对象中有56.13%的人只愿意生育一个孩子或不生孩子，愿意生育2个及以上孩子的比例为43.42%，平均生育意愿为1.38个，当家庭总收入超过20万元时，只愿意生育1个或者不生育的比例下降到38.62%，愿意生育2个及以上孩子的比例达到61.06%，平均生育意愿上升到1.60个。

经济水平是影响生育意愿的首要原因，这主要是因为孩子的养育成本在不断上升。经济越发达的地区，生活成本、教育医疗成本就越高。当生育数量有限时，人们对子女的质量较为重视。这又进一步推高了养育成本。2013年网络上热传中国十大城市生育成本排行榜，上海以247万元排在第二位，仅次于北京的276万元。虽说这个数据十分惊人，但养孩子的经济压力确实是很大的。

2. 父母特别是母亲面临的职场压力，使生育安排不断后推甚至取消

在已有研究中，影响生育意愿和行为的第二个重要原因是职场压力。就业是与收入直接相关的，市场经济环境下不同行业、不同职位的收入差距非常明显。2013年上海从业人员平均年收入为6.22万元，其中农林牧副渔行业平均年收入仅3.86万元，而金融行业平均年收入高达17.81万元。由于黄金生育期与其职业上升期正好重合，因而不少人只能将生育不断推迟。这对女性的影响尤为明显。

上海育龄妇女的初育年龄不断推迟。根据上海市卫计委的数据，2001～2014年上海户籍育龄妇女的初育年龄从26.53岁推迟到了28.66岁，13年间推迟了2.13岁。初育年龄的推迟不仅不利于生育质量，也会造成怀孕概率下降（见图4）。据临床统计，30岁以上孕妇约有15%的情况遭遇流产；对40岁孕妇而言，流产比例上升至25%；而45岁以上的孕妇，其中50%左右存在流产危险。①

① 《五成45岁以上孕妇可能流产》，《辽沈晚报》2011年11月26日。

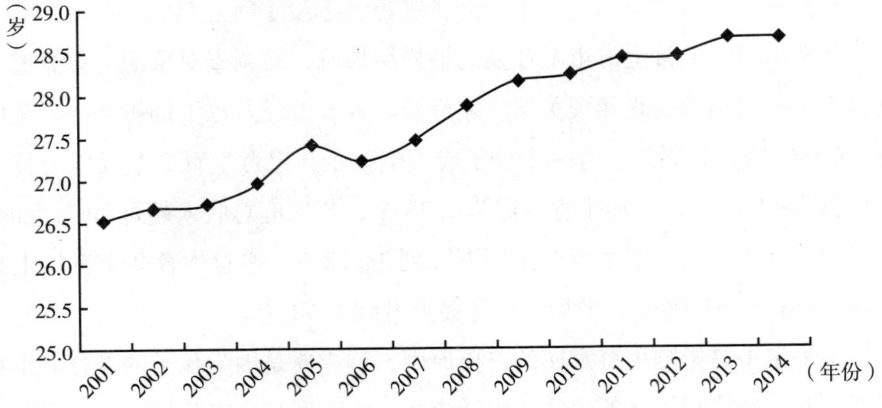

图4　2001 年以来上海市户籍育龄妇女平均初育年龄

资料来源：上海市卫生和计划生育委员会。

3. 育龄人群整体生育力下降，不孕不育问题严重

根据中国人口协会发布的《2009 中国不孕不育现状调研报告》，21 世纪以来中国有 5000 万左右不孕不育患者，其中治疗失败率占 66%，按此比例推算，最终不孕不育比例是 13% 左右。80 后是现在的主要生育人群，但是他们的生育能力却令人担忧。据世界卫生组织研究的数据显示，随着不孕不育率的上升，中国每 8 对适龄夫妻就有 1 对不孕或不育，且以 80 后居多，也就是说约有 12. 5% 的 80 后将面临严重的生育危机，其中男性不育因素占不孕不育原因的 1/3①。

三　过去的计划生育政策主要是鼓励少生而不是按政策生足孩子

除了以上非制度因素会影响育龄人群的生育意愿和生育行为，现行社会政策中的部分规定也在一定程度上抑制了人们的生育意愿。这些社会政策是

① 《80 后生育状况堪忧　男性不育占主要因素》，华龙网，2012 年 9 月 28 日。

过去30多年为了更好地推行计划生育政策而制定的配套政策，目的是鼓励独生子女，而不是鼓励生育第二个孩子。与30年前相比，这些政策规定已经与当前的人口发展形势和社会经济发展水平不相适应，急需做出相应调整。

1. 晚婚晚育及一孩生育者才能享受经济奖励

为了鼓励育龄人群少生孩子，上海市政府先后颁布了一系列政策，对晚婚晚育及一孩生育者予以经济奖励及养育补贴。

根据《上海市人民政府关于修改〈上海市城镇生育保险办法〉的决定》（2009年3月30日上海市人民政府令第11号公布），符合计划生育晚育条件的，增加一个月的生育生活津贴。

根据《上海市计划生育奖励与补助若干规定》，生育一个孩子并领取了《独生子女光荣证》的上海市户籍公民，在子女年满16周岁之前，可以领取每月30元的独生子女父母奖励费，有正规就业的奖励费用由用人单位支付，没有用人单位的由户籍所在地的乡镇街道支付。持有《独生子女光荣证》的本市户籍公民还可以在办理退休手续时额外获得一次性计划生育奖励费5000元，如果既未生育又没有收养孩子的，则可在退休时额外获得一次性计划生育奖励费10000元。

对于独生子女在未满16周岁之前意外伤残或死亡的本市户籍公民，如果自愿不再生育和收养子女的，给予3000元或至少5000元的伤残补助或死亡补助。

对于符合计划生育政策的3~6岁学龄前儿童，给予每人每月50元的学前教育补贴，对于正规就业的本市户籍公民，由用人单位予以报销，否则由户籍所在地的乡镇街道报销。

2. 实行晚婚晚育或接受计划生育手术者才有延长假期的优待

根据《上海市女职工劳动保护特别规定实施细则》（沪府发〔2013〕5号）的规定，上海市女职工享有98天产假，其中产前假15天，难产增加产假15天，生育多胞胎的，每多生育1个婴儿，增加产假15天。符合晚育条件的增加晚育假30天。怀孕未满4个月流产的，享受产假15天；满4个月流产的，享受42天产假。女职工符合计划生育规定生育或流产的，如参加了生育保险，其生育生活补贴由生育保险基金支付，未参加生育保险的，所需资金由用人单位支付。

在我国婚姻法、人口与计划生育法及上海市修订后的《上海市计划生育奖励与补助若干规定》中也对晚婚晚育及实行计划生育手术者的奖励予以明确表述。在上海的地方性法规中，晚婚（男性25周岁以后，女性23周岁以后，较国家规定晚一些）者可增加晚婚假7天，而晚育者可以在国家规定的产假基础上增加晚育假30天，其配偶还可享受晚育护理假3天。晚育假期和晚育护理假期间的工资正常享有。如果公民自愿实行计划生育手术，可以享受2~30天不等的假期，休假期间工资按正常出勤发放，如有特殊情况，可延长假期，延长的假期按病假处理。如果同时实行多项手术，假期可分别计算并累计。

3. 独生子女家庭才能享受养老等方面的补贴

2004年时上海市人口和计划生育委员会发布了《上海市农村部分计划生育家庭奖励扶助制度实施意见（试行）》（沪人口委〔2004〕129号），根据此文件，对老年农村计划生育家庭按每人每年600元的标准奖励和扶助，直至扶助对象亡故。2008年颁布的《上海市计划生育家庭特别扶助制度实施办法》（沪府办发〔2008〕34号）对全市符合条件的计划生育家庭给予每人每月120~150元不等的扶助金，直至被扶助者死亡或其子女康复。2013年扶助标准分别提高到每人每月400元和500元。

4. 对于辅助生育服务不提供支持帮扶

虽然在2008年发布的《关于本市进一步加强计划生育特殊困难家庭扶助工作的通知》（沪卫计家庭〔2014〕16号）中提出"对有再生育意愿的本市户籍独生子女伤残死亡家庭，根据实际情况，提供取出宫内节育器、实施输卵（精）管复通等计划生育手术（治疗）服务。经费列支渠道：本市医疗保险对象发生的费用由医疗保险或生育保险基金按照规定支付，非本市医疗保险对象由区县财政支出。对确有需要、自愿要求实施辅助生殖技术的，做好咨询指导工作，并给予必要的帮助"。但也仅限于计划生育手术，并不包括治疗不孕不育疾病或辅助生育手术。也就是说对不孕不育的育龄人群还是没有任何扶持措施。

但正如前文中所说，由于生理、社会和环境等各方面原因，包括上海在内的全国育龄人群都面临生育力下降的问题，不孕不育的发生率已经超过10%，每8对夫妻中就有1对夫妻可能存在生育障碍。不孕不育疾病的治疗和辅助生育手术都是费用很高的医疗服务，但无论是《上海市人口与计划生育条例》、《上海市女职工劳动保护特别规定实施细则》，还是《上海市城镇职工基本医疗保险办法》中，都将这些医疗服务排除在覆盖范围以外，所以不孕不育育龄人群与其他育龄人群相比具有更大的经济负担。

5. 部分计划生育奖励津贴由用人单位支付可能使女性就业受到歧视

根据现有政策规定，独生子女费、托儿费都由单位补贴，现在很多人在私营企业工作，或者自己本身就是个体经营，有的企业不愿意承担这些费用，因而计划生育奖励津贴无法落到实处。女性怀孕生孩子，对所在企业的正常工作会有一定的影响，而这些影响得不到政府部门的补贴。这样有的企业招聘人员时就不愿意招女工，影响女性的合法就业权益。有的女性为了不影响工作，不敢生育第二个孩子。

四　切实提高上海生育水平鼓励每个家庭生育两个孩子的对策建议

尽管从2014年起，我国开始实施“单独二孩”生育政策，但是到目前为止，全国各地都没有出台鼓励按政策生足孩子的相关配套政策和措施。根据上海卫计委的统计数据，过去几年中上海市符合生育二孩条件的家庭，不到5%真正生育了第二个孩子。

根据联合国的估计，2005～2010年几个同样处于人口老龄化过程中的西方大国的总和生育率为：美国2.05，法国1.89，英国1.82，澳大利亚1.79，加拿大1.53，德国1.36。上海户籍人口近年来总和生育率虽然有一定程度回升，但截至2014年底也只有1.13，远低于2.1的更替水平，属于超低生育水平。

长期处于超低生育水平，使得上海户籍人口年龄结构失衡，户籍劳动年龄人口严重不足。上海非户籍人口增长迅速，很重要的原因是经济发展需要的劳动力无法从户籍人口中得到满足，必须引进大量的劳动力，这又造成了城市人口规模的过度膨胀。从这个角度来讲，提升上海户籍人口的生育水平，也不失为解决上海人口年龄结构失衡问题和控制外来人口增加的必要措施。

从2014年3月起，上海开始实施单独二孩的生育政策，但是单独二孩的生育政策并没有获得相关社会政策的支持，按政策生育第二个孩子，不仅不能获得更多的福利，反而原来第一个孩子的福利待遇被取消了。相关社会政策与二孩生育政策不仅没有形成同向合力，反而产生了抵消作用。参照世界低生育水平国家和地区的做法，在国家推出全面二孩的最新生育政策背景下，上海市人口发展和家庭计划工作应在以下方面做出调整和完善。

1. 将提高生育水平放到关系上海未来发展的战略高度，转变生育政策观

我们要正确认识实施新生育政策的重要意义，并制定相应的配套政策和措施，才能确保新政策见到实效。“全面二孩”的生育新政策不是否定过去的计划生育政策，计划生育政策仍然是我国的基本国策，现行政策是在新的历史时期、新的人口发展形势下对计划生育政策的发展和完善。生育和抚养孩子是家庭的决定，但也是公民对国家和社会发展应当承担的责任，政府部门应该协助家庭实现生育目标。因此，具有生育能力和抚养条件的家庭应用足政策，而政府也应对于有生育能力而抚养孩子有困难的家庭提供必要的帮助，减轻家庭养育负担。对于经济收入水平较差的人群，政府要承担起相应的责任，予以财力和物力方面的倾斜和支持。符合生育政策的家庭都应该享受生育福利政策，生育二孩的家庭甚至应该享受更优惠的政策。

2. 改变生育政策宣传的舆论导向，营造鼓励生育二孩的社会氛围

随着经济水平的提升和生活方式的转变，中国传统文化中多子多福的生育观念已经发生了转变，特别是20世纪80年代以后出生的一代人中，更加注重生活舒适度和自我感受，因而丁克家庭的比例越来越高。人们对于婚

姻、生育的重视程度有明显的下降，这也是为什么双独家庭中再生育比例很低的原因。因此，要通过宣传，让广大市民认识到我国特别是大城市人口发展的现状和前景，认识到人口发展对社会经济发展的重要意义；通过科学认识和全面理解计划生育政策，逐步体会到公民完成生育行为，不仅是对个人、对家庭负责任的态度，也是对社会和国家发展负责任的表现。在进行计划生育政策宣传时，要向民众传递“完成生育使命光荣，生育孩子是为社会做贡献”的理念，摒弃原来“生的少才是对国家好”的理念。要善于利用网络、新媒体等传播渠道，创新宣传形式和宣传内容，用广大育龄人群特别是年轻育龄人群喜欢或愿意接受的方式进行宣传，号召大家按照国家生育政策生育孩子，为自己负责，为社会负责，为上海的未来负责。

3. 改变现行的鼓励晚结婚少生育的福利政策

在现行的计划生育配套政策中有不少是鼓励人们尽量少生育的。例如晚婚生育第一个孩子的生育假期增加 30 天，对独生子女的父母发放独生子女费，在退休时给予一次性退休补贴，对于未满 16 周岁的独生子女意外致残或死亡而不再次生育或收养子女的家庭给予额外的独生子女残疾或死亡补贴，等等。这些做法的出发点是给独生子女父母一定的经济帮助，但在一定程度上也会让人们产生“就算没有孩子，政府也不会完全不管我的”的想法。对于那些丧失生育能力的夫妻来讲，对年老后的他们进行经济补贴是应该的，但对于那些仍处于生育年龄，仍具有生育能力的人来讲，还是尽可能地鼓励他们再次生育比较好。因而，对于类似的政策应当予以调整。

要实行“老人老办法，新人新办法”，对于已经领取《独生子女父母光荣证》的父母，要提高保障水平，提高独生子女家庭应对风险的能力。对于因各种原因子女死亡或受伤致残的夫妻，可以出台“计划生育子女保险政策”，由保险公司进行运营，政府和企业提供补贴，鼓励计划生育家庭参加，当子女受到意外伤害或死亡时提供相应保险金。对于生育一个孩子或者两个孩子的家庭，要提供阶梯式计划生育家庭福利待遇，养育两个孩子的家庭应该给予更多的帮扶。

4. 鼓励在最佳年龄生育并保证第二个孩子也享有同样的社会福利待遇

（1）鼓励女性在最佳生育年龄完成生育，以保证两次生育的质量

正如前文所述，人类女性的最佳生育年龄在25～26岁，这一年龄段的育龄妇女生育健康宝宝的概率最大，过了最佳生育年龄后，特别是超过30岁以后，由于女性自身健康水平下降，生育质量有可能随之下降。如果打算生育二孩，为了保证第二个孩子也在30岁左右生育，则初育年龄放在25～26岁就更有必要。从母亲有足够精力抚育幼儿的角度来看，鼓励育龄妇女在25岁前后生育也是必要的。因而，需要在现行政策中修改或删除有关晚婚晚育奖励的条款（男性25岁、女性23岁以后结婚的奖励婚假7天，晚育产假增加30天），改为“只要符合生育政策生育孩子的家庭，产假统统延长30天”。

（2）对实行计划生育政策的生育行为一视同仁，保证生育第二个孩子也能享有同样的假期、补贴，如果需要，甚至可以规定第二个孩子享有更高的福利待遇

首先，在取消《独生子女父母光荣证》后，希望能继续为育龄夫妇发放《计划生育光荣证》，按照计划生育政策生育孩子的，不论生育几个，都应该享受相应的福利待遇。其次，将再生育审批制度改为再生育登记制度，简化办理流程，打通各相关部门数据库，实现证明材料的无纸化提交，方便有生育二孩意愿的人们快速办理再生育登记手续。最后，要立即取消对符合生育政策生育二胎的歧视性政策，鼓励符合现有生育政策的育龄夫妇按生育政策生足孩子，对两次生育都必须给予同样的支持和帮助，让第二个孩子也能享有同样的生育补贴、养育补贴及产假福利待遇。而对经济困难家庭养育孩子予以一定的倾斜措施。

5. 加大投入帮助部分育龄人群克服生育障碍，着力改善育龄人群生育能力

（1）把治疗不孕不育的医疗服务纳入医保，减轻生育障碍育龄人群的经济负担

要加大投入，为生育困难的家庭提供技术服务，减少不孕不育的比例，

在一定程度上提高生育能力。实际上，上海目前能够提供不孕不育治疗和生殖辅助技术服务的机构已经有不少，而且医疗水平和技术手段均已经处于全国先进水平。只是治疗成本较高，试管婴儿一个疗程的费用需要 3 万多元，还不一定能够成功。如果政府能够提供专项的经费补贴，或者能够准许这些医疗服务进入医疗保险范围，则会有效缓解生育障碍人群的经济负担。

（2）从医疗服务和卫生防疫等方面入手，改善育龄人群的生育能力水平

加大对育龄人群有关生殖健康知识的宣传教育活动，对可能引起生育能力下降的各种疾病予以早防早治，要引导人们保持良好的生活方式，适当缓解和释放精神压力，同时提高对职业环境中有害因素的防护意识。

6. 加大对配套公共服务提供和公共设施建设的投入力度

要鼓励按政策生育，加大与生育和养育孩子配套的公共服务提供和公共设施建设的投入就是非常重要的。

（1）增加相关公共服务的提供

首先，要在生育政策调整的背景下做好人口出生预测和未来各年学龄人口预测工作，并以此作为调整上海市孕育服务资源和教育资源规划布局的基础，增加孕产妇医疗服务设施，增加社区学前教育机构等配套设施，同时，着手对妇产科医生、护士，幼师，小学、中学教师队伍的培养，从软件和硬件两个方面做好应对出生人口规模上升的准备。其次，要继续加大对当前各级正规教育的投入与补贴，保证公共教育机构有足够的空间和资源接纳增加的学生。要尽快研究把义务教育阶段向幼儿园和高中扩展的可行性，尽可能分担家庭养育成本，减轻二孩或多孩家庭的经济压力。再次，要重视孩子健康水平的提高，一方面增加医疗机构中儿科医疗服务的供给，另一方面加强新生儿、婴幼儿的疾病防治工作。又次，要进一步提高对孕产妇的医疗服务水平。政府要加大人力物力投入，为育龄妇女在孕前、产前、产后提供更好的生殖健康服务，提倡社区、单位为孕产妇提供各种照护帮助。最后，出台鼓励政策，完善社区婴幼儿照看服务网络，帮助计划生育家庭解决入托难、入园难，以及放学后及家长下班前照料孩子的困难。

（2）在公共设施中增加相关的人性化设计同时鼓励雇主提供便利

从怀孕到分娩虽然要经历十个月，但这还只是养育孩子的第一步。在孩子上幼儿园之前，父母需要花很多的时间和精力照顾他们；即使上了学，孩子们在放学后、假期里也需要看护。在多数家庭无法做到夫妻双方有一方全职养育孩子的情况下，政府需要在城市空间设计中体现出对这些父母的照顾和支持。例如，在出行、休闲、工作环境中设计一些可供母亲（父亲）休息、哺乳、清洁的场地或设施；鼓励雇主在内部开辟临时性或阶段性（如寒暑假）的儿童活动区域，对有这些设施的企业予以补贴或者税收减除优惠。

7. 减少雇主负担的生育成本以保障育龄妇女的就业权利，计划生育子女补贴和幼儿园补贴改由财政承担

根据现行社会政策的规定，用人单位承担了相当一部分的养育成本，其中包括所雇员工独生子女补贴（每人每月 30 元），所雇员工独生子女的幼儿园补贴（每人每月 50 元），所雇员工生育保险的缴费，未参加生育保险的需承担雇员产假期间的生活补贴及生产费用。这些支出增加了雇主的运营成本，因而造成雇主对女性（特别是未婚未育女性）的就业歧视。这种歧视又反过来加剧了女性对职业生涯的担忧，进而以推迟或取消生育来实现职场的追求。

鉴于用人单位的活力不足将最终带来经济增长的乏力，政府应当尽可能帮助企业减轻负担。由于生育保险属于社会保险的范畴，是企业应当承担的责任，所以我们建议独生子女补贴和幼儿园补贴改由财政承担。需要说明的是，根据前文的建议，独生子女生育补贴和幼儿园补贴将改为常规生育补贴和养育补贴，即任何一个孩子都有平等享有福利的权利和机会。

8. 鼓励全社会共同关心公益性的婚介服务，允许单身女性生育

（1）鼓励全社会共同关心和支持公益性的婚介服务

我国由于出生性别比失衡，从全国来看男多女少，男性找配偶难，到 2030 年全国将由 3000 万左右的光棍，但是对于像上海这样的大城市，由于大量“两地婚姻”中外地女性大量进入，出现了与我国中西部地区截然相

反的本地女性择偶难的问题。大龄“剩女”成为社会舆论关注的热点问题，“人民公园婚介市场”、“万人相亲大会”等，成为上海一种特别的城市现象。

上海女性择偶难的主要原因是“两地婚姻”大量增加。据统计，在1991～2014年的24年间中，上海两地婚姻共有733608对，大部分年份两地婚姻中本地男性与外地女性结婚的比例都超过75%。如果我们按照75%的本地男外地女的比例可以大致推算出这24年中本地男和外地女结婚的共有550206对，本地女和外地男结婚的有183402对，两者的差额为366804对，也就是说，通过两地婚姻，24年中有366804个外地女性净迁入上海的婚姻市场，和上海本地女性争夺配偶，造成本地30万左右的女性难以找到配偶，并且这种情况还在进一步发展。2014年上海两地婚姻占全市国内婚姻登记对数的36.1%。据我们的推算，在2015～2030年的16年中，因为外地女性的进入造成本地户籍女性中20万人左右难以找到配偶，上海户籍女性中不能结婚的比例将达到15%左右。按照我国的国情，结婚后生育的孩子才能申报户口，而上海由于大量外来女性的进入，婚姻市场上本地户籍女性婚姻出现了很大的困难，很多人被迫终身不婚，也就没法生育孩子。

因此，建议政府部门要采取切实措施，为大龄青年提供优质的公益性的婚介服务，帮助他们寻找到合适的配偶；要通过宣传，让城市本地户籍女性改变男性一定要比自己强的观念，嫁给学历和收入情况一般但人品好、勤劳持家的男性；要鼓励城市本地女性与优秀的外省市男性结婚，减少女性不婚人群比例。

（2）修改有关法规，允许单身女性生育，允许医疗机构协助未婚女性生育，未婚生育只要不超过两个孩子不再进行处罚

另外，随着不婚比例的上升，要适时推出新的社会政策，允许单身母亲生育孩子。有些非常优秀的女性，因为各种原因，找不到理想的配偶，自己又想养育一个孩子，卫生和计生部门应该提供相应的服务，相关法规也要做出调整，允许她们采取试管婴儿或其他方式怀孕生育孩子。未婚生育的女性，只要不超过两个孩子，不再作为违反计划生育进行处罚。

B.7

特大城市人口调控下的外来人口子女教育问题研究

——基于上海市闵行、嘉定和宝山三区调研

高 慧　周海旺*

摘　要：　本文通过对上海三个区的调查研究，分析了在特大城市人口调控背景下的外来人口子女教育问题。近两年上海市通过加强居住证管理、严把入学关、整治非法办学点等有效调控了外来人口子女招生规模和在校生规模，但仍然面临教育资源总量需求大、空间分布不均、民办小学难以维持等突出问题。需要通过进一步加强居住证管理、加大教育资源区域配置力度、提高民办小学办学质量等举措，妥善解决外来人口子女的教育问题。

关键词：　人口调控　居住证　外来人口子女　教育问题

我国十八届三中全会提出“严格控制特大城市人口规模”，因此北京、上海、广州等特大城市纷纷调控人口规模。在这样的背景下，这三大城市不同程度地提高了外来人口子女的小学入学门槛。

在上海接受义务教育的外来人口子女规模大、增长快。根据市教委的统

* 高慧，上海社会科学院城市与人口发展研究所助理研究员；周海旺，上海社会科学院城市与人口发展研究所副所长，研究员。本文是上海市教委、上海市政府发展研究中心2015年决策咨询课题的部分成果。

计，上海流动人口子女义务教育在校生由2000年的26.3万增加到2012年的53.8万，占全市在校生的比例从19.6%上升到45.1%；在公办学校的就读比例由2003年的41.8%上升到2012年的74.7%，另外，2012年上海157所专门招收外来人口子女的小学全部纳入上海民办教育管理。据上海市公安局2015年8月底的实有人口统计数字，上海3~5岁、6~10岁、11~14岁外来学龄人口规模分别为23.34万、39.34万和18.76万，分别占全市对应年龄段学龄人口的41.5%、45.8%和38.0%。

近两年随着入学门槛特别是进入公办学校门槛的提高，很多外来人口子女进不了公办学校甚至进不了民办小学，同时一些民办小学因为招生规模的减少经营更加困难。在人口调控的背景下，上海如何合理解决外来人口子女教育问题，确保他们接受平等、优质的教育，是全社会关注的焦点问题。

本文基于对外来人口子女比较多的闵行、嘉定和宝山三区的调研，分析人口调控下上海市外来人口子女教育现状及存在的主要问题，并提出应对措施。

一 人口调控下上海市流动人口子女教育现状

近几年特别是2014年以来上海市加大了人口调控力度。体现在教育方面，就是通过居住证、参加社保、住房等情况，对在沪接受义务教育的外来人口子女提供梯度化的教育服务。《关于来沪人员随迁子女就读本市各级各类学校实施意见的通知》（沪府办发〔2013〕73号）要求，以“合法稳定就业、合法稳定居住”为基本条件，妥善解决流动人口子女的学前教育、义务教育、高中教育和高等教育问题。来沪人员随迁子女需在本市接受义务教育的，2014年要求父母一方持有有效期内的“上海市居住证”；或者父母一方提供满2年及以上的“上海市临时居住证”和有效的灵活就业登记证明。2015年要求父母一方提供满3年的《上海市临时居住证》和连续2年的灵活就业登记证明。2016年起要求父母一方提供满3年的《上海市临时居住证》和连续3年的灵活就业登记证明。

（一）主要措施和做法

在人口调控背景下，2014 年以来闵行、宝山、嘉定三区严格贯彻执行本市外来人口子女教育政策，通过加强居住证管理、严把入学关、整治非法办学点等规范外来人口子女教育和调整人口规模。

1. 加强居住证管理

严审两个合法稳定条件。嘉定区贯彻实施市居住证管理办法，并在全市率先制定居住证的实施细则，严格“两个合法稳定”认定和管理，减少了居住证的办理。据嘉定区人口办统计，2015 年 1 ~9 月全区办理临时居住证 21558 张、居住证 3474 张，较 2014 年同期减少 35.6% 和 84.1%，临时居住证累计 25.6 万张、居住证 8.3 万张。

注销虚假或逾期居住证。宝山区加强房屋编码信息与居住证系统对接，实现 100% 规范办证、100% 注销虚假办证，2015 年以来共有 15630 名来沪人员因证件逾期未办理签注手续被自动注销。

2. 严把“入学关”

严审居住证和灵活就业证明。闵行、宝山、嘉定三区教育条线启用全市统一招生管理信息平台，严格按照入学条件，通过技术手段加强对居住证、灵活就业证明的审核，全面做好“幼升小”的技术审查和“小升初”的联动审查工作。2015 年严格按照儿童持《上海市临时居住证》 + 父母一方持《上海市居住证》或父母一方持《上海市临时居住证》满 3 年 + 连续 2 年灵活就业登记的入学条件。据统计，嘉定区 2015 年共有 13000 余名适龄儿童小学入学登记或咨询，经过严格审核，只有 9331 人信息登记成功，其中流动人口子女 5161 人，占全区的 53.3%。宝山区强化居住证的管理功能，坚持来沪人员子女凭证入学，2015 年小学一年级新生 12927 人，其中外来人口子女 6061 人，占 46.9%，比 2015 年初全区摸底人数减少了 33.72%。

适度调整入学门槛。嘉定区在嘉定镇街道、嘉定新城（马路镇）、安亭等教育资源紧缺区域，规定外来人口子女入学，父母一方持有招生区域内上海市居住证，且积分达到标准分值，还要持有招生区域内的房产证。闵行区也规定流动人口子女进公办学校其父母必须拥有招生区域内的房产证。

3. 整治非法办学

自2008年起嘉定区全区范围出现了大量的幼儿园非法办学点，高峰时达到50家，涉及幼儿数近4000多名。针对此现象，嘉定区围绕“建设一批、扶持一批、取缔一批”的原则，制订整治行动方案，积极开展整治工作。截至2015年7月底，非法办学点减少到15所。宝山区近两年处理掉了3个幼儿园非法办学点。

（二）调控效果

2014年以来，闵行、宝山、嘉定三区通过多途径规范外来人口子女教育，在调控外来人口子女招生规模、在校生规模方面取得了明显的效果。

1. 外来人口子女招生规模总体减少

2010～2013年，上海全市幼儿园、小学、初中招生规模都是逐年增加；2014年全市开始人口调控后，与2013年相比，全市幼儿园、小学、初中招生规模都有了不同幅度的减少，小学招生规模尤其明显，1年间减少了1.76万人，而全市幼儿园、小学、初中招生规模的减少主要因为外来人口子女招生规模的减少（见表1）。

表1　2010～2014年上海全市幼儿园、小学、初中招生数变化

单位：万人

年份	幼儿园	小学	初中
2010	14.45	15.05	10.94
2011	15.69	16.94	11.62
2012	16.49	17.23	11.75
2013	16.61	18.10	12.02
2014	16.59	16.34	11.22

资料来源：《各学年上海教育事业统计》，http://www.shmec.gov.cn/web/xxgk/rows_list.php?node_code=303。

如表2数据所示，2010～2013年闵行、嘉定小学外来人口子女招生规模基本上都是逐年增加；2014年人口调控后，两区小学外来人口子女招生规模都有了不同幅度的减少，其中嘉定区更明显：2014 年小学外来人口子女招生规模比 2013 年减少了 1226 人，且 2015 年招生规模继续减少，比 2014 年又减少了 464 人。这也是造成 2013 年以来闵行、嘉定全区小学招生规模逐年减少的主要原因。

表 2　2010～2015 年闵行、嘉定小学招生数变化

单位：人

年份	闵行区		嘉定区	
	全区	其中外来人口子女	全区	其中外来人口子女
2010	11609	4400	9135	5555
2011	13451	5400	10078	6122
2012	13654	5600	11002	7168
2013	15733	6600	10896	6890
2014	13823	6400	9856	5664
2015	13703	6600	9474	5200

注：2015 年数据是截至 2015 年 10 月，下同。

如表 3 数据所示，2010～2013 年闵行、嘉定初中外来人口子女招生规模也都是逐年增加；2014 年人口调控后，2014 年两区初中外来人口子女招生规模也都有了不同幅度的减少，其中嘉定区更明显：2014 年初中外来人口子女招生规模比 2013 年减少了 932 人，且 2015 年招生规模继续减少，比 2014 年又减少了 342 人。这同样也是造成 2013 年以来闵行、嘉定全区初中招生规模趋于减少的主要原因。

表 3　2010～2015 年闵行、嘉定初中招生数变化

单位：人

年份	闵行区		嘉定区	
	全区	其中外来人口子女	全区	其中外来人口子女
2010	8899	3700	4889	1694
2011	10011	4170	5466	2246
2012	10209	4200	6083	2676
2013	11134	4600	7313	3811
2014	10197	4300	6451	2879
2015	10600	4460	6317	2537

2. 外来人口子女小学在校生规模总体减少

2010～2013 年闵行、嘉定小学外来人口子女在校生规模基本上都是逐年增加；2014 年人口调控后则大幅度逐年减少：2014 年闵行、嘉定两区小学外来人口子女在校生规模比 2013 年分别减少了 1659 人、1898 人，2015 年比 2014 年又分别减少了 1858 人、1557 人（见表 4）。

表 4　2010～2015 年闵行、嘉定小学在校生数变化

单位：人

年份	闵行区		嘉定区	
	全区	其中外来人口子女	全区	其中外来人口子女
2010	73121	39740	43749	31629
2011	77782	42593	46057	33895
2012	80474	43815	49122	37425
2013	86784	46527	48740	30708
2014	89377	44868	48486	28810
2015	91208	43010	47479	27253

3. 公办学校招收外来人口子女的规模减少

2010～2013 年闵行区在公办小学的外来人口子女在校生规模逐年增加，2013 年增加到 23997 人，比 2010 年增加了 5333 人；占全区公办小学在校生的比例也趋于上升，2013 年达到 51.6%，比 2010 年提高了 4.6 个百分点。2014 年后闵行区在公办小学的外来人口子女在校生规模逐年减少，2015 年减少到 20171 人，比 2013 年减少了 3826 人；占全区公办小学在校生的比例也逐年下降，2015 年为 46.9%，比 2013 年下降了 4.7 个百分点（见表 5）。

表 5　2010～2015 年闵行区公办小学外来人口子女在校生及比例

年份	规模(人)	比例(%)
2010	18664	47.0
2011	20462	48.0
2012	22845	52.1
2013	23997	51.6
2014	22017	49.1
2015	20171	46.9

二 人口调控下外来人口子女教育面临的问题

尽管通过规范入学条件，在调控外来人口子女教育规模方面有了明显的效果，但上海在配置教育资源方面仍然面临很多突出问题，形势不容乐观。

（一）教育资源总量需求仍然会增加

1. 外来学龄人口的规模还将继续增加

2010 年以来，上海外来常住人口尽管增速减缓但仍然持续增加，占全市常住人口的比例不断上升。据上海市统计局统计，2014 年上海外来常住人口 996.42 万，比 2010 年增加了 98.47 万，占全市常住人口增加总量的 80.0%；4 年间增长了 11%，大大快于全市常住人口 5.3% 的增长率；外来人口占全市常住人口的 41.1%，比 2010 年上升了 2.1 个百分点。随着外来人口的常住化、家庭化，以及 2015 年二孩政策的全面放开，外来学龄人口的规模还将进一步增加。

幼儿园的入园压力会依次顺延到小学、初中。2010 年以来，闵行、宝山、嘉定三区幼儿园中，无论外来幼儿招生规模还是在园规模基本上都不断增加，同时占全区的比例也不断上升。其中宝山区外来幼儿招生规模、在园生规模增加速度非常快，分别由 2010 年的 4078 人、13945 人增加到 2015 年的 8057 人、25387 人，增长了近 100%；占全区幼儿招生、在园生的比例上升比较明显，都上升近 12 个百分点，2015 年分别达到 45.3%、47.7%。其中嘉定区 2011 年以来外来幼儿的招生规模和在园生规模都超过了户籍幼儿，其中 2013 年外来幼儿招生规模、在园生规模占全区的比例分别高达 57.1%、58.2%（见表 6、表 7）。

2. 符合入学条件的人数还可能进一步增加

（1）办理居住证门槛降低。作为外来人口子女入学重要条件的上海市居住证办理 2014 年要求外来人口居住满 1 年以上，2015 年要求居住满 6 个月并缴纳社保 6 个月即可办理居住证。

表 6　2010～2015 年三区外来幼儿招生规模及占全区的比例

年份	闵行区		宝山区		嘉定区	
	规模(人)	比例(%)	规模(人)	比例(%)	规模(人)	比例(%)
2010	8291	39.7	4078	33.9	3931	48.6
2011	8878	40.7	5335	39.8	4620	52.1
2012	9354	41.8	6555	45.2	4937	51.2
2013	9678	42.6	6545	43.2	5726	57.1
2014	10092	43.7	7121	44.0	5079	52.1
2015	11565	44.9	8057	45.3	6199	54.4

表 7　2010～2015 年三区外来幼儿在园规模及占全区的比例

年份	闵行区		宝山区		嘉定区	
	规模(人)	比例(%)	规模(人)	比例(%)	规模(人)	比例(%)
2010	16793	33.6	13945	36.8	11873	49.3
2011	20805	37.8	18361	42.7	14017	52.9
2012	25800	42.4	22357	46.9	16675	56.6
2013	26561	41.9	22655	46.5	18083	58.2
2014	30844	46.6	23331	46.3	17225	56.3
2015	34345	48.0	25387	47.7	18582	55.9

（2）家长提前做好入学准备。2014 年因为很多家长不了解入学政策，没有办理居住证、临时居住证或者灵活就业证明，子女因此不符合入学条件。随着入学政策的明朗化、常态化，家长积极准备入学资料，符合条件的外来人口子女规模势必将进一步增加，未来几年可能形成新一波的入学高峰，各区面临的就学压力仍然很大。这一点从闵行区 2015 年外来人口子女小学、初中招生规模都超过 2014 年，嘉定区 2014～2015 年外来人口子女小学、初中招生规模减少幅度小于 2013～2014 年减少幅度就可以看出端倪（见表 8）。

（3）一些人利用制度缺陷进行投机。尽管闵行、宝山、嘉定三区加大入学条件的审核力度，但调研中发现，仍然有很多假的房屋租赁合同、假的户口簿、假的单位缴纳社保证明、假的单位宿舍证明、假的寄住证明，多人购买一套房产等孩子上学后卖掉等。如，有一个医院开出了 400 多个集体

表 8　2010～2015 年两小学、初中外来人口子女招生变化

单位：人

年份	闵行区		嘉定区	
	小学	初中	小学	初中
2010	4400	3700	5555	1694
2011	5400	4170	6122	2246
2012	5600	4200	7168	2676
2013	6600	4600	6890	3811
2014	6400	4300	5664	2879
2015	6600	4460	5200	2537

宿舍的居住证明，其实这个医院职工中来沪人员并没有这么多。再如有一个学校，一年级入学的时候 100% 符合入学条件；二年级证审，因为不再缴纳社保、把房子过户等原因，只有 50% 符合条件。

（二）教育资源空间配置难度大

1. 外来学龄人口分布更加郊区化

郊区尤其是城乡接合部，交通便利、居住成本低，一直是外来人口集聚区。尤其是近几年中心城区人口调控中整治群租、拆除违章搭建、非居住用房整治等力度很大，外来人口不断向郊区挤压，外来人口分布郊区化非常明显。2015 年近郊区外来人口占全市外来人口的 55.3%，比 2012 年上升了 2 个百分点，其中浦东新区外来人口比例上升了 2.5 个百分点，而中心城区外来人口占全市外来人口的 15.7%，比 2012 年下降了 1 个百分点，其中徐汇、杨浦、黄浦外来人员比例下降尤其明显。与外来人口分布相比，外来学龄人口分布更加郊区化。2015 年近郊区、远郊区 3～5 岁、6～10 岁、11～14 岁外来学龄人口的比例都超过了外来人口的比例，而中心城区的比例低于外来人口比例；且年龄越小，学龄人口分布越倾向于郊区化，如近郊区 3～5 岁、6～10 岁、11～14 岁的比例分别为 56.2%、55.2%、54.0%，即依次降低，而中心城区 3～5 岁、6～10 岁、11～14 岁的比例分别为 13.2%、13.9%、15.6%，即依次上升（见表 9）。

表 9　2015 年全市外来学龄人口与外来人口分布对比

单位：%

区域	2012 年	2015 年	2015 年		
	全部外来人口	全部外来人口	3～5 岁	6～10 岁	11～14 岁
黄浦	2.1	1.9	1.6	1.6	2.0
徐汇	3.1	2.7	1.6	2.1	2.3
长宁	1.6	1.7	1.3	1.3	1.5
静安	0.6	0.6	0.3	0.4	0.4
普陀	3.2	3.2	3.0	2.9	3.0
闸北	1.9	2.0	2.0	2.1	2.6
虹口	1.5	1.3	1.5	1.5	1.7
杨浦	2.6	2.4	1.9	2.0	2.2
中心城区小计	16.7	15.7	13.2	13.9	15.6
浦东	23.2	25.7	24.7	25.7	25.8
闵行	12.4	11.6	12.0	12.1	10.8
宝山	8.6	8.6	9.5	9.0	9.8
嘉定	9.1	9.4	10.0	8.3	7.6
近郊区小计	53.3	55.3	56.2	55.2	54.0
松江	13.0	11.6	8.9	9.7	8.8
金山	2.8	3.1	4.1	3.6	4.0
青浦	6.8	5.9	8.5	8.5	8.4
奉贤	5.7	6.9	7.4	7.3	7.2
崇明	1.6	1.5	1.8	1.9	2.0
远郊区小计	30.0	29.0	30.6	30.9	30.4
合计	100.0	100.0	100.0	100.0	100.0

资料来源：上海市公安局人口办。

2. 外来学龄人口分布区域差异大

外来学龄人口主要分布在浦东、闵行、宝山、松江、嘉定等郊区，在一些区、街道/镇、村/居委外来学龄人口超过了户籍学龄人口，教育资源尤为紧张，相反有些中心城区外来学龄人口比较少，教育资源比较富裕。

（三）高年级外来户籍学生人数大量减少影响初中正常教学秩序

公办学校外来人口子女在校生规模变动大。因为中高考政策的限制，公办小学的 4、5 年级，初中的 8、9 年级，外来人口子女在校生规模出现大幅度的减少。如调研中有一所初中，6 年级、7 年级外来人口子女规模占全年级的 52.6%、50.3%，而到了 8 年级、9 年级外来人口子女规模占全年级的比例下降到 38% 和 30%，高年级的人数大幅度减少，影响了正常的教学秩序，也加大了教育资源的配置难度。

（四）民办小学生源减少发展难以维持

1. 民办小学在校生规模普遍减少

按照上海目前教育政策，小学阶段外来人口子女以进入公办学校为主，部分地区公办教育资源紧缺的，可统筹安排进入政府委托的以招收随迁子女为主的民办小学就读。目前普遍是镇/街道教委统一配额。对于符合条件的学生，一般先满足公办小学的招生，然后再配额给民办小学。在调研中发现，2013 年、2014 年、2015 年因为招收生源减少以及招生条件的限制，有些民办小学这两年 1 年级招收规模减小，甚至没有招收 1 年级，造成这些民办小学在校生规模大幅度减少，有的民办小学在校生规模减少了近一半。从 2013 年开始，宝山区、嘉定区民办小学外来人口子女在校生规模都持续减少，其中嘉定区更加明显。宝山区民办小学外来人口子女在校生规模，2014 年比 2013 年减少了 1345 人，2015 年比 2014 年又减少了 909 人；嘉定区民办小学外来人口子女在校生规模，2014 年比 2013 年减少了 2850 人，2015 年比 2014 年又减少了 2036 人（见表 10）。

表 10　2010～2015 年宝山、嘉定民办小学在校生变化

单位：人

年份	宝山区		嘉定区	
	民办小学(所)	在校生(人)	民办小学(所)	在校生(人)
2010	16	13804	17	15770
2011	16	13810	14	14938
2012	16	13268	14	15727
2013	15	11514	14	14017
2014	14	10169	14	11167
2015	14	9260	14	9131

2. 民办小学的生均补贴3年没有变化

自2008年上海市、区两级政府把民办小学纳入民办学校管理后，不断加大生均补贴力度，由2008年的生均补贴2000元/年增加到2012年的5000元/年，大大提高了这些民办小学的办学条件和办学质量，但2013年、2014年、2015年却仍然维持在2012年的补贴标准，加上生源的不断减少，民办小学单靠这些补贴经费在运作上出现困难。闵行、宝山、嘉定三区的统计数据也证实了这一点（见表11）。

表11　2010～2015年三区民办小学生均补贴变化

单位：元/年

年份	闵行区	宝山区	嘉定区
2010	—	2800	2500
2011	—	3500	4000
2012	—	5000	5700
2013	5500	5500	5700
2014	5500	5500	5700
2015	5500	5500	5700

3. 民办小学的教师整体素质较低且流动性大

调研发现，与公办小学相比，招收外来人口子女的民办小学教师文化程度较低、专任教师有职称的比例低，且外省市教师多、年龄大的多、流动性大。造成这一问题的原因主要是民办学校教师待遇低，吸引不了好教师。表现之一，教师工资水平低，劳动强度大。按照上海市教委规定，民办小学支付教师的工资总量不能超过政府补贴总额的70%。民办小学生源减少了，生均经费补贴标准不变，支付教师的工资总额必将大幅度减少。调研中有一个民办小学，2015年9～10月补交“五险一金”后，新招聘的教师拿到的基本工资是896元/月，再加上1500元/月绩效工资以及奖金，也不过3000元/月左右，比上海家政人员的收入还要低。民办学校为了控制成本，聘用的教师数量较少，教师的劳动强度比一些公办学校要大。表现之二，教师没有正式编制，职称评定难，职业上升机会少，留不住优秀教师。这势必吸引不了也留不住优秀教师，从而阻碍学校发展，有些民办学校辛辛苦苦招聘来的教师，不到1年就跳槽到公办学校了。表现之三，副课教师极为紧缺。现在上海在推行素质教育，对科技、文艺、体育、卫生等教师需求量大，但是民办学校因为待遇太低，难以招聘到副课教师。

三　人口调控下妥善解决外来人口子女教育问题的对策建议

在人口调控背景下，针对以上突出问题，结合已采取的有效举措，本文提出妥善解决外来人口子女教育问题的对策建议。

（一）进一步加强居住证管理

1. 加强对基层的工作指导

上海市人保、房管、教育等职能部门加强对基层合法稳定就业、房屋租赁管理，以及外来人口子女享受本市教育资源条件的认定和指导工作，进一步规范居住证工作流程，严密政策、制度，以便基层有章可循、有效操作。

2. 加强职能部门合作和协调

各相关职能部门加大违规居住（租住）和违法就业（经营）人、房信息的收集、汇总力度，为相关职能部门进行居住证件办理条件审核和教育公共服务享受条件审核提供有价值的参考。

3. 加强居住信息采集和核对

根据2014年《上海流动人口卫生计生动态监测调查》对7999名流动人口的调查数据，流动人口76.5%租房、14.9%购买商品房，两者合计为91.4%。上海市从2014年开始推行房屋编码制度，对所有居住房屋进行逐一定位和编码登记。以此为契机，要加强对外来人口实际居住房屋信息、实际居住人员、实际办理居住证信息进行精确地采集和核对，进一步完善外来人口发现、采集、更新工作机制，做好外来人口离开后的核销工作。

4. 加强居住证审核和注销

积极发挥居住证的引导作用，严格把关居住证办理条件和对临时居住证的审核、发证，严明基层居住证办理工作纪律和责任追究制度，坚决审核和注销不符合“两个合法稳定”的人员。

（二）进一步加大区级教育资源配置力度

1. 摸清外来人口子女底数

区教育局要联合区公安局人口办、区卫计委、统计局等多个部门，加强对3~5岁、6~10岁、11~12岁学龄人口（包括外来学龄人口）的规模、区域分布的监测和摸底工作，并合理预测“十三五”期间学龄人口的规模、区域分布变化趋势，为合理配置教育资源做好基础性工作。

2. 加大教育资源区域配置力度

根据外来人口各学龄段数量的变化和空间分布情况，各区教育局指导各街镇根据区域特点，对外来人口子女集中、教育资源紧缺区域，通过扩大公办学校班额、合理布点建造更多的公办学校等途径，同时制定详细可操作的外来人口子女积分制管理办法，统筹安排教育资源，尽一切可能满足来沪家长和学生进入公办学校就读的愿望。

3. 继续加强监管

区教育局及各街镇要继续加强监督和管理，防止非法办学点回潮，并确保无新增非法办学点。

4. 合理配置民办小学

民办小学接受上海政府委托招收外来人口子女入学，为上海解决外来人口子女教育问题做出了很大的贡献。但随着政府对办学条件要求的提高、家长对子女入学要求的提高，以及区域学龄人口的规模变化，在街镇公办学校能够满足外来人口子女教育需求的，民办小学将逐步萎缩；而街镇公办教育资源紧张的，还要继续发挥民办小学的积极作用。

（三）解决民办小学办学中的困难和问题

未来几年，上海义务教育阶段外来入学人数还将进一步增加，因此在未来相当长时期内，上海民办小学还有存在和发展的必要。要解决民办小学发展中的实际困难，提高教学质量，为外来人口子女提供更好的义务教育。

1. 逐年提高民办小学的生均补贴标准

民办小学生均经费只有公办学校的1/4，并且连续3年没有增加，严重影响了民办学校的生存和发展。因此，建议逐年增加民办小学的生均经费补贴标准，逐步缩小民办小学与公办小学在生均补贴标准的巨大差距，改善民办小学的办学条件。

2. 委托公办小学监管民办小学

可以推广现在一些区的做法，由公办学校托管民办小学，从管理人员、教师到教学设施、教学辅导材料等方面，加强深度交流和合作，改善民办小学的办学条件，提高管理水平和办学质量。在条件成熟时，甚至可以把托管的民办小学转为公办。

3. 切实提高民办小学的师资水平

对于比较好的民办小学优秀教师要为他们评职称提供方便，获得一定职称的民办小学老师，可以研究是否给他们公办小学教师的编制，保障其待遇水平，从而吸引、留住优秀教师。市、区教育部门可以拨出专门的资金，对优秀民办小学教师进行奖励。

4. 各区教育局统一招聘一些副课教师，统一调配使用到各民办小学

对于当前民办小学副课教师紧缺的问题，建议各区教育局统一招聘一些副课教师，根据各民办小学的需要，安排到各民办学校教授有关课程，提高民办小学学生的综合素质。

B.8

上海职业教育发展的成就、面临的挑战与对策建议

王琴　马庆发*

摘　要：本文对上海职业教育近年来在基础能力、体系构建、内涵建设及企业职工培训等方面取得的成就进行了梳理，深入分析了上海职业教育面临的新形势和新挑战，提出了未来几年可以采取的对策建议：着力推进职业教育体制改革；“供给导向”的静态程式化模式转向“需求导向”动态自觉调整模式；制定与实施职业教育师资卓越计划；促进教师专业化发展。

关键词：职业教育　体系　内涵

2015年3月，《上海市人民政府关于加快发展现代职业教育的决定》发布，明确了今后一个时期上海发展职业教育的方针政策、目标任务和重大举措。强调未来上海将加快构建具有上海特点、中国特色、世界水平的现代职业教育体系，为上海创新驱动发展、经济转型升级以及建设具有全球影响力的科技创新中心提供重要的人力资源支撑。2015年4月，上海市职业教育工作会议上，市委副书记、市长杨雄指出，“要牢固树立抓职教就是抓经济、抓职教就是抓发展、抓职教就是抓民生的意识，以更大的力度加快发展现代职业教育。”

* 王琴，上海市教育科学研究院职业教育与成人教育研究所副研究员，教育学博士；马庆发，华东师范大学教育科学学院教授、博士生导师。

一 发展成就

近年来，上海职业教育取得快速发展，现代职业教育体系逐步形成，职业院校办学质量稳步提高，培养了大批中高级技术技能人才，为上海经济转型发展提供了重要的人力支撑。

（一）现代职业教育体系逐步完善，成为经济社会发展的重要保障

“十二五”以来，上海职业教育教学改革成果和效能不断释放张力，进一步深化现代职业教育体系建设的规划。纵向上，从区域行业企业对高端技能型人才需求出发，逐步推进“中职—高职—应用本科—专业硕士学位”合理衔接；横向上，从劳动就业市场对人才技能的要求出发，通过教育与人社部门紧密合作，深入推进职业教育学历证书与职业资格证书“双证融通”的改革，学生毕业时既能获得学历证书又能获得职业资格证书，使职业教育更加紧贴区域产业发展需求。

1. 中等职业教育持续健康发展

进入21世纪以来，上海中等职业教育相继开展了百所中职学校重点建设工程、国家级重点职业学校调整、教师队伍建设等工作，整合资源，优化配置，基础能力明显增强，办学质量和效益明显提高，为上海教育现代化发展提供了重要支撑。至2014年，上海全市共有中等职业学校87所，其中国家级重点中职校56所，国家中职改革发展示范校立项建设学校18所（见图1），在校生14.4万人，占高中阶段教育在校生总数的48%。

2014年，上海对中等职业学校毕业生近十年的就业情况进行了系统回顾研究。十年来，中职学校为社会各行各业输送直接就业毕业生30余万人，占毕业生总数的六成，为上海经济社会高速发展奠定了强有力的基础性技能人才支撑，其中进入国有企事业单位、合独资企业、私营企业的就业人数比例分别为35%、30%、20%，剩余的15%为其他就业（参军、出国等）。

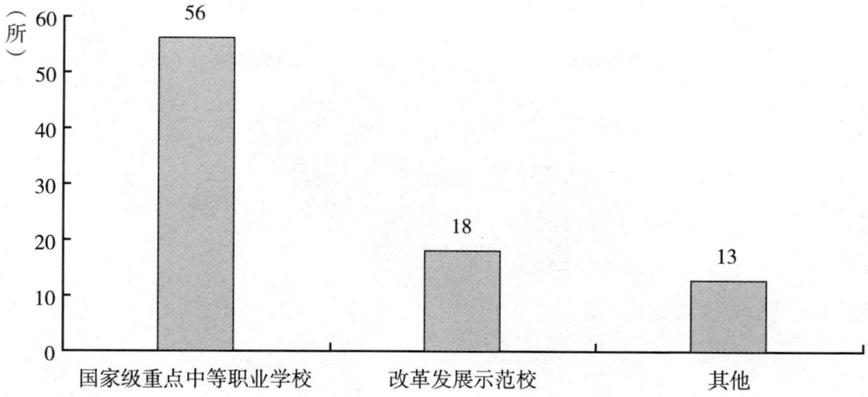

图1　上海市中等职业学校情况

2. 高等职业教育深化内涵建设

上海高等职业教育以现代服务业和先进制造业等专业为发展重点，以育人机制建设为核心，以教育质量工程为抓手，在人社部门和行业企业的共同参与下，逐步推进高职教育改革，提高高职人才培养质量，为上海经济社会发展培养和造就大批具有良好职业素养的高素质技能型专门人才。

目前上海的高等教育毛入学率已超过50%，其中高职教育发挥了积极作用。2014年，上海市独立设置的高等职业学校共30所，全日制本科院校举办的高职二级学院22所。独立设置高职院校均有各自明确的行业背景，涉及医药、交通、农林、建筑、信息、旅游、工艺美术、印刷等诸多领域。其中，4所为国家示范性高职院校，3所为国家骨干高职院校，国家级示范和骨干院校占独立设置高职院校总数的23.3%；有10所上海市特色高职立项建设院校，占33.3%；国家示范校和省级示范校占独立设置高职院校总数的56.6%。上海市30所独立设置高职院校共有全日制普通高职在校生110840人，校均规模约3695人。

为适应上海创新驱动、转型发展的新形势，满足上海加快发展现代服务业和先进制造业、加快推进“四个中心”建设以及产业结构调整升级对高端技能型人才的新需求，上海高等职业教育以先进制造业和现代服务业专业为发展重点，努力培养和造就适应上海产业升级需要、具有良好职业素养的

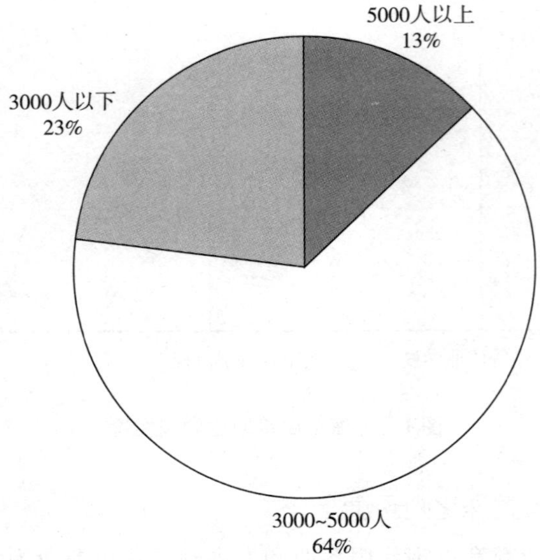

图2　2013～2014学年上海市独立设置高职院校规模

高技能人才。2013～2014学年，上海市30所独立设置高职院校共开设241个专业，覆盖到高职高专教育17个专业大类，其中招生专业216个。专业对应产业分布情况如下：面向第一产业的专业10个，占4.1%；面向第二产业的专业65个，占27%；面向第三产业的专业166个，占68.9%。这一比例与上海各产业对GDP的贡献率大致相当。①

高等职业教育的功能价值正逐步被社会广泛接受。2014年，上海市独立设置高职院校应届毕业生就业率为98.85%，专业相关度为78.2%。

3. 以“大职业教育”为特征的体系建设逐步完善

在政府主导下，上海构建起了初、中、高等学历教育与初、中、高级培训层次完备并能沟通衔接的现代职业教育体系基本框架，并在逐步完善之中。

① 上海市教育委员会：《上海市高等职业教育质量年度报告（2015）》，http://www.·tech.net.cn/web/rcpv/articleview sf.aspx? id=177。

一是稳步开展中高职衔接贯通培养工作。该模式试点工作2010年启动，至2014年贯通培养专业点达到90个，涉及中高职院校56所，在校生近1万人，试点规模逐步扩大。中高职教育贯通课程教材开发稳步推进，实现了中高职贯通内涵上的有效衔接，并继续对试点情况进行跟踪检查与评估，确保中高职教育贯通培养模式的人才培养质量。

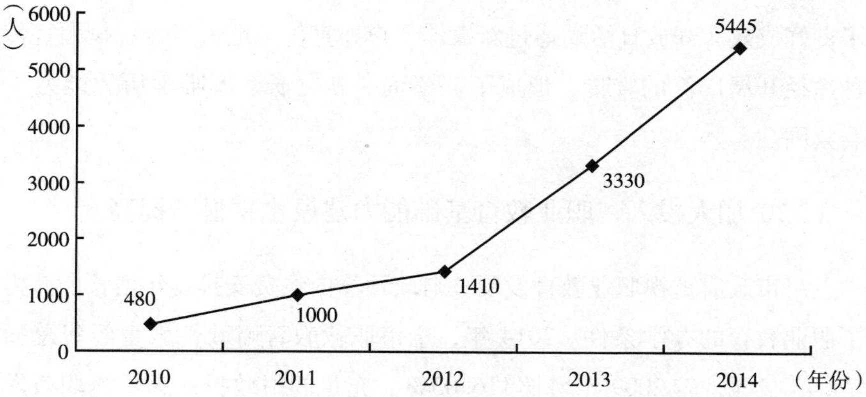

图3　2010～2014年上海市中高职贯通招生情况

二是开展“中等职业教育-应用本科教育”贯通培养模式试点，探索技术技能人才培养新途径。2014年上海首批3个专业试点中本贯通共招生120人，录取率100%。到2015年新增13个专业点，人数增至630名，涉及16所中职学校和12所本科大学。

三是继续推进“中职-高职-应用本科-专业硕士学位”的有效衔接。探索高职与应用本科衔接的“3+2”培养以及专业硕士学位培养。上海电机学院、上海第二工业大学、立信会计学院已获批试点专业硕士学位培养，从2012年开始招生。

四是建立适合职业院校学生可持续发展的灵活学制，推进职业教育与终身教育的有机融合。一方面，开展基于学分制的中高职教育衔接培养模式试点。另一方面，探索职业教育与终身教育的有机融合。与上海市开放大学合作，在部分中职学校开展中高职立交桥学分银行模式的探索，重点以会计、机电一体化（机器人方向）、物流管理、旅游管理、数控技术应用5个专业为试点，研究制定了教学实施方案以及学分互认的方法、途径，为中职学生终身学习搭建平台。

五是举办“上海市学生职业体验日”活动，加强普职渗透。2015年4月，全市62所中职学校、78个实训中心敞开大门，推出340个职业体验项目，近10万名中小学生走进中职学校，参与职业体验，社会反响踊跃，取得了良好成效。开放日活动通过新媒体、户外宣传、地铁广告、校园宣传等各种途径开展广泛的宣传，形成了“崇尚一技之长、不唯学历凭能力”的社会氛围。

（二）加大投入，职业教育基础能力建设水平显著提高

上海市政府重视职业教育发展，财政预算内经费安排逐年增长，有力保障了职业教育的办学条件。2014年，全市职业教育财政性教育经费总投入达73.43亿元，较2009年增长116.03%。充足的财政投入为上海职教发展提供了可靠的支撑，基础能力明显增强。

1. 推进“双师制”教学团队建设

上海产业结构调整和技术进步，对上海职业教育师资队伍建设提出了新的要求，要求他们不仅具备较高专业技术应用能力和较丰富的实践经验，在传授书本知识外，还能够指导学生的实践技能训练。因此，上海非常重视教师素质的提高，实施了名校长、名师引进和培养工程、“双师型”教师队伍建设工程、教师继续教育工程、兼职教师队伍建设工程、培训基地建设和优化工程等。

第一，完善专业教师培养培训制度。上海依托相关高等院校及专业特色鲜明的职业院校，构建了符合中等职业教育发展要求的师资培训网络。组织开展了名校长系列沙龙活动、校长领导力培训、管理干部培训、新进教师培训、专业教师培训、信息化素养培训等系列培训工作。

第二，加强兼职教师队伍建设。从2009年至2015年上海市共资助职业学校特聘兼职教师达2769人次。2015年共有860位特聘兼职教师获得资

助，而2009年获得资助的特聘兼职教师仅93人，特聘兼职教师年均增加幅度超过120%。特聘兼职教师资助工作的开展鼓励和引导了学校吸引专业急需的行业企业、高新技术产业的优秀人才到学校兼职任教，加强和推进了专业建设和课程改革，有效补充和改善了中职校专业教师的数量和结构，缓解中等职业学校专业（实训）教师结构不尽合理、数量不足的矛盾。

第三，开展中职教师教学法改革交流评优活动。上海市积极组织各类教学法评优活动，中等职业学校教师教学法改革交流评优活动每四年举行一届。评优活动推广了职教课改理念，促进了教师专业发展，进一步推动教师从学生实际出发，进行富有职业教育特色的教学设计，创新教学方法与手段，调动学生的学习积极性，提高教学质量。2014年参加首次职业教育类国家级教学成果奖，上海荣获一等奖5项，二等奖13项的好成绩。

通过培养和培训，上海职业院校教师的教学素质明显提升，本科及以上学历教师所占比例在全国位居第一，中等职业学校双师型教师占专任教师的比例从2010年的22.94%提高到2014年的29.25%。

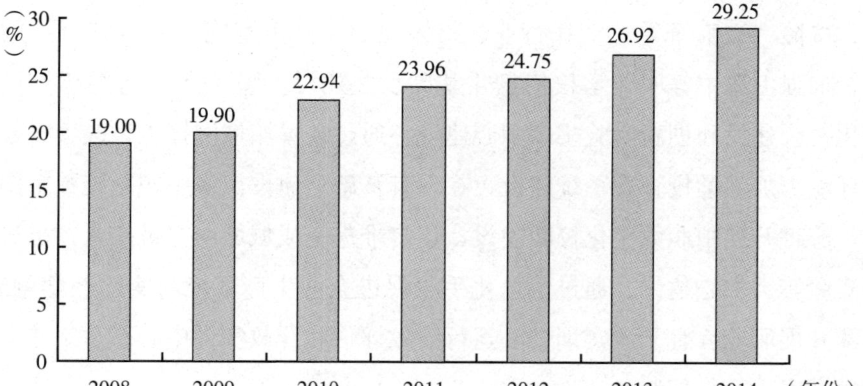

图4　2008～2014年上海中等职业学校双师型教师占专任教师的比例

2. 构建职业教育开放实训中心体系

上海十分重视职业教育实训基地的建设。遵循完善布局、提升功能，扎实推进、开放实训中心的工作要求，依托职业院校建设了一批遍及城乡、布局合理、覆盖主要产业、惠及广大市民的职业教育“开放实训中心”，形成了具有上海大都市职业教育特点的开放实训体系。建成的93个职业教育开放实训中心中，有42个职业技能鉴定站（所），30个国家级技能鉴定站。其中数量最多的是与上海先进制造业、现代服务业以及与建设“四个中心”目标相匹配的加工制造类、商贸与旅游类、交通运输类。

随着开放实训中心的建成运行，其服务社会的内容日趋丰富。在服务专业上，涉及交通运输、加工制造等10大类经济社会发展急需的主要方向；在服务功能上，除实训培训基本服务外，还提供技能鉴定、科学研究、科普宣传等服务。在服务能级上，由初中级为主，逐步延伸到高级工、技师、高级技师。如上海交通学校的汽修开放实训中心，其技能鉴定能力已由初级、中级到高级工、技师、高级技师形成系列。在服务社会的涵盖面上，实现了企业在职人员、就业与再就业人员、农村劳动力转移人员和外来务工人员等社会群体与在校学生平等共享的和谐局面。

3. 开展职业学校信息化建设

以信息化建设为抓手夯实基础能力，以教育信息化带动职业教育现代化，按照“政府统筹、依托行业、整体规划、分步实施、突出应用”的原则，加强上海中等职业学校信息化基础设施建设。2014年上海继续推进数字化校园建设和创新实验实训中心建设。通过教育城域网接入，改善学校网络环境，加强学校管理系统建设，在现有基础上建设市级中职系统数字图书馆。分批开展中职数字化校园建设，逐步推进完成城域网宽带接入。推进创新实验实训中心建设，通过信息化手段促进企业生产环境与实际教学融合。继续开展职业教育开放实训中心运行绩效评估和开放实训中心新建工作，提高实训中心运行能级。

（三）大力开展人才培养模式改革，内涵建设不断提升

近年来，上海市教委开展了大规模的专业布局调整，实施课程教材改革的行动计划，组织开展了多次专业教学质量评估，中职制定发布了50多个专业教学标准，高职开展了多轮专业建设教学比武活动，职业院校办学质量

有很大提高。

1. 以重点专业建设计划为突破，继续调整和优化上海高职专业结构

完善高职专业快速响应机制，主动服务民生需求、产业发展和上海自贸区建设。2008年起，对接经济转型发展升级的新要求，开展专业布局调整，高职院校专业点从近1000个调整到766个，在第一、第二、第三产业中所占比例分别为2%、17%、81%，专业结构日趋合理。2014年，上海继续开展“高职高专院校重点专业建设工程（085工程）”，以专业建设为抓手，从校内实训基地建设、师资队伍建设、人才培养模式改革、技术服务（或社会服务）等四个方面持续推进专业建设，不断强化高职教育的内涵建设。

2. 瞄准国际标准，深化职业教育课程体系建设

到2014年，上海开发完成了汽车运用与维修、护理、制药技术等52个专业的国际水平专业教学标准。形成一批在职业教育人才培养目标、职业能力标准、专业课程实施、教学模式等方面与国际先进水平有效对接的阶段性成果。

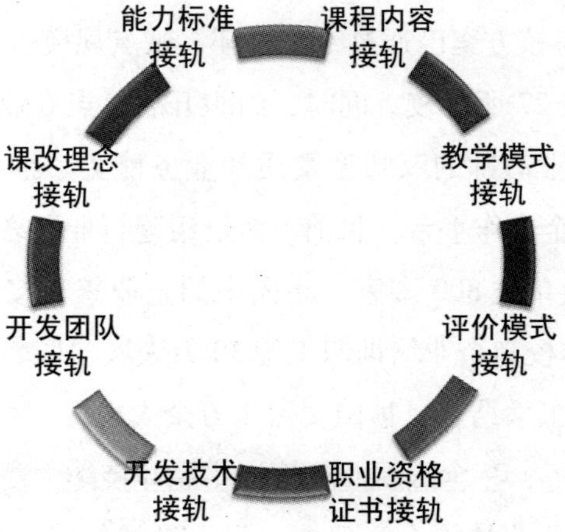

图5　职业教育专业教学标准实现八个接轨

3. 深入推动重点建设专业和精品课程评审验收工作

组织开展156个中等职业学校重点建设专业评估验收工作，指导学校加强专业建设，推动学校形成特色鲜明、品牌纷呈的专业体系，为本市职业学校

专业建设和内涵发展提供示范。经过专家评审和实地评估，包括上海港湾学校“机电设备安装与维修”专业在内的40个专业成为首批上海市中职校精品特色专业，涵盖机电、电气、物流、金融、会计、建筑、计算机等多个领域。2014年又组织开展上海市中等职业学校第二批精品特色专业认定评估，从申报的58个专业点中遴选出14个优秀的专业点直接认定为精品特色专业。

继续开展精品课程评审验收工作，加强对学校精品课程建设的过程指导，形成一批具有鲜明职业教育特色并具有推广价值的示范性优秀课程。

推进中等职业学校易班平台建设。研发集校园服务、教育教学、成长轨迹记录、师生互动、校外活动于一体的中职易班平台，为学生全面发展提供个性化学习空间。

4. 促进横向融通，开展校企合作培养高技能人才

自2007年以来，上海教育部门与人保等部门联合建立职业教育、产业发展、促进就业紧密结合的高技能人才培养制度。

加快推动学历证书和职业资格证书的“双证融通”。2014年，第一批“双证融通”课程考核方案已通过专家论证，试点规模进一步扩大，涉及13个专业31个专业点27所学校。同时，组织开展试点专业教师培训，重点提升“双证融通”专业教师的双师型素质和业务能力。继续推进职业教育集团化办学、搭建校企合作平台。目前上海已组建行业职教集团9个，区域职教集团13个，成员单位800多家。集团中的企业累计接受职校教师实践锻炼2000多人次，学校为企业培训职工约30万人次，职教集团开展“订单培养”近万人，开展工学结合、顶岗实习4万余人次。

5. 重视技能训练，在全国职业院校学生职业技能大赛中取得佳绩

上海借鉴国际职业技能大赛理念，引入世界技能大赛或全国技能大赛项目的标准，研究制订本市“星光计划”中等职业学校职业技能大赛实施方案，在68个项目中，有13个项目与世界技能大赛标准相衔接，有36个项目与全国技能大赛标准相衔接；有37个项目与国家职业资格标准相衔接。

同时，鼓励高职高专院校在校内开展职业技能竞赛，积极组织学生参加

2014 年上海市职业技能大赛、全国职业院校技能大赛、上海市高职院校职业技能大赛和各类教学竞赛。通过以赛促学、以赛促教，提高学生培养质量，培养选拔出一批符合上海产业转型发展要求，技艺精湛高超、行业领先的高素质技术技能型人才。

在 2014 年全国职业院校技能大赛中，上海中职代表团共组织 36 所中职校、152 名选手，赴 7 个省市 13 个城市参加 41 个赛项的比赛，荣获一等奖 42 个、二等奖 62 个、三等奖 40 个，比赛成绩再一次名列前茅。

（四）推进企业职工职业培训，技能人才等级结构渐趋合理

上海市委、市政府高度重视职业培训工作，要求以服务产业转型升级为主线，以增强企业核心竞争力为目的，以促进企业职工技能提升为手段，将职业培训作为服务经济发展和促进就业的重要举措来抓。

1. 积极开展企业职工职业培训，鼓励职工参加职业技能竞赛

一是针对不同类型的企业，有针对性地推进企业职工职业培训。对自身具备培训能力、有职工培训需求的大企业、工业园区、行业协会，鼓励将职业技能标准和企业生产服务实际情况相结合，开展企业内技能人才培养和评价工作，并给予企业相应的培训补贴。对有培训需求但自身缺乏培训能力的广大中小微企业，由政府搭建专门的“中小微企业职业培训公共服务平台”，按照中小微企业培训需求，落实培训机构提供对接服务，帮助企业获得适需有效的职业技能培训，落实相应培训补贴政策。此外，鼓励产业结构调整中关停并转的企业在安置分流员工时大力开展转岗培训，重点提高职工适应技术更新和岗位转换的能力。

二是实施农民工技能提升专项行动计划。2013 ~ 2015 年，本市启动实施了新一轮农民工技能提升行动计划，鼓励行业企业对非本市户籍的来沪从业人员，大力开展与国家职业资格证书挂钩的职业技能培训、结合岗位技术要求的岗位培训。

三是广泛开展多层次、多形式的职工职业技能竞赛活动。市人社局会同市教委、市经信委、市国资委、市总工会、团市委等部门每年选择一批技术

含量高、通用性广、从业人员多、社会影响大的职业，开展市级职业技能大赛。同时，鼓励各行业、企业、协会结合实际需求，开展多种多样的技能竞赛和岗位练兵活动，激励企业职工学技术、练技能、钻业务。此外，还积极组织本市高技能人才参加国际及国家职业技能大赛，拓宽眼界、学习先进经验，为发现、培养更多优秀高技能人才创造条件。近年来，本市每年参加技能竞赛选手达5万多人。

2. 实施首席技师培养选拔千人计划，高技能人才比重将持续上升

一是推进高技能人才培养基地建设。2011年以来，上海依托大型企业（集团）、重点产业园区和重点院校，建立一批高技能人才培养基地，在技能培训、考核评价、使用激励等方面开展创新探索和改革试点，辐射带动上下游或同行业中小企业技能人才培养。对高技能培养基地，给予实训设施设备资助、培养项目开发资助、师资队伍建设资助等相应政策扶持。目前，已建立6家国家级高技能培训基地，49家市级高技能培养基地；已累计对29家基地进行资助扶持，下达资助资金4.01亿元。

二是推进首席技师和技能大师工作室建设。上海鼓励有条件的企业建立完善首席技师制度，发挥首席技师的引领带动作用。2014年共新建国家级和市级高技能人才培养基地共14个，国家级和市级技能大师工作室共29个，资助首席技师195人，2014年末，上海市高技能人才占技能劳动者的比重已达到29%。技能劳动者中，初级、中级、高级技工的比例为34%:37%:29%，技能人才结构从过去的“金字塔形”逐步转变为“纺锤形”。

三是优化高技能人才发展环境。做好享受国务院政府特殊津贴高技能人才、“中华技能大奖”、“全国技术能手”选拔推荐和本市技术能手、杰出技术能手的评选表彰工作，营造劳动光荣、技能宝贵、创造伟大的良好社会氛围。完善高技能人才引进政策，加大从外省市引进符合本市重点产业发展方向、行业紧缺、企业急需的高技能人才的力度。同时，通过实行高级技师养老金“专加”、发布高技能人才工资指导价位、举办高技能人才党校研修班等，引导提升高技能人才收入待遇和社会地位。

二　面临的挑战

（一）经济发展“新常态”带来的生产方式的转变

2014 年，中国经济社会发展的一个重大新变化是进入“新常态”，呈现速度换挡、结构优化、动力转换三大特点。其突出的表征为经济增长减速换挡，经济发展方式转向质量与效率性，产业链向高端迈进，高水平引进来、大规模走出去同步发生，中等收入群体成为稳定内需主体，多样化消费渐成主流，中小企业和新业态成为增长新亮点。

此外，职业教育还面临国际“第三次工业革命”和“工业 4.0”带来的挑战。“工业 4.0”的特征是智能化生产和智能化工厂，目标是建立在一个高度灵活的个性化和数字化的产品与服务的生产模式。在这种模式中，传统的行业界限将消失，产生各种新的活动领域和合作形式，产业链分工将被重组。“工业 4.0”项目主要分为三大主题：一是“智能工厂”；二是“智能生产”；三是“智能物流”。2014 年 10 月底，国内首个“工业 4.0－智能工厂实验室”在同济大学嘉定校区建成。这个实验室在应对“工业 4.0”体系建设过程中，纳入当前工业领域主要的生产元素和资源，将生产原料、智能流水线、物流配送，甚至是消费者编织成一张网、信息化和制造业将完全融合。

所以，职业教育不能脱离当下的经济社会和科学技术发展的趋势和背景。应对国内经济转型和社会发展的需要，职业教育培养一大批高技能工人，承担维护、维修和操作的职责。

（二）城市发展“新常态”需要职业教育提供新的支撑

城市是人类社会发展的缩影，是人类文明的主要载体和聚集地。城市凭借其在经济规模和连通性上的优势将人口和市场集中在一个高密度的地理空间内，在拉动国家和地区生产力与经济增长、激发竞争力等方面起到引擎作用。与此同时，城市集聚了人类所有的政治、经济、文化的文明，集聚了人类智慧最有力的创造。

今天，全球50%以上的人口已经居住和生活、工作在城市，预计到2030年，近60%的世界人口约50亿人将聚居在城镇地区。可持续的城市发展也因此成为21世纪全球社会面临的最紧迫挑战。有学者认为，从经济规律来看，全球经济发展主要靠经济总量排名前600名的城市支撑。目前，我国1000万人口以上的城市有6个，市区人口在500万~1000万的城市有10个，300万~500万人口的21个，100万~300万人口的有130个。北京大学光华管理学院陈玉宇教授认为，市区人口在100万以上的城市都是未来有可能进入全球600强的城市。这是因为，这些地区人力资源密集，能容纳大规模的产业，可以发挥集聚效应，高技能密集产业也会带来高端服务业的发展。

职业教育发端于城市和产业密集的工业领域，历史早已证明，城市的发展很大程度上得益于职业教育与职业培训的支撑。1843年上海开埠以来，有着众多的“第一”和“创新”成果。为此，2014年11月，在上海电机学院召开了“首届上海学学科学术研讨会”，与会专家、学者对上海学学科宗旨、学科定位和研究价值达成共识：上海学研究要由“史”和“志”转向“学”，要在对上海的分门别类的研究中体现出“都市研究”特色，提出前瞻性构想，要把“上海学”提高到“中国学”的研究高度，关注上海的文化生态土壤、为世界提供中国特色城市文明研究；要“立足上海、研究上海、服务上海”，树立“世界眼光”，拥有“上海情怀”，呈现“上海学学科担当”。众所周知，城市发展研究，既有“共时性的现象”（共性研究），又有“差异性”或“特殊性”的发展经验与依赖路径研究（个别化城市发展基因研究）。为此，上海学或上海城市研究要与单纯的上海地方史研究划清界限，立足历史变迁和现实发展诉求，寻求具有上海特色的职业教育发展研究路径，如产业转型与职业教育转型，产业结构升级与职业教育结构调整，职业结构变化与人才类型、层次和多样化，“成功老龄化”社会与职业教育、职业培训的相关对策等诸类关系研究。

（三）教育改革“新常态”要求职业教育聚焦学生的终身发展

2014 年是成色十足的教育“深化改革元年”，全面深化改革的态势已经形成。从年初到年末，一项项改革政策“高密度”出台和相关重大举措“落地有声”。如从突破学前教育“入园难”到根治小升初“择校热”；从义务教育均衡全面深化到招生考试制度改革的全面突围；从加快现代职业教育发展到现代职业教育体系建设规划颁布；从“协同创新”的 2011 计划的推动到高等教育内部治理结构的完善。

与此相对应，上海职业教育发展面临新的挑战和发展机遇，目前还存在许多短板和制约发展的瓶颈。《国家中长期教育改革和发展规划纲要（2010～2020）》指出：创新人才培养模式，适应国家和社会发展的需要，遵循教育规律和人才成长规律，深化教育教学改革，创新教育教学方法，探索多种培养方式，形成各类人才辈出，拔尖创新人才不断涌现的局面。《上海中长期教育改革和发展规划纲要（2010～2020）》中，将职业教育人才培养表述界定为：培养“知识性、发展性技能型人才”，旨在突出职业教育“就业有优势，创业有本领，升学有希望，终身学习有基础”的理念和思想。

全面深化职业教育综合改革的四个关键词分别为：全面、深化、综合和改革。与此同时，首先要分别予以阐述和界定：“全面”在哪里？“深化”在何处？何谓“综合”？以及“改革”重心是什么？正如 2014“全面深化改革元年”带给职业教育界学人的思考，除了国家层面的顶层设计，出台了一系列新政策和新举措外，还有新理念、新思想，更有新的探索。“全面”旨在从哲学视域把握和理解《国务院关于加快发展现代职业教育的决定》精神与发展方略。不谋全局者，不足以谋一域。职业教育改革，带来的不只是短期的红利，更是关注和聚焦职业院校学生终身发展的需要。从十八大到十八届三中全会、四中全会，国家层面的改革更注重关联性、系统性，注重各项改革政策和举措耦合性。概而言之，“全面”则是从“教育链”和“产业链”以及“职业结构”等关系中，寻找职业教育发展的“突破点”和培育新的增长点、拓展发展空间。“深化”则是指当下的教育改革已经进入“深水区”和“攻坚阶段”，特别是到2020年实现教育发展与改革三大战略目标的时间只有6年时间，而教育现代化离开了“职业教育现代化”则是不可能的。现今，职业教育发展的最大“瓶颈”和难点，首先是体制性障碍；其次是职业教育发展的内外部环境；再次是职业教育政策的导向与理念的“混乱”；最后是职业教育发展的质量问题。至于“综合”则更多反映在：职业教育发展与改革的“碎片化”和人才培养模式和目标的“单一”，缺乏系统性和整体性与终身性。

过去的2014年，在中国职业教育领域有几件大事，奠定了改革开放以来职业教育事业发展的“里程碑”意义：一是2月26日，国务院总理李克强主持召开国务院常务会议，部署加快发展现代职业教育。会议认为，发展职业教育是促进转方式、调结构和民生改善战略举措；二是6月23日，会议印发《国务院关于加快发展现代职业教育的决定》，从六个方面提出加快发展现代职业教育的28条政策措施。与之相配套，教育部等部委印发《现代职业教育体系建设规划（2014～2020）》，对体系架构、重点任务、制度保障和机制创新进行总体部署。把大职业教育作为构建现代职教体系的核心理念，坚持在政府主导下依托行业企业，协同推进职业教育的改革与发展，不断加强基础能力建设，深化人才培养模式改革，以内涵建设为核心，整体规划，有序推进，抓质量、提内涵、上水平，实现教育现代化；三是教育部印发《关于开展现代学徒制试点工作的意见》（2014年9月），整体部署现代学徒制试点工作。这是全国职业教育工作会议召开之后出台的第一个制度性配套文件，对于深化产教融合、校企合作，推进校企一体化育人，促进我国人力资源结构优化具有重要意义；四是《国务院关于深化考试招生制度改革的实施意见》颁布，完善高中学业考试，规范高中学生综合素质评价，减少和规范高考加分。上海和浙江启动高考综合改革试点，通过分类考试录取学生占高职招生总数的一半左右。分类考试、综合评价、多元录取将成为高职院校招生的主渠道。

三　对策建议

应对上海经济社会发展的“新常态”，上海职业教育有必要进一步完善职业教育资源优化配置，包括物质资源、技术资源、权利资源和信息资源（劳动力市场供给信息）等，将职业教育发展作为转变经济发展方式的基础性、人力资源开发动力性的战略。

（一）着力推进职业教育体制改革

目前，我国职业教育发展的最大瓶颈是“体制性障碍”，其中有政策性、行政性、管理性、公共服务性、公共财政等方面的制度性和体制性等方面的障碍。健康的职业教育发展环境中，教育举办者、办学者、教育者和受教育者的权责明晰，具体可概括为：作为职业教育举办者的地方政府负责投入与依法监管、提供公共服务和引导发展，“牵牛鼻子，而不是抬牛腿”；作为办学者的职业院校长、领导，负责执掌学校的办学权、行政权和独立法人权；作为学校的教育者，自主教育、独立科研，对学校的发展享有知情权、自主参与管理与监督权；作为受教育者（学生）享有平等受教育权和参与学校管理、监督和评价的权利；作为职业教育受益的企业、行业除了理应承担的社会责任与义务之外，还应享有的“回报、补偿”和政策层面的相关保障。

（二）“供给导向”的静态程式化模式转向“需求导向”动态自觉调整模式

职业教育从“供给导向”转向“需求导向”，从“政府政策导向”转向“市场资源配置导向”，形成职业教育自主办学和教育家办学的新格局。“需求导向”的职业教育发展，首先有利于学生选择教育的需求；其次有利于企业生产方式与生产组织变化的需求，尤其有利于应对“工业4.0”智能化工厂、智能化生产和智能化物流一体化、高度融合的企业形态。现代职业教育的实质就是“面向职场需求的”专业教育，同时满足三个关键利益相关者的需求，即学生求职和职业生涯发展的需求、产业对专业人才的需求、国家对社会和经济发展的人力资源建设需求，这三个需求都不约而同地指向学生发展的需求，从而满足职场的需求与国家的需求。

（三）制订与实施职业教育师资卓越计划

职业教育教师是职业教育发展的关键要素。通过认定教师是专业和参照专业标准促进教师“专业化”发展的方式来提升教师的职业素养和社会地位是最合乎情理的现实思路。1966 年，联合国教科文组织（UNESCO）与国际劳工组织在《关于教师地位的建议》中指出：应当把教师作为专门职业来看待；1996 年第 45 届国际教育大会，就“加强变化世界中教师作用”主题再次强调通过给予更多的自主权和责任、在职培养、参与变革、运用新信息和通信技术等提高教师的专业性和专业地位。在一定意义上，把职业教育教师作为“专门职业人”，则是强化教师的职业属性和专业属性的高度融合。

“教师卓越计划”，一是试点实施新任专业教师经规范化培训后持证上岗的制度。根据职业教育特点和专业技术的要求，以及职业教育的周期性短、变化快等现实，开发体现上海特点的中等和高等职业教育教师能力标准，重点突出专业化教学能力与高水平专业技能以及职业素养。二是健全职业教育教师专业技术职务（职称）评聘标准和办法。在中等职业学校设置正高级教师职务（职称）。三是依托行业企业高技能人才培养基地，建立职业院校和培训机构教师实践基地。针对不同发展阶段的教师开发系统化的、针对性的培养方案，为教师专业发展提供支持。

B.9

上海医疗卫生事业发展现状与“十三五”发展前景探讨

金春林　信虹云　杨　燕　陈　多　吴凌放　何江江　王贤吉*

摘　要：　2015年是上海卫生事业发展“十二五”规划的收官之年和“十三五”规划的研究编制之年，“十三五”时期，上海的医药卫生体制改革进入攻坚阶段，将涉及体制机制、利益格局的更深层次的调整。本文在对上海医疗卫生事业发展的现状进行系统梳理的基础上，提出目前医疗卫生事业存在的若干问题，对“十三五”规划面临的形势进行了分析，并提出相关思考。

关键词：　医疗卫生　现状　上海

“十二五”期间，上海的医药卫生体制改革不断深入，卫生事业取得较大发展，卫生投入不断增加，服务体系不断健全，体制机制逐步完善，服务能力不断增强，居民健康指标持续保持发达国家或地区水平（见表1）。2015年是上海市卫生事业发展“十二五”规划的收官之年和“十三五”规划的研究编制之年，本文在回顾梳理上海医疗卫生事业发展现状的基础上，分析医疗卫生事业存在的问题，并提出相关对策建议。

---

* 第一作者：金春林，博士，研究员，上海市医学科学技术情报研究所所长，上海市卫生发展研究中心常务副主任，上海市人口与发展研究中心主任。其他作者单位：上海市医学科学技术情报研究所、上海市卫生发展研究中心（金春林、吴凌放、信虹云、杨燕、陈多、何江江、王贤吉）。

表1　2011年、2014年上海市三大健康指标

指标名称	统计口径	2011年	2014年
平均期望寿命	户籍人口	82.51岁	82.29岁
婴儿死亡率	常住人口	5.7‰	4.83‰
孕产妇死亡率	常住人口	7.36/10万	6.74/10万

资料来源：2011年、2014年的《上海市主要卫生统计数据》。

一　医疗卫生事业发展现状

（一）卫生投入不断增加

2011～2013年，上海市卫生总费用及人均卫生总费用持续增长。首先，从卫生费用总量看，2011～2013年，上海市卫生总费用持续增高，年增幅保持在15%～20%。从占比看，卫生总费用占GDP的比重不断增高，升高了近1个百分点，从2011年的4.9%增长到2013年的5.8%；人均卫生总费用也从不到4000元增长到了5000多元（见表2）。

表2　2011～2013年上海市地区生产总值及卫生费用相关指标情况

年份	地区生产总值(GDP)		卫生总费用		卫生总费用占GDP比例(%)	人均卫生总费用(元)
	总额(亿元)	增长速度(上年=100%)	总额(亿元)	增长速度(上年=100%)		
2011	19195.7	8.2	931.0	19.8	4.9	3966.0
2012	20181.7	7.5	1092.4	20.0	5.4	4588.9
2013	21602.1	7.7	1248.7	15.0	5.8	5170.2

数据来源：《上海市主要卫生统计数据（2014）》。

（二）公共卫生服务能力进一步增强

一是公共卫生服务体系不断健全。顺利完成了第三轮公共卫生体系建设三年行动计划，五大类共计47个项目，全部达到预期目标，初步建成了涵盖妇幼保健、疾病预防控制、精神卫生、眼病防治和口腔病防治的市－区县－社区三级网络体系，培养了一支专业的疾病预防控制队伍。其间，建设完成1家市妇幼保健中心、5家危重孕产妇会诊中心、6家危重新生儿会诊抢救中心等项目；建立了急性呼吸道感染、腹泻病、膳食与健康综合监测体系；构建病原学检测、化学品毒性检测与评价平台，完善重大传染病跨部门、跨区域联防联控机制，建立市、区联动的脑卒中预防救治体系，所有区县成功创建国家慢性病综合防控示范区，城市公共卫生“安全网”进一步巩固。

二是促进基本公共卫生服务均等化。全面实施国家基本和重大公共卫生服务项目。在全国率先推行实施社区居民大肠癌筛查、60岁以上老年人肺炎疫苗免费接种两项重大公共卫生服务项目。人均基本公共卫生服务经费不断提高（见表3），基本公共卫生服务均等化基本实现。

三是实行公共卫生服务分级分类管理。将本市公共卫生服务分类标准由原来以项目内容分类调整为以项目性质和服务对象进行分类，将原国家和本市基本公共卫生服务项目（12类46项86小项）和重大公共卫生服务项目（3项）整合成3类79项。

表3　2011～2014年上海市人均基本公共卫生服务经费

单位：元

指标名称	统计口径	2010年	2012年	2014年
人均基本公共卫生服务经费	常住人口	46	58	63.7

四是全面推进健康城市建设。率先实现国家卫生区（县）全覆盖，设立首个世界卫生组织健康城市合作中心。完善应急管理机制；逐步健全卫生应急组织体系，完善突发公共卫生事件指挥协调机制，梳理和充实卫生应急预案。静安、嘉定、杨浦、长宁、普陀和松江6个区成为“国家级卫生应急综合示范区”。推进卫生应急核心能力评估和建设，完善突发公共卫生事件的监测与预警、风险评估、应急处置等制度，建立起跨部门、跨区域的联防联控工作机制。

（三）医疗资源布局趋于合理

第一，郊区县和基层医疗卫生资源配置得到进一步优化。为均衡全市优质医疗资源布局，上海在2012年启动“5+3+1”郊区三级医院建设工程，达到全市每个郊区县都有一所三级综合医院。目前，华山医院北院、瑞金医院北院、仁济医院南院、第六人民医院东院等4所郊区三级医院新建并投入运行，复旦大学附属金山医院新院区完成迁建并投入运行；新华医院崇明分院、中山医院青浦分院、奉贤区中心医院通过三级乙等综合性医院等级评审。基层方面，2015年，上海市人民政府办公厅印发《本市社区卫生服务综合改革试点方案》，建立了包括平台功能、基本标准、内部管理、配套机制、家庭医生制度、信息标准、其他任务在内的7类58条改革试点申报标准，从试点起步，力争1~2年内覆盖所有社区卫生服务中心。

第二，康复、老年护理、精神卫生、妇幼保健等短缺领域资源配置得到加强。2013年，原上海市卫生局下发《关于鼓励本市部分二级公立医疗机构功能转型的指导意见》，“鼓励医疗资源丰富、人口导出区域的二级公立医疗机构整体或部分转型为康复或护理功能”。截至2015年，杨浦区老年医院、宝山区一钢医院、华山医院永和分院等3家医院转型为康复机构；黄浦区东南医院、静安区老年医院、松江区乐都医院等3家医院处于筹建转型阶段。老年护理、精神卫生、产科、儿科实际开放床位数均有较大幅度增长。

第三，进一步完善院前医疗急救网络，建立全市统一的指挥调度系统，平均急救站点间距趋于合理。

（四）医疗卫生改革不断深化

一是公立医院改革向纵深推进。“十二五”期间，上海制定实施深化公立医院体制机制改革三年行动计划（2013~2015年），以信息化为支撑，推动建立公立医院全面预算管理、投入、分配、评价、监管、药品供应保障等新机制。进一步深化全面预算管理，完善医疗收支预算核定方法，实施

“双控双降”（控制医疗收入和医疗成本增长率，降低药品收入和卫生材料收入增长率）；坚持公益性，深化市级医院内部绩效考核和收入分配制度改革，转变以科室经济收支结余分配的模式；健全公立医院财政投入机制，全额保障公立医院基本建设和大型设备购置等资金，并投入 15 亿元开展市级医院基本建设化债工作；完善价格调整机制，分批调整多项医疗服务收费项目；制定了以公益性为核心的综合评价体系，建立公立医院监管评价机制，开展医院等级评审；建立了医患纠纷第三方调解机制。启动医疗联合体试点，推进“黄浦 - 卢湾”、“崇明 - 新华”等区域性医疗联合体建设，建立联合体章程，重构医疗机构的功能定位。

二是推进社区综合改革。深化收支两条线管理，建立实施家庭医生制度，推动社区卫生服务向社区综合健康管理模式转型。探索上海分级诊疗新机制，将构建和做实家庭医生制度作为本市构建分级诊疗制度的核心路径，完善推进家庭医生制度服务机制，探索“1 + 1 + 1”分级诊疗模式，建立完善有序就医秩序。全面实施国家基本药物制度，在国家目录基础上建立本市补充目录，基层医疗卫生机构全部配备使用基本药物并实行零差率销售。

三是鼓励社会办医。制定鼓励社会办医政策，推进浦东、新虹桥两个国际医学园区建设，在中国（上海）自贸实验区开展设立外商独资医疗机构改革试点。

（五）服务能力逐步增强

“十二五”期间，随着医改的不断深入，政府对卫生投入不断增多（见图 1），上海医疗机构整体服务能力也不断增强。2011 ~ 2014 年，上海市医疗机构（含部队医院）的总诊疗人次从 20205. 30 万人次增加到 25834. 62 万人次，增长了 5629. 32 万人次，增幅为 27. 86%；住院人数也从 268. 02 万人次增长到 345. 11 万人次，增长了 77. 09 万人次，增幅为 28. 76%（见表 3）。除此之外，上海市的外来就医人口也不断增多，2012 ~ 2014 年外来就医住院占比分别为 22%、25%、28%，显示出上海作为国内医疗技术和服务领先城市，医疗服务能力和辐射力的不断增强。

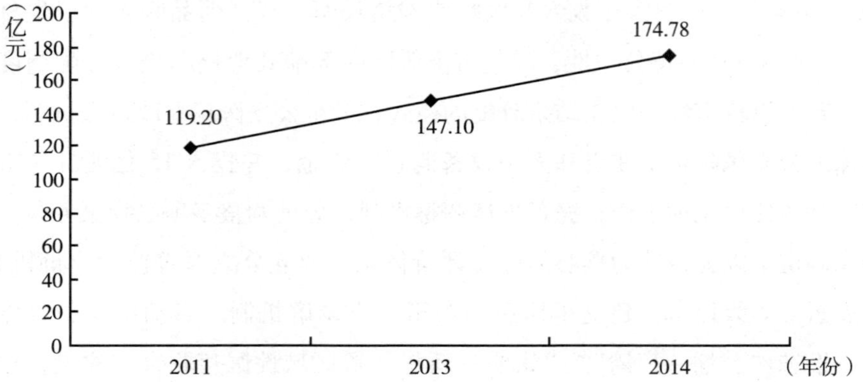

图 1　2011 年、2013～2014 年上海市卫生事业费变化情况

表 4　2011～2014 年上海市总诊疗人次、出院人数情况

指标	2011 年	2012 年	2013 年	2014 年
总诊疗人次（万人次）	20205.30	21402.13	24093.28	25834.62
出院人数（万次）	268.02	302.21	313.92	345.11

数据来源：2011～2014 年的《上海市主要卫生统计数据》。

（六）中医药事业发展进一步加快

“十二五”期间，上海已完成第一轮中医药三年行动计划，启动第二轮中医药事业发展三年行动计划。加强基层中医药服务能力建设，社区中医药服务建设全部达标，基层中医药适宜技术推广与应用网络初步建成，“治未病”在公共卫生服务中的作用有效发挥。提高中医医院服务能级，三级甲等中医、中西医结合医院从 4 所增加到 8 所。国家中医药综合改革试验区、国家中医临床研究基地等一批重大项目取得阶段性成果。实施中医流派传承研究工程，建立 15 个海派中医流派传承研究中心，开展 11 个濒危海派中医流派项目。初步建成中医药研究与创新体系。建立多层次、多类型的中医药、中西医结合人才培养体系，中医药领军人才队伍建设初见成效。推进中医药标准国际化，国际标准化组织（ISO）传统医学技术委员会秘书处落户上海，并发布2个传统医药ISO国际标准、世界卫生组织国际疾病分类标准第11版传统医学部分。推进中医药产业发展，本市成为国家首批中医药服务贸易重点区域。

（七）学科和人才队伍建设取得新进步

在全国率先实施住院医师规范化培训，“十二五”期间共招录培训对象11839人。推进医教结合，住院医师规范化培训与临床医学硕士专业学位衔接改革试点获2014年国家级教学成果特等奖，建立专科医师规范化培训制度，探索专科医师规范化培训与临床医学博士专业学位教育衔接。高层次卫生人才队伍建设全面推进，实施医学领军人才培养计划、公共卫生学科人才计划、新百人和新优青培养计划。推进学科优势与临床优势相互促进，实施转化医学重点项目、卫生适宜技术推广计划、重中之重临床医学中心和重点学科建设计划，医学科技创新能力不断增强。医学科研工作取得丰硕成果，本市卫生计生系统共有38项成果获国家科技奖，67项成果获中华医学科技奖。

（八）人口健康信息化建设迈上新台阶

按照国家卫生信息化和人口计生信息化总体规划，形成本市卫生计生信息化建设顶层架构。完成上海健康信息网工程建设，建立电子健康档案、电子病历两个基础数据库。构建市、区县两级数据共享交换平台，全市公立医疗卫生机构实现互联互通和数据共享。开展区域影像、心电和检验中心建设。建成“统一规划、统一数据、统一平台、统一网络”、“分层维护、分级使用”的计划生育综合管理信息系统，建立集中式全员计划生育数据库、覆盖全市各级计划生育工作机构的信息传输网络和全市集中式综合业务应用平台，实现网络全方位、业务全纳入的计划生育信息化应用模式。探索人口健康大数据在公共卫生、医疗服务、计划生育、深化医改、综合管理等方面的应用。

二　卫生“十二五”规划完成情况

2015 年，上海市卫生和计划生育委员会组织相关单位对本市卫生“十二五”规划的完成情况进行评估，结果显示，“十二五”规划各项指标完成情况良好，“十二五”规划共有指标 27 项，完成 22 项，指标完成率 81.48%（见表 5）。

表 5　上海市卫生事业改革与发展“十二五”规划指标落实情况

指标名称	统计口径	属性	“十二五”目标值	2014 年指标值
1. 平均期望寿命	户籍人口	预期性	≥82 岁	82.29
2. 婴儿死亡率	常住人口	预期性	≤7‰	4.83‰
3. 5 岁以下儿童死亡率	户籍人口	预期性	≤8‰	3.48‰
4. 0~6 岁儿童健康保健管理率	常住人口	约束性	≥85%	99.5%
5. 孕产妇死亡率	常住人口	预期性	≤15/10 万	6.74/10 万
6. 孕产妇保健覆盖率	常住人口	约束性	≥95%	99.94%
7. 免疫规划疫苗接种率	户籍人口	约束性	≥98%	99.9%
	外来人口	约束性	≥95%	99.9%
8. 消除麻疹	常住人口	约束性	2012 年，全市麻疹发病率≤1/100 万（不包括输入病例），无本土麻疹病毒传播。2015 年保持消除麻疹状态	发病率为 2.51/10 万
9. 消除疟疾	常住人口	约束性	2013~2015 年连续 3 年，本地感染疟疾病例为零，全市疟疾发病率≤1/10 万	2013~2014 年本市无本地感染病例，2014 年发病率为 0.12/10 万
10. 自愿无偿献血比例	—	预期性	≥98%	99.7%
11. 中心城区及周边人口导入区平均急救站点间距离	—	约束性	3 公里	3.5~5 公里
12. 每万人拥有救护车数	常住人口	约束性	≥0.25 辆	>0.25

续表

指标名称	统计口径	属性	“十二五”目标值	2014 年指标值
13. 院前急救平均反应时间	急救对象	约束性	城区 12 分钟到达率 92.5%、15 分钟到达率 98%	城区 12 分钟到达率 47%、15 分钟到达率 62%
	急救对象	约束性	郊区 15 分钟到达率 92.5%、20 分钟到达率 98%	郊区 15 分钟到达率 52.1%、20 分钟到达率 87.6%
14. 二级以上综合性医院治疗床位平均住院天数	—	约束性	≤11 天	10.93 天
15. 千人口医疗机构床位数	常住人口	预期性	5 张	4.84 张
16. 千人口执业医师数	常住人口	预期性	2.25 ~ 2.3 人	2.53 人
17. 千人口注册护士数	常住人口	预期性	2.7 ~ 3 人	2.96 人
18. 注册护士大专及以上比例	—	预期性	65%	72.84%
19. 疾病预防专业技术人员本科及以上比例	—	预期性	70%	72.57%
20. 全市卫生监督机构人员中本科及以上比例	—	预期性	85%	85.9%
21. 老年护理床位数		约束性	26000 张(实际开放)	3.4 万张
22. 精神卫生床位数	—	约束性	18000 张(实际开放)	15058 张
23. 示范性社区卫生服务中心	—	约束性	50 家	102 家
24. 新农合门诊补偿比例	—	约束性	村卫生室:80% 社区卫生服务中心:70% 二级医疗机构:60% 三级医疗机构:50%	村卫生室:80% 社区卫生服务中心:70% 二级医疗机构:60% 三级医疗机构:50%
25. 新农合住院和 5000 元以上门诊大病补偿比例	—	约束性	社区卫生服务中心:80% 二级医疗机构:70% 三级医疗机构:50%	社区卫生服务中心:80% 二级医疗机构:75% 三级医疗机构:50%
26. 上海市中医临床优势专科	—	约束性	50 个	51 个
27. 现代化研究型医院	—	约束性	10 个	部分三甲医院临床和科研水平达到和接近亚洲一流水平,初步具备“现代化研究型医院”的基础

三 医疗卫生事业存在的问题及“十三五”面临的形势

（一）问题

随着医改的不断深入推进，上海的医疗卫生事业发展获得了较大成就，但仍存在以下几方面问题。

1. 公共卫生投入还需进一步增加

分析“十二五”期间卫生费用的构成可以发现，卫生事业发展中长期存在的“重治疗、轻预防”的问题没有彻底得到改善。在卫生总费用构成中，医疗卫生机构的占比远远高于公共卫生（见表6）。2011～2013年，上海市卫生总费用中，公共卫生机构占比不到4%，而且没有明显增加的趋势。在医疗机构投入中，基层卫生机构的投入占比远低于医院投入占比。

表6　2011～2013年上海市卫生总费用（机构法）构成

单位：%

年份	医院	基层医疗卫生机构	公共卫生机构
2011	68.11	13.01	3.24
2012	69.80	12.87	3.20
2013	70.70	13.08	3.48

数据来源：2014年的《上海市主要卫生统计数据》。

2. 城乡资源差异依然存在

“十二五”期间，上海在城乡资源配置和服务能力方面仍存在较大差距。郊区与城区相比、郊区农村与城镇相比，机构、床位、人力、财力等资源配置水平都存在差距，农村地区卫生服务能力亟待提高。从医院数量看，尽管上海通过“5+3+1”工程，实现了每个郊区县都有一所三级综合医院的目标，但全市47家三级甲等医院（包括三甲医院分院）中仅有

14 家在郊区县；48 家二级甲等医院中，郊区县也仅有 21 家。从床位数量看，全市千人口床位 4.7 张，郊区县 3.1 张，最低的青浦县只有 2.3 张（见表 7）。

表 7　2013 年上海市郊区医院数、千人口床位数

单位：家

区　域	三甲医院数	三乙医院数	二甲医院数	二乙和二级未定等次医院数	千人口床位数(张)
全　市	47	11	48	85	4.7
郊区县	14	6	21	45	3.1
闵　行	2	1	1	7	2.9
宝　山	2	1	3	4	3.1
嘉　定	1	0	4	3	2.4
浦　东	7	0	7	9	3.1
金　山	1	1	2	5	5.3
松　江	1	0	1	5	2.6
青　浦	0	1	1	2	2.3
奉　贤	0	1	2	4	4.4
崇　明	0	1	0	6	4.6

3. 薄弱专科领域仍然存在

目前，上海市在老年护理、康复、儿科、精神卫生等领域仍存在供需不平衡的问题。以精神卫生床位为例，2014 年，上海市的精神卫生床位有 15058 张，尚未实现“十二五”规划 18000 张的目标。此外，老年护理、康复、精神卫生等领域现有床位与国家要求仍有一定差距。

4. 合理的就医秩序尚未形成

目前，上海尚未形成社区首诊、双向转诊的就医秩序。从 2012 ~ 2014 年的医疗机构诊疗人次情况看，社区服务量占比始终维持在 35% 左右，占比不高，医院依然承载着近 60% 的门、急诊服务，就医下沉的目标仍未达到（见表 8）。

表 8　2012～2014 年上海市各类医疗卫生机构诊疗人次情况

年份	诊疗人次(万人次)				总计（万人次）	社区占总量比例(%)
	医院	社区	妇幼保健	其他		
2012	12942.58	7544.16	253.02	662.37	21402.13	35.25
2013	13692.25	8086.42	247.96	2066.65	24093.28	33.56
2014	14866.11	8488.39	261.13	2218.99	25834.62	32.86

数据来源：2011～2014 年的《中国统计年鉴》。

5. 卫生人力资源分布有待提升

目前上海卫生人才队伍建设已取得一定进展，但在人力资源配置方面仍然存在一些问题。一是基层卫生人员方面，由于基层医疗机构在职业晋升、薪酬待遇等方面与医院存在一定差距，基层医疗机构多存在医务人员招不来、留不住的问题，影响基层卫生人力资源数量及质量。二是卫生技术人员分布不均，中心城区聚集了大量优质人力资源。以医生为例，截至 2014 年，上海中心城区（黄浦、徐汇、长宁、静安、普陀、闸北、虹口、杨浦）、近郊地区（闵行、宝山、嘉定、浦东、松江）、远郊地区（青浦、金山、奉贤、崇明）每千常住人口医生数分别为 4.57 人、1.64 人和 1.87 人，中心城区资源较郊区县更为丰富。

6. 社会办医还需进一步发展

“十二五”期间，上海市社会办医疗机构得到了较好的发展。随着《关于促进健康服务业发展的若干意见》（国发〔2013〕40 号）、《关于做好区域卫生规划和医疗机构设置规划促进非公立医疗机构发展的通知》（卫规财发〔2012〕47 号）等社会办医利好政策的不断出台，社会办医疗机构的数量已有较大增长，截至 2014 年，上海社会办医疗机构的数量已达到 1695 家，社会办医疗机构数占全市医疗机构总量的 57%。另外，社会办医疗机构仍存在规模小、单体实力偏弱等诸多瓶颈，以社会办医疗机构规模为例，上海的社会办医疗机构中，医院所占比例仅为 13%，规模相对较小的门诊部或诊所占比为 87%；社会办医院中，50% 的医院床位在 30 张以下。此外，社会办医服务利用和技术水平与公立医院仍存在较大差距。如 2013 年，上海全市总诊疗人次中，公立医疗机构就医占了92.06%，社会办医仅占7.94%；全市出院人数中，公立医疗机构占94.42%，社会办医仅占5.58%。

（二）面临的形势

1. 经济发展与城市定位不断提升提出新要求

“十三五”时期，上海将建成“四个中心”和社会主义现代化国际大都市，建设全球科技创新中心，人均GDP预计将突破2万美元。随着经济发展与城市定位的不断提升，卫生作为一个城市及其竞争力的重要组成部分，如何不断提升发展水平、转变发展方式，打造与经济发展与城市定位相适应的医疗卫生事业新格局，建成亚洲医学中心城市，是医改下一阶段亟须思考和解决的重要议题。

2. 人口结构变化带来新挑战

人口结构的变化对卫生事业的发展提出了新的挑战。一是老年人口的不断增加及人口老龄化程度的不断加重，导致老年医学、老年护理、康复等相关服务需求剧增。二是计生政策的转变，全面二胎政策的实施，很可能给妇幼保健、妇科、儿科等相关领域带来挑战。三是流动人口的不断拥入，一方面对疾病管理、疾病预防控制及妇幼保健等工作提出了更高要求，另一方面也增加了上海医疗卫生服务的压力。四是外来就医人数不断增加，不断考验着上海医疗卫生服务的承载能力。

3. 产业结构调整对城市布局的变化提出新命题

随着经济发展方式的转变，产业结构调整不断深化，城市人口布局变化需要卫生资源进行重新调整。城乡一体化的深入推进，以及由此带来的当地居民生活方式的改变，也将对当地医疗卫生资源的布局产生不同程度的影响。

4. 信息化与科技发展带来新转变

信息化已经对卫生工作的模式和方式带来诸多改变。大数据、健康云带来卫生信息数据的极大丰富，如何搜集好、利用好数据，最终将数据利用的结果反馈到群众健康的改善是卫生系统面临的重要课题。远程医疗、卫生监督移动终端、便民诊疗APP的发布都需要在下一步的医疗整体设计中予以考虑。另外，科技的发展，如3D医疗技术、手术机器人以及一些前沿的诊疗技术方法和高端的设备，也需要在下一步规划中进行统筹考虑。

四 相关思考

尽管上海的卫生计生事业在“十二五”期间取得了较大进步，但从长远可持续发展看，任务依然艰巨。卫生计生事业作为经济社会的重要组成部分，一方面，要提高基本医疗卫生服务的公平性和可及性，实现人人享有基本医疗卫生服务，维护城市公共卫生安全，为经济社会发展提供保障；另一方面，要在维护公共卫生、基本医疗等卫生计生事业公益性的基础上，适应新时代多层次的卫生服务需求，发展智慧医疗和健康服务业，实现医疗卫生服务提供与城市功能定位相匹配，与国际接轨，助力经济社会发展。在卫生计生事业转型发展过程中，建议重点把握六个方面。

（一）保障基本公共卫生服务和健康城市建设

这是卫生计生工作的首要任务。党的十八大对实现“人人享有基本医疗卫生服务”提出了明确要求。建议下一步，一是以保障城市公共卫生安全和人群健康为重点，加强疾病和健康危害因素监测、预警体系建设，提升卫生应急处置能力；二是进一步完善基本公共卫生和计划生育公共服务项目内容和服务标准，促进卫生计生基本公共服务优质均等；三是充分利用信息技术，进一步拓展公共卫生信息化应用，实现对高血压、糖尿病、脑卒中等重点疾病的自动识别、筛选推送、有序分诊，支持社区卫生服务中心、综合性医疗机构和公共卫生专业机构协同落实“三位一体”的全程健康管理，有效支撑居民自主健康管理；四是深化健康城市建设，整合全市健康教育资源，大力开展健康教育、健康促进工作，进一步实施《上海市健康促进规划（2011～2020年）》，深入推进建设健康城市三年行动计划，创造良好的政策支持环境，普及健康知识，增强市民的健康意识和自我保健能力，积极倡导全民健康生活方式，深化市民健康自我管理活动和健康场所建设。

（二）提高医疗卫生资源的整体运行效率

一段时间内，医疗卫生资源的投入总是有限的，因此提高医疗卫生资源整体运行效率显得尤为重要。上海一定程度上存在不同级别医疗卫生机构分工协作机制不畅、资源共享程度较低、患者重复就医造成浪费等问题，医疗卫生资源的宏观配置效率尚有待进一步提高。建议进一步落实各级各类医疗机构的功能和职责，构建分级诊疗新秩序。一是推行居民与“1+1+1”医疗机构（“1+1+1”是指一家社区医院+一家二级医院+一家三级医院的就医模式和分级诊疗制度，当市民患病后，先在签约的家庭医生那里就诊，如病情较为严重，再到由市民自己选择的二级医院或三级医院去就诊，或者由家庭医生通过绿色通道转至二级或三级医院，让专家确诊并对症治疗）组合签约政策，继续推进家庭医生制度相关政策，探索由居民在社区内自主选择家庭医生机制，深化和做实家庭医生签约服务。二是发挥医联体作用，促进整合性医疗服务体系的形成。通过在医联体内部各级医疗机构的合作，促进分级诊疗制度的实现。通过优质资源的流通共享，提高医疗资源的使用效率。三是加强相关配套政策的支持。如医保和价格政策调整、支付制度改革、基于居民电子健康档案的卫生信息化工程建设等配套，多部门的合作有利于分级诊疗制度的落地，真正实现“社区首诊，双向转诊，梯度就医”的分级诊疗服务新体系。也可探索依托人口健康信息平台和医疗机构网上服务资源，为居民提供线上健康服务。

（三）深化公立医院改革

公立医院作为当前医疗服务的主要提供方，一直是医疗卫生体制改革最重要也是最艰难的部分，2015年国务院办公厅印发《关于城市公立医院综合改革试点的指导意见》，提出“破除公立医院逐利机制，落实政府的领导责任、保障责任、管理责任、监督责任，构建起布局合理、分工协作的医疗服务体系和分级诊疗就医格局，有效缓解群众看病难、看病贵问题”。根据文件要求建议：一是坚持改革联动，特别是医疗、医保和医药的三医联动，促进部门合作，以取消药品加成为切入点，医保支付方式改革为推手，调整医疗服务价格，撬动公立医院体制同步改革；二是完善政府对公立医院的外部治理机制，综合运用发展规划、综合预算、监管评价、医保和财政支付、信息公开等手段，调控公立医院发展；三是健全医院法人治理结构，完善全面预算管理、质量控制、岗位管理、绩效考核、薪酬分配制度等内部管理体系；四是改革公立医院人事管理制度，做实聘用人员合同管理，逐步淡化编制和行政级别，对编外人员实行岗位管理、同工同酬，并逐步推动医生身份从“单位人”向“职业人”方向发展。

（四）推进老年护理服务体系建设

一是探索生活照料和康复关怀融为一体的新型养老服务模式。当前上海市老龄化程度不断加深，专门的养老机构不仅难以满足老年人的医疗需求，还难以解决老年人的养老需求，建议探索医养结合模式，将医疗卫生和养老服务融合发展，鼓励社会资本参与老年护理服务；二是将部分二级医疗机构转型为老年病医院或老年护理院。目前上海市部分二级医疗机构功能定位模糊，区域医疗中心作用不明显，结合当前老年医疗护理床位紧缺的现状，建议逐步将部分二级综合医院转型成老年病医院或老年护理医院，可以采用政府与社会资本合作（PPP）模式，充分利用社会资本的活力，激发和带动养老相关产业的发展；三是积极探索家庭病床服务模式。相关研究表明，上海市当前已开展的家庭病床服务良好，费用低廉，患者的满意度较高。建议进一步推广家庭病床，结合家庭医生签约制度，更多地将社区卫生服务中心的功能触角延伸至社区居民家中。

（五）加强卫生事业学科人才建设

卫生事业的发展人才是关键，建议从以下方面完善相关工作。一是改善执业环境。医生多点执业被认为是解决中小医院和社会办医疗机构人才瓶颈问题、提高优质医学人才技术和服务价值的有效途径。建议从制度上保障医生多点执业合法性，探索人事制度的改革，保障医师执业的灵活性。二是加强学科人才培养。建议加强中青年人才队伍的建设，积极引进海外高层次卫生人才。建立和完善住院医师、专科医师、全科医师规范化培训制度，完善继续医学教育相关制度，提升临床医师队伍整体素质。以卫生服务需求为导向，调整优化医学院校专业和课程设置，加强医学职业技术教育，扩大紧缺专业招生规模。

（六）发展健康服务业和智慧医疗

发展健康服务业是满足群众多层次健康需求的重要举措，对于上海完善城市综合服务功能、提升城市能级具有重要意义。建议重点推进上海国际医学园区和新虹桥国际医学中心两个医学园区建设，坚持市场化、高端化、国际化建设方针，力争汇聚国际国内优质医疗资源，把园区打造成上海健康服务业的集聚区，实现高端技术与高水平服务相结合。社会办医作为新一轮医改的一项重要推进内容，对形成多元化办医格局有重要作用，但因一些体制机制障碍和政策束缚，社会办医发展缓慢，建议一是尽快出台相关政策，进一步放宽准入，减少运行审批限制；二是将社会办医纳入卫生事业发展规划，控制公立医院规模，为社会办医留出空间；三是给予社会办医与公立医院平等的政策环境，如税收、医保方面的适当倾斜。同时，加快推动智慧医疗与传统医疗的协同发展，对于疾病的长期监测、各级医院就医流程的优化、改善患者就医体验有重要作用。建议研究利用云计算、大数据、物联网、移动通信等技术，推进互联网医疗发展，推动医疗服务和健康管理模式创新。

B.10

完善就业保障体系，推进大众创新创业

乐菡　寿莉莉*

摘　要：　本文对上海“十二五”期间的就业形势进行了回顾，对就业总量、就业结构、就业人员、重点失业对象以及上海促进创业与就业的主要举措进行了分析总结。在“十三五”期间，上海仍将面临就业总量矛盾与结构矛盾，高学历人才过剩和高技能人才短缺并存的问题，海派文化缺乏创新创业精神以及互联网时代用工形式与传统的就业保障不相适应等问题。针对这些可能遇到的问题，本文提出了完善就业保障体系，转变就业服务模式，借力海外高层次人才，整合创新创业资源，完善就业监测指标，优化维权执法方式等对策建议。

关键词：　大众创业　万众创新　就业保障　海派文化

尽管金融危机已经过去了7年之久，但全球的就业形势依然十分严峻，国际劳工组织数据显示，2014年全球约有2.03亿失业人口。全球局部区域经济缓慢复苏，美国、日本及欧洲国家的就业状况有所改善，但其他国家地区的就业形势仍然紧张。在后金融危机阶段，各国政府纷纷采取措施，以提高经济发展增速和增加就业机会，因此，鼓励创业也就成了此阶段许多国家

* 乐菡，上海市公共行政与人力资源研究所助理研究员，上海社会科学院经济所博士生；寿莉莉，上海市公共行政与人力资源研究所副研究员。

刺激经济和创造就业岗位的“救命稻草”。在这个阶段，受低迷外部环境以及国内产业结构调整的影响，中国的经济增长告别了“两位数”的高速增长步入中高速的“新常态”发展。经济增速的下调和产业结构的调整给就业带来了不可避免的阵痛，但也带来了“万众创新、大众创业”的浪潮。上海作为改革开放的排头兵和科学发展的先行者，经济增速先于全国步入“新常态”，更需要坚持以大众创业、万众创新拓展就业空间。

就业保障不仅是重大的经济问题，也是重要的社会和政治问题，更是保障和改善民生的头等大事。过去五年里，上海在“创新驱动发展、经济转型升级”的发展战略下，就业形势表现出总量稳定、“退二进三”的就业结构缓慢变化、从业人员文化程度不断提升，以及失业群体由“4050”向“2030”转变等特征。“十三五”期间，在经济“新常态”的背景下，上海的就业总量矛盾和结构矛盾将继续存在，尤其存在人才过剩和高技能人才短缺的双重困境。在全国各地鼓励大众创业、万众创新的浪潮下，上海面临着海派文化与创新创业精神的貌合神离，面面俱到的传统就业管理模式与新就业观、就业模式难以匹配，以及就业保障服务的创新不足等严峻挑战。这些问题和挑战都将成为上海未来进一步完善就业保障服务工作的突破口和着力点，只有积极妥善解决问题，迎难而上，提早做出相应对策，切实推进全民创新创业，才能适应国际大都市建设、率先实现四个中心以及建设科技创新中心的目标需求。

一 “十二五”期间上海就业形势

（一）就业形势比较稳定，劳动力供需增速下降

从农村部门向工业部门转移的丰富和廉价的劳动力资源是过去 30 年中国经济高速增长的重要源泉，上海从中获益颇多。2000 ~ 2010 年的两次人口普查期间，上海常住人口年均增长 70 万左右人口。但随着上海经济发展进入“减速换挡”的“新常态”，上海外来人口的增长速度明显放缓，2014 年上海常住人口仅增加 10 万余人，从源头上减少了就业人口的数量。2010

年上海从业人口总量为1090.76万人，2013年从业人口总量为1147.62万人，从业人员总量仅增长了56.86万人，占常住人口的比重几乎没有变化。从劳动力供给的角度来看，随着上海老龄化程度的加深以及新型城镇化步伐的加快，上海的劳动力由原来的无限供给转为缓慢增长甚至减少（见表1）。

表1　上海近年来的从业人员和常住人口数量变化情况

年份	从业人员(万人)	常住人口(万人)	占比(%)
2010	1090.76	2302.66	47.37
2011	1104.33	2347.46	47.04
2012	1115.50	2380.43	46.86
2013	1147.62	2415.15	47.52

数据来源：历年《上海统计年鉴》。

2008年全球金融危机爆发以来，上海经济发展的外部环境和内部驱动力都发生了重大的变化。在“创新驱动发展、经济转型升级”的战略指导下，上海经济结构不断优化升级，增长动力逐步由要素驱动、投资驱动向创新驱动转变。经济增速放缓和产业结构的调整使得新增就业岗位受到了一定的限制。新增就业岗位由2007年70.3万个岗位下降到2008年59.5万个岗位，可以看出金融危机给就业带来的较大冲击（见图1）。上海在政府主导促进就业社会责任体系逐渐健全完善的努力下，新增就业岗位由2008年的最低点逐步回升，“十二五”期间新增就业岗位保持了每年近60万个的稳定水平。就业实际上是一个劳动力市场的交易，和其他市场一样，就业市场的均衡也是由供需决定。从劳动力需求的角度来看，经济增长趋缓，减少了上海劳动力的需求，而人口结构的调整又减少了上海劳动力的供给，在供需双向作用下，“十二五”期间上海的就业市场局势整体上保持稳定。

（二）就业人口结构“退二进三”进程缓慢，就业目标基本实现

“十一五”以来，上海一直实行“退二进三”产业结构调整，产业结构的优化升级有效转变了上海的经济发展方式，按照就业发展的规律，城市在

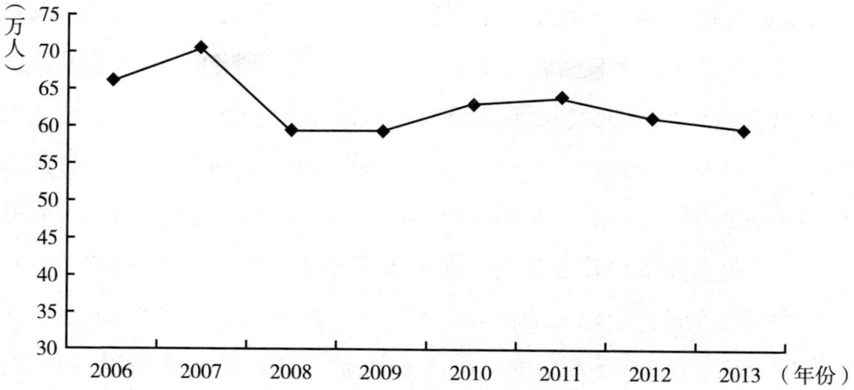

图 1　2006～2013 年上海新增就业岗位

数据来源：历年《上海统计年鉴》。

转型期一般总会面临就业总量下降、第二产业就业人数减少、失业率上升的问题。然而在“十一五”、“十二五”期间，上海的产业结构调整并没有给就业结构带来重大的影响。截至 2013 年末，上海从业人员总数达到了 1147.62 万人，其中第一、第二、第三产的从业人员分别是 49.3 万人、448.5 万人、649.82 万人，第三产业从业人数占比最高，达到了 56.62%。与“十一五”开端之年相比，从业人员的结构并没有发生较大转变，2005 年，上海从业人员总数为 828.35 万人，上海三次产业的从业人员占比分别为 7.07%、37.34%、55.60%（见表 2）。可以看出，随着产业结构的调整，上海的就业结构呈现出从制造业向服务业转移的趋势，但总体来说，“退二进三”的速度比较缓慢。

表 2　上海就业结构构成变化（2005～2013 年）

单位：%

年份	2005	2010	2011	2012	2013
第一产业	7.07	3.40	3.38	4.10	4.30
第二产业	37.34	40.68	40.30	39.44	39.08
第三产业	55.60	55.92	56.32	56.46	56.62

数据来源：历年《上海统计年鉴》。

从就业规模来看，产业结构的调整并没有引发第二产业释放出大量的劳动力，而是保持了一个较为稳定的规模，“十二五”期间，建筑业从业人员由2010年的96.09万人增长到2013年的101.33万人。制造业从业人员则保持在341万左右的规模。“十二五”期间，第三产业的从业人员规模由2010年的609.93万人增加到2013年的649.82万人，规模扩大了约40万人，其中从业人数增长较多的行业分别是信息传输、软件和信息技术服务业、租赁和商务服务业以及金融业，4年里，从业人数分别增加了7.65万人、6.88万人、6.75万人。按三次产业从业人员规模变化情况可以看出，三产扩大的就业规模主要集中在信息技术以及金融等高端服务业方面，这在一定程度上反映出“十二五”期间，上海一直在努力向“更加充分的就业和更高质量的就业”的目标奋进。

（三）就业人员文化程度不断提高，人才红利逐渐显现

就业市场上不仅仅需要大规模的就业人口来支撑经济发展，还需要高素质的就业人口来提高劳动生产率。从上海从业人员文化程度的变化趋势可以看出，“十二五”期间，上海初中及以下学历的从业人员占比不断减少，而高中以上学历的从业人员比重则是逐渐提升，尤其是大专及以上的从业人员，比重由2010年的28.31%上升至2013年的34.8%（见图2）。过去上海经济的高速增长依赖于无限供给的人口红利，但在就业人员供给规模增速减缓的背景下，上海的发展开始由人才红利来推动。从业人员文化程度不断提高，为人口红利向人才红利转变提供了现实基础，也为上海建设具有全球影响力的科技创新提供了人才储备。

（四）失业率保持在警戒线以下，失业群体呈现新的特征

如果我们把就业市场看作一个蓄水池，那么失业率就是最低水位警戒线。近年来上海的“最低水位”一直没有发生变化，“十二五”期间，上海城镇登记失业率一直保持在4.2%不变。稳定的城镇失业率并不能反映上海就业的真实状况。过去上海就业保障政策着力点更多的是解决“4050”问

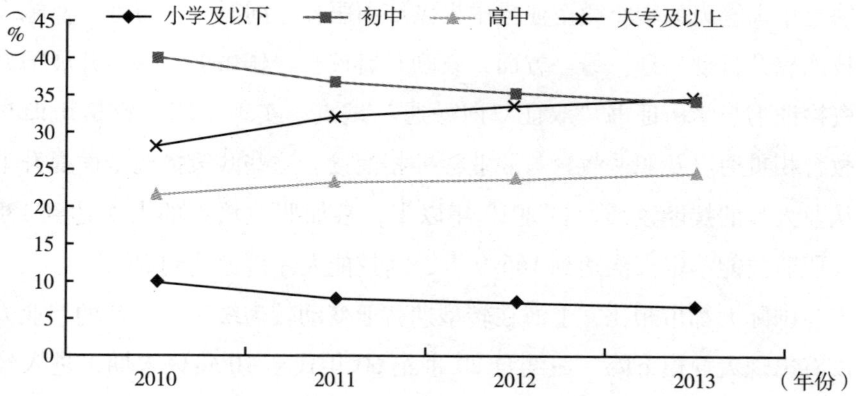

图2　上海就业人员文化程度构成变化（2010～2013年）

数据来源：2010～2013年的《中国劳动统计年鉴》。

题，但随着经济进入“新常态”，经济周期性波动引起了就业结构变化和就业岗位变化，就业结构性矛盾逐渐由“4050”转向“2030”。近些年，上海失业群体呈现出青年化、高学历化、失业周期加长等趋势。造成这种失业现象的主要原因在于80后、90后的就业观念、就业意愿发生了变化，新增的青年劳动力就业短期化、离职情绪化等问题突出，部分刚步入就业市场的“2030”群体的就业稳定性和正规就业比例呈现走低趋势。

二　上海促进创业与就业的主要举措

（一）加大职业技能培训力度，缓解就业结构性矛盾

“十二五”以来上海劳动力供需规模都有所下降，决定了就业市场总量上处于一个均衡状态。然而从产业结构来看，“退二进三”的就业结构调整并不突出。为了保证劳动者技能与上海先进制造业和高端服务业相适应发展，政府不断加大职业技能培训的力度，目前已经形成多层次、多形式的职业培训体系。一方面，政府围绕产业结构调整需要，为中小微企业搭建职业技能培训公共服务平台，实现社会优质培训资源与企业对接，为有培训需求

但缺乏培训能力的中小微企业集中提供培训服务，同时，上海继续实施农民工技能提升行动计划。另一方面，鼓励开启校企合作培训，探索开展国家职业资格证书与学历证书“双证双向融通”试点，实现了职业资格培训与学历教育相贯通以及职业教育与职业标准相衔接。这些政策措施全面提升了上海从业人员的技能素质。自2010年以来，参加职业培训的人次达到188.3万，职业技能鉴定人次达到166.9万，高技能人才占比达到28%。

与国际大都市相比，上海在转型期就业变动较为缓和，二产的就业人口并没有出现大规模下降。纽约自20世纪60年代至70年代末期，进入经济结构转型期，制造业人数从1961年的140万人下降到1981年的68万人，占就业总数的20%。随着制造业就业人数的减少，使得整个就业市场的人数趋于萎缩。伦敦在经济转型期，制造业的严重衰退也导致了较大规模的失业现象的发生。制造业所吸纳的就业人员从1961年的430万人下降到1985年的350万人，而服务业则保持在了一个较稳定的状态。可以看出，国际大都市的转型期一般都面临就业总量下降，失业率上升，二产就业减少。从上海的就业现状可以看出，上海在产业转型期，就业结构并没有经历急剧的变动和较大规模的失业问题，而是以缓和的变化逐步向服务业就业过渡。这很大程度上得益于上海多层次、多形式的职业培训体系。劳动技能的提升使得劳动者能在就业市场寻找到相适应的工作，并没有因为产业的升级而被淘汰。

（二）加强就业指导与政策扶持，帮助“宅男宅女”走向工作岗位

在经济结构转型的“新常态”时期，上海的就业问题由总量问题开始转向结构性问题，由“4050”问题转向“2030”问题。过去，上海实施“再就业工程”，为“4050”等就业困难人员建立了一套行之有效的就业援助体系。近年来，上海失业青年的人数逐年增加，“宅男宅女”、“啃老族”日益严重。因而，促进就业困难人群、高校毕业生和长期失业青年等重点群体就业成为上海促进就业工作关注的重心。2012年，上海制定并组织实施

了扶持失业青年“我工作我自强”的“启航计划”，在充分调研反复研究的基础上推出了“五个一”的专项举措：建设了一个长期失业青年信息库、建立了一支“启航”导师队伍、探索了一套适合青年人的职业指导模式、帮助失业青年制定落实了一份具有针对性的就业计划书以及开展了“三个百千万”一系列专项活动。随着“启航计划”的深入开展，针对失业青年特点和需求的信息库为帮助“宅男宅女”走向工作岗位打下坚实的基础，除此以外，区县也在青年就业工作的实践中不断总结经验，形成各自特色，成为上海青年就业工作的良好品牌，在青年求职者中颇有知名度。

“启航计划”实施以来，每年都锁定了一批大龄失业青年作为重点帮扶对象，已累计帮助1400多名长期失业青年实现就业，登记失业人员中35岁以下青年的比重从30%下降到了22%。“启航计划”以转变就业观念为核心，重点探索培训、见习、就业一体化服务模式，加强个性化服务和宣传引导，促进了重点群体参加各类求职和就业服务活动。这些措施充分发挥了上海就业保障体系中促进就业的功能。

（三）完善扶持创业优惠政策，发挥创业带动就业效果

2009年1月，上海出台了《上海市人民政府关于进一步做好本市促进创业带动就业工作的若干意见》（沪府发〔2009〕1号），以培育创业主体、拓展创业空间、加强创业服务、弘扬创业精神为重点。同时对接社区、园区和高校，宣传和落实创业融资、场地、培训等扶持政策，实施两轮“鼓励创业带动就业三年行动计划（2009～2011/2012～2014）”。在推动大众创业、万众创新上，上海整合和集聚各类创业服务资源，通过建立促进创业的协调推进机制，建立“部门联合、专家支持、社会参与、创业者互助”的创业服务新格局。同时，不断扩大创业培训规模，强化模拟实训，优化创业融资服务，试点授权担保和信用担保，缩短审批周期，同时整合服务资源，完善工作机制，重点支持创业孵化示范基地及留学人员创业园区发展。这些扶持创业优惠政策累计帮助了7.1万人成功创业，创业带动就业40万人（其中带动了22.2万本市户籍劳动者就业）。

三　新环境下上海就业保障工作面临的挑战

（一）经济“新常态”造成就业总量、结构矛盾持续

就业问题一直以来与经济增长紧密相连，就业规模的扩大，在一定程度上取决于经济已有的规模及其增长速度，只有经济规模不断扩大，才能相应地创造出更多的新增就业岗位。“十二五”期间，上海的城镇登记失业率一直处于安全线以内，就业总量矛盾要缓于产业结构转变带来的就业结构矛盾。然而随着经济增长速度由高速转向中高或中低速，经济发展进入“新常态”，将导致“十三五”期间就业总量矛盾依然持续。同时，产业结构的优化升级会导致结构性失业，就业结构性矛盾，二产、三产的结构性矛盾将进一步深化。

人口迁移与流动在上海经济高速增长的过程中扮演了重要的角色，未来，在上海人口老龄化程度进一步加深，新型城镇化步伐的加速等因素共同作用下，上海劳动力的供给现状将有所减少，能够减缓就业总量矛盾。然而从需求角度来看，“十三五”期间，上海就业者的需求量将受四个方面影响大幅减少，就业总量矛盾、就业结构性矛盾将仍然突出。

第一，从国际大都市转型期的就业发展规律来看，这些城市总会面临就业总量下降、第二产业就业减少、失业率上升的问题。“十二五”期间，上海一系列的就业政策有效地缓解了这个问题。进入“十三五”期间，随着经济增速下降，产业结构优化升级进入冲刺阶段，很可能会经历其他国际大都市发展过程中面临的就业发展规律：第三产业所能吸纳的劳动力总量难以消化第二产业所释放的失业人口，造成转型期大规模的结构性失业现象。第二，从产业发展来看，技术对劳动的替代导致的结构性失业以及隐性失业的显性化都会产生大量的失业人口。上海已经成为我国规模最大的机器人产业集聚区，正在重点培育以顾村机器人产业园为核心的宝山基地，以康桥、金桥为核心的浦东基地，在金山、松江、嘉定等地区培育机器人特色园区。这

些重点产业的发展，降低了产业发展对劳动力的依赖性，人员雇用量将不断减少。第三，“十三五”期间，上海建设具有全球影响力的科技创新中心的愿景将进一步实现，但由于从技术创新研发到形成一定规模的就业岗位需要一定的时间周期，因此，通过创新驱动，转型发展来拉动劳动就业的过程会相对滞后，导致不能立刻创造有效的就业岗位来稳定就业局面。除了经济发展趋势的变化将带来就业总量的变化，就业环境的变化也可能会引起总量变化。经济增速放缓，使得“大众创业、万众创新”成了新的经济增长点，上海在连续实施了两轮鼓励创业行动计划后，全民创业的氛围不断增强，越来越多的年轻人拥入创业大军中。根据全球创业观察（GEM）数据显示，2011 年，中国 50% 左右的新创企业仅能存活一年左右，能存活三年的不超过 20%，总体来看，创业成功率不超过 5%。尽管，现阶段上海“创业带动就业”取得了良好的成就，但考虑到创业企业的成功率不高，需要未雨绸缪，防止对就业总量产生较大的影响。

无论是国际大都市转型期的就业一般规律，还是创新驱动发展、经济转型升级带来的一些就业效应，都将对上海就业起到一定的制约作用。

（二）重学历轻技能导致的人才过剩和短缺并存的双重压力

现阶段，整个社会仍然存在“重学历、轻技能”的现象，这使得高学历人才过剩和重点行业的人才短缺并存的问题突出。一方面，就业人员文化程度不断提高的趋势让上海与国际大都市的定位越来越靠近。另一方面，新增劳动力尤其是年轻劳动力参加职业教育和技能培训的积极性不高，导致目前大部分青年的知识结构不合理和技能素质缺乏，难以适应劳动力市场需求。

从劳动者的文化程度可以看出，上海的劳动力受教育程度水平呈现出不断提高的趋势，且与其他国际城市相比处于较高的水平。2012 年上海接受高等教育①的就业者比重为 33.69%，而新加坡、中国香港该比重分别为

① 高等教育的口径统一为本专科、研究生及以上学历。

29.4%、25.5%，美国则高达61.1%。受教育水平的提高能够有效推动经济转型发展，同时产业结构的优化也需要高素质的劳动者参与，如此良性循环才能更好地促进经济可持续发展。然而实际情况并没有完全按照这样的经济逻辑发展，现阶段，上海高学历劳动者的失业率上升，表现出了一定的就业困难。目前，上海部分用人单位岗位设置条件过高、待遇过低，导致就业者出现自愿性失业。另外，劳动关系短期化也是影响高学历劳动者过剩的主要因素之一。目前，金融业中低端岗位85%以上采用了派遣用工的形式，这种就业形式带来的同工不同酬的差别待遇使得派遣工普遍归属感不强，无法建立稳定的劳动关系，导致离职率较高。

高学历并不等于高技能，尽管高学历的人才呈现失业人数增加的现象，但对于重点发展的行业，高技能人才非常稀缺。截至2014年，上海高技能人才为25%左右，与过去相比，总量上有了较大的增长，但与发达国家高技能人才占技能人才30%~40%的比重相比明显偏低。经济结构调整和产业技术升级带来了高技能人才的迫切需求。现阶段，高技能人才主要分布在传统的加工行业，新兴产业、先进制造业和现代服务业较少；同时，在大众创业、万众创新的大环境下，新的行业、新的岗位、新的工种、新的技术不断产生，然而新的职业项目标准却相对滞后，导致高技能的人才与产业发展需求不相适应。现行的职业能力培训与开发政策，还缺乏市场导向性、针对性和规范性等问题，特别是政策导向偏重“直补式”投入，重技能培训补贴而轻素质提升，虽然目前本市有200多项职业技能培训项目补贴，但与职业素质、职业素养等相关的培训项目还没有纳入政府补贴培训目录，难以满足更高质量就业和全球科创中心建设的人力资源需求。劳动者技能水平与岗位需求不匹配的矛盾将越来越突出，这也是完善就业保障体系面临的较大难题和挑战。

（三）过度追求稳定怕担风险的市民文化缺乏创新创业精神

创新创业需要在一定的城市文化中孕育，而上海的市民文化缺乏创业冒险精神。上海利用外资工作已走过了20多年的历程，FDI的高速增长对促进上海的经济快速发展、创造就业岗位、优化产业结构等发挥了重要的作用。外企在上海逐渐发展的过程中形成了其独特的海派“白领”就业文化，宁肯做一个旱涝保收的打工者，不愿意冒险自己开办企业。2000年，上海从业人员总数为828.35万人，其中外企职工人数为54.97万人，占到了从业人数的6.64%。2013年，上海从业人员总数增长到1137.35万人，其中外企职工人数达到了228.72万人，占比提高至20.11%。越来越多的求职者看中和追求稳定体面的外企工作岗位，城市文化中缺少“崇尚创业、宽容失败”的创业文化氛围。因而，在近年来如火如荼的互联网经济浪潮中，上海基本上失语，而百度、阿里巴巴、腾讯等IT企业总部各屹立在北京、杭州、深圳。

除了文化氛围外，现有的创业带动就业制度以及政策效应被动且不明显，政策“阻点”依然存在，创业带动就业政策的长效机制有待进一步完善。目前，上海创业带动就业的资金投入缺少整体框架，涉及创业扶持类的项目支出依据不足、创业类扶持资金支出总额占比过低等问题明显，2013年本市市级鼓励创业政策支出仅为1.23亿元。从失业保险的支出范围来看，保障失业人员基本生活、预防失业、促进就业是三大主要功能，但用于创业促进就业的支出较少，仅有初创期创业组织社会保险费补贴以及开业指导服务费用这三块支出（见图3）。同时，现行市级层面的鼓励创业带动政策，要么是从原来鼓励非正规就业劳动组织创办相关政策修补演化而来，要么是仿照就业政策设立，归属于就业促进的倾向非常明显，而与现在鼓励创业带动就业，尤其是大众创业、万众创新的新形势不适应。

（四）“互联网+”时代的用工形式与传统的就业保障模式不适应

当今，互联网技术被广泛运用，经济、社会和环境随之发生了巨大的改变。中国接入互联网20年来，已经发展成为世界互联网大国，不仅仅培育起一个巨大的市场，同时催生了许多新技术、新产品、新业态、新模式，创造了成千上万的就业岗位。然而，对于就业市场来说，这种改变不仅仅是就

图3　上海失业保险的支出范围

业数量上的巨大提高，更是就业形式的革新，劳动者的就业岗位、就业时间、就业形势都通过互联网技术发生了深远的变化。

传统的就业保障模式主要包含了“失业保障、求职保障和在职保障”三大领域。其中，失业保障主要通过失业保险制度来实现，为劳动者在失业或不在业状态提供最基础的生活保障；求职保障则主要通过就业培训等来帮助劳动者在就业市场上获得正规就业的工作机会；在职保障主要通过法律法规来保护劳动者就业而应享有的各种权益。可以看出，上海传统的就业保障模式基本上贯穿了就业者的整个劳动年龄段，从“就业前”的求职保障，到“就业中”的在职保障，最后到“就业后”的失业保障构成了较为完善的体系，但这种保障更多的是强调失业保险保障、单位就业的劳动关系保障。然而在“互联网+”时代，非正规就业和非全日制就业将呈现上升趋势，这些变化需要“就业保障”的内容由传统的保障模式向兼顾个体工作的非保障性、非劳动关系的模式做出相适应的调整，才能促使传统的就业保障向新型就业关系、就业模式的方向变化。

“互联网+”时代，就业管理方式也需要加上互联网，目前，上海就业保障体系的技术运用滞后，促进就业创业工作缺乏大数据信息手段支持，原有信息系统难以在新常态下满足就业技术、就业模式、就业形式和就业手段等变化及政策操作精细化手段的需要，难以为政府重大经济社会决策提供直观、准确的就业创业方面的信息数据支持。在政府促进就业责任机制方面，现有的失业率调查、就业登记等指标系统不尽合理，存在以社保缴费为导向和新增就业、登记失业指标的本市与非本市二元化问题，难以准确反映全市性的整体就业水平和真实状况，政府促进就业的治理能力和现代化水平有待进一步提高。

四 “十三五”期间推进大众创业完善就业保障体系的对策建议

（一）完善就业保障体系，实现更加充分更高质量的就业

改革开放以来，上海市委、市政府都高度关注和重视就业促进与就业保障工作，坚持把就业作为宏观调控的重要目标，不仅重视发挥政府的就业托底作用，通过制定出台一系列促进就业的政策措施，健全政府促进就业的责任体系和推进上海的就业制度改革。

未来，上海需要进一步完善失业保障政策，进一步扩大失业保险覆盖面，体现和实现普惠，尤其对农村剩余劳动力、失地农民等劳动者群体的转移、安置及保障方面，要进一步发挥失业保险基金用于促进充分就业的功

能。丰富就业保障体系项目，对不同群体提供个性化、差异化的就业服务政策。在“十三五”阶段，失业保险基金需要进行科学、合理的预测，为失业人员提供好基础的生活保障。对于在职保障，政府需要明确自身的功能定位，在促进就业方面，政府的职能是运用经济、行政手段来提供服务，通过制定促进就业的政策来培育劳动力市场，扩大就业机会，而不是对促进就业的服务项目大包大揽。同时，在促进就业方面，政府需要在财政预算中增加就业专项资金，为完善促进就业工作机制提供充足的财力保障。

除了人社部门的工作以外，也需要积极发挥教育部门在提升青年就业能力中的作用。教育对人力资源开发具有重要作用，为了开发人力资源，促进劳动力就业，教育部门有责任及时调整教育结构、提升教育实效性，确保在经济波动中，为青年提供更多更好的就业机会，为社会提供源源不断的劳动生力军。

（二）转变就业服务模式，促进专业化的培训与职介市场发展

注重厘清公共就业服务项目，理顺公共就业服务职能，将劳动就业部门管辖的就业训练、职业介绍等功能下移，通过整合信息资源、完善网络系统、再造服务流程、推行网上经办等措施，让市级劳动就业部门从烦琐的公共就业服务事务中解脱出来，将工作重点转移到加强就业促进政策研究、就业资金管理、就业目标督查等重要工作上来，强调就业服务的社会化。建设成熟的职业培训体制，拓展专业化的就业培训市场。建设高效的劳动力市场，加强基层就业服务机构规范化、标准化建设，建立职业中介机构诚信等级评审制度，依托街道（乡镇）、社区（村）就业社保服务中心（站），按照优胜劣汰原则，逐步实施社会化就业服务，职介补贴按稳定就业人数划拨。

（三）借力海外高层次人才，共同推进创新创业新局面

不少人提出，上海在城市文化方面缺乏包容草根、激励大众的创新良好氛围，也就“上海为什么留不住马云”这类问题进行了深刻反思。从现实

情况来看，上海是中国最大的高端外资企业集中地，也是外资机构在华总部最为集中的地区。根据“六普”数据，2010 年上海常住外籍人口达到 20.86 万，全国居住半年以上的外来人口为 102.15 万，占到了全国的 1/5。长期以来，舶来的“高大上”文化和“精明规范”的白领文化似乎与“大众创业、万众创新”的草根文化所倡导的价值观相斥。但同时上海也拥有海纳百川的城市文化，作为国际人才高地、国际人才试验区，上海吸引集聚了一大批海外高层次人才和外国留学人员。因而，在推进“大众创业、万众创新”的过程中，北京形成了大量本土人力资源集中的模式、深圳形成了草根创业的模式，而上海需要发挥自身的优势，更多地借力海外人才，走一条区别于北京、深圳的人才创业路径。

“十三五”期间，上海要建成具有全球影响力的科技创新中心，最为核心的还是创新创业人才，为了吸引集聚更多的创新创业人才，上海出台了《关于深化人才工作体制机制改革促进人才创新创业的实施意见》（以下简称《意见》）。《意见》中推出了一批海外人才引进政策，其中出台了对外国留学生毕业后直接在上海创新创业进行了突破性的政策，对在上海地区高校取得硕士及以上学位且到上海自贸试验区、张江国家自主创新示范区就业的外国留学生，经上海自贸试验区、市张江高新技术产业开发区管委会出具证明，可直接申请办理外国人就业手续和工作类居留许可等。未来，上海需要进一步深化外国人在上海创新创业的相关政策研究，利用好自身海外人才的优势，加快推进大众创业、万众创新的新局面。

（四）整合创新创业资源，重塑海派创业文化

20 世纪 20～30 年代，上海曾被称作“冒险家的乐园”，大批的人才集聚于此创新创业，使得上海一举成为中国乃至远东地区最大的贸易中心、金融中心、制造业中心。历史塑造了海纳百川的上海城市文化，然而今天海派文化却被看作阻碍上海创新创业的因素之一，这说明必须从制度上重塑海派文化，为上海营造出勇于创新创业的氛围。

重塑海派文化推动创新创业，需要整合上海的创新创业资源。上海作为

中国的金融中心，在推进大众创业、万众创新的过程中，更需要利用好资本市场。加快发展面向创新创业的融资工具，提供多样化的融资渠道，完善创业资本的投资机制以及退出机制。开放的市场是营造优良的创新创业环境关键所在，上海政府在鼓励创业方面提供了较多的政策支持，同时也大包大揽了一些市场参与的工作，尤其是在职业培训上。未来，上海市政府应该主导的是维护契约精神的制度安排和完善的就业保障体系的制度创新。将职业培训这种与市场需求紧密相关的行为开放，让市场参与进来，才能有针对性地弥补岗位空缺，降低结构性失业。由此，上海要形成独特的创新创业文化，离不开市场、资本、政策的共同支持。

（五）完善就业监测指标，借助互联网提供个性化服务

在分析就业问题上，统计局一直采用的是城镇登记失业率，然而这个数据存在明显的缺陷，一是统计方法不合理，大部分失业人员不愿意登记；二是统计范围不充分，相比总体失业率明显低估。李克强总理主持召开国务院常务会议时提出确定适时发布大城市城镇调查失业率，以便更好地服务社会经济发展。上海在“十三五”末要建成“四个中心”以及科技创新中心，这些都需要更加充分的就业和更高质量的就业来支撑。因而，“十三五”期间，上海亟待需要完善就业观察指标，使宏观经济决策真正做到“心中有数”，为经济社会发展提供科学的决策依据。

在互联网时代，政府不仅需要完善的就业观察指标，还需要利用就业统计数据深化对劳动力市场供需变动的研究，密切跟踪监测就业形势变化，针对就业形势变化，及时提出科学合理的应对措施和相关政策法规，防止出现大面积失业。同时，政府提供的就业服务也需要和互联网技术深度融合，打造“就业服务+”。通过大数据深入挖掘上海就业者的特征，尤其是新生代农民工以及大学应届毕业生的特点，为其就业提供精准化的服务。

B.11

上海社会养老保险制度发展现状与前景探讨

肖严华*

摘　要：近年来，上海社会养老保险制度改革取得了重大进展，一是适时适度降低了基本养老保险缴费率，从30%降低到29%；二是进一步提高了城镇职工和城乡居民等退休人员的养老金；三是进一步扩大了基本养老保险覆盖面；四是进一步扩大了基本养老保险基金收入；五是提高了养老基金可持续发展能力。但同时也存在一些问题：一是仍存在一定程度的拖延缴费或逃缴费现象，二是养老基金的投资回报率仍然过低，三是养老金连续多年大幅度普涨带来多种负面效应。为此，本文提出了着力突破或解决这些问题的一些建议：一是建立基本养老金的正常调整机制；二是加强养老保险基金的征缴和管理；三是扩大养老基金的投资回报率；四是提高上海在国资收益分配中用于民生社保的比例；五是城镇职工基础养老金从"省级统筹"走向"全国统筹"。

关键词：养老保险　正常调整机制　投资回报率　国资分红　全国统筹

* 肖严华，上海社会科学院经济研究所副研究员。本文是首席专家左学金研究员主持的国家自然科学基金重大项目"公平、活力与可持续——老龄社会的经济特征与支持体系研究"（项目批准号：71490734）和本人主持的国家社会科学基金一般项目"基本养老保险基金全国统筹的路径与对策研究"（项目批准号：12BGL087）的研究成果之一。

一　近年上海社会养老保险制度改革的现状

（一）适时适度降低了基本养老保险缴费率

上海城镇职工基本养老保险中的单位缴费比例，自2013年10月1日起由原来的22%调整为21%，个人缴费比例不做调整。2015年缴费基数基于上年平均工资5451元，下限为3271元，上限为16353元。2015年非城镇户籍的外来从业人员缴费基数不再按上年度全市职工月平均工资的50%，而按上海城镇职工社会保险的规定参保缴费。2015年原参加小城镇社会保险的用人单位及其具有本市户籍的从业人员根据规定至2014年3月底过渡期已满，单位和个人的缴费基数和比例在本标准执行期内按本市城镇职工社会保险相关规定执行。2015年上海市职工养老保险缴费标准如表1所示。

表1　2015年上海市职工基本养老保险缴费标准

（2015年4月1日至2016年3月31日）

	单位（%）	个人（%）	合计（%）	缴费基数及金额（元）	
				下限 5451×60%（3271）	上限 5451×300%（16353）
机关事业企业团体	21	8	29	948.6	4742.4
有雇工的个体户	业主缴付21	个人（包括业主）缴付8	29	948.6	4742.4
灵活就业人员	29		29	948.6	4742.4
非正规就业	29		29	948.6	4742.4
外来从业人员	21	8	29	948.6	4742.4
原镇保人员	21	8	29	948.6	4742.4
城乡居保人员	个人缴费标准设为每年500元、700元、900元、1100元、1300元、1500元、1700元、1900元、2100元、2300元、2800元、3300元12个档次，参保人自主选择档次缴费；对应上述缴费档次，区县政府对参保人缴费给予补贴，补贴标准为每年200元、250元、300元、350元、400元、425元、450元、475元、500元、525元、550元、575元；有条件的村集体经济组织应当对参保人缴费给予补助，金额不超过最高缴费档次标准				

资料来源：上海市人力资源和社会保障局、上海市人力资源和社会保障网，2015年4月7日。

（二）进一步提高了退休人员养老金

1. 城镇职工基本养老保险

按照沪人社养发〔2015〕3号文，2015年元旦、春节期间，对本市“职保”离退休人员、“镇保”按月领取养老金人员发放了一次性补助费。

2015年1月1日起，本市对2014年底前已按城镇职工基本养老保险规定办理退休（职）手续，并按照企业办法计发基本养老金（生活费）的人员，增加了基本养老金（生活费）。从2015年1月1日起，本市2014年底前已按镇保相关规定办理按月领取养老金手续的人员每人每月增加170元。

2014年，在待遇水平方面，本市城镇职工基本养老保险企业离退休人员人均月养老金2964元；在养老保险关系转移接续方面，2014年本市跨省市转移基本养老保险关系7.63万人次，其中转入3.15万人次，转出4.48万人次；转移基金16.79亿元，其中转入8.39亿元，转出8.40亿元。

2. 城乡居民养老保险

2014年5月1日起，根据已经实施的《上海市城乡居民基本养老保险办法》，本市将新型农村社会养老保险和城镇居民社会养老保险一起合并实施。2014年1月1日起，本市对2013年底前已按新型农村社会养老保险或城镇居民社会养老保险规定办理按月领取养老金手续的人员，分别增加了基础养老金，基础养老金标准统一调整为每人每月540元。按照沪人社农发〔2015〕4号文，2015年1月1日起，本市2014年底前已按城乡居民养老保险相关规定办理按月领取养老金手续的人员，城乡居民养老保险基础养老金标准由每人每月540元调整为每人每月645元。

按照沪人社农发〔2015〕7号文，为贯彻实施人力资源和社会保障部、财政部关于提高全国城乡居民基本养老保险基础养老金最低标准的通知，2015年1月1日起，本市城乡居民基本养老保险基础养老金标准由每人每月645元调整至每人每月660元（含中央确定的基础养老金最低标准）。

2014年，在待遇水平方面，本市城乡居民基本养老保险领取养老金人员人均月养老金688元；在养老保险关系转移接续方面，本市城乡养老保险关系转移4万人次，其中转入1.4万人次，转出2.6万人次；转移基金3.84亿元，其中转入1.99亿元，转出1.85亿元。

（三）进一步扩大了养老保险覆盖面

1. 城镇职工基本养老保险

到2014年底，本市城镇职工基本养老保险参保人数达到1373.37万人，其中参保职工969.30万人，离退休（职）人员404.07万人。参加城镇职工基本养老保险的农民工人数为346.53万人。

2. 城乡居民养老保险

到2014年底，本市城乡居民基本养老保险参保人数达到78.30万人，其中领取养老金人数47.68万人。

（四）进一步扩大了基本养老保险基金收入

1. 城镇职工基本养老保险

到2014年底，本市城镇职工基本养老保险基金收入1605.85亿元（其中财政补贴收入9亿元），比上年增加129.10亿元，其中征缴收入1556.11亿元。基金支出1421.80亿元，比上年增加188.80亿元。2014年底，基金累计结存928.75亿元，其中企业职工基本养老保险积累个人账户基金129.01亿元。

2. 城乡居民养老保险

到2014年底，本市城乡居民基本养老保险基金收入42.80亿元（其中财政补贴收入34.66亿元），基金支出40.61亿元，2014年底基金累计结存74.23亿元，其中个人账户累计积累54.08亿元。

（五）提高了养老基金可持续发展能力

根据上海市人力资源和社会保障局发布的数据，2014年末，本市城镇职工基本养老、城乡居民基本养老基金资产总额1006.45亿元。其中，市财政专户存款886.96亿元，各社保经办机构支出户存款118.08亿元，债券投资1.41亿元，详见表2。

表2　2014年末上海市社会养老保险基金资产

单位：亿元

资　产	城镇职工基本养老保险	城乡居民基本养老保险	合计
财政专户存款	812.9	74.06	886.96
支出户存款	117.92	0.16	118.08
债券/投资	1.4	0.01	1.41
基金资产总额	932.22	74.23	1006.45

注：债券投资，反映期末持有的用社会保险基金购买的国家债券的账面价值。

按照沪人社基发〔2015〕1号文，2015年度本市城镇职工基本养老保险个人账户、城乡居民基本养老保险个人账户的记账利率为2.75%。目前本市正在积极探索建立国资、财政、土地收益等多元投入的社保筹资机制和基金保值增值机制。

二　近年上海社会养老保险制度存在的主要问题

（一）仍存在一定程度的拖延缴费或逃缴费现象

2014年，本市通过社会保险专项审计、稽核以及专项检查等方式，开展了社会保险参保、职工工资申报等情况的检查。一是对27809户用人单位，198.69万人进行了社会保险稽核，其中通过工资总额专项审计，7303户单位补缴了社会保险费2.75亿元；二是对未按时足额缴纳社会保险费的用人单位，通过实施银行划拨方式，对263户单位强制划拨了欠缴的社会保险费1377.26万元，同时，首次对19户社会保险欠费单位进行了社会公示，探索失信单位信息纳入社会诚信体系；三是对冒领社会保险待遇的38人次进行查处，追回冒领社会保险待遇80.36万元。

（二）养老基金的投资回报率仍然过低

上海近几年来将综保、镇保转入城保在一定程度上缓解了上海财政的压力，提升了城镇养老保险制度的财务可持续性。到2014年底，本市城镇职工基本养老、城乡居民基本养老基金资产总额已经达到1006.45亿元，其中主要是市财政专户存款，债券投资只有1.41亿元，而且2015年度本市城镇职工基本养老保险个人账户、城乡居民基本养老保险个人账户的记账利率为2.75%，这不仅低于2013年度的3%，而且还低于其他地区，如2013年山东省莱芜市企业职工基本养老保险个人账户记账利率为4.25%，这就更低于2013年广东省将1000亿元城镇职工基本养老保险结存资金委托给全国社保基金理事会投资运营的投资回报率9%。长期来看，如果上海养老基金的投资回报率过于低下，这将影响上海社会保障体系的可持续性。

（三）养老金连续多年大幅度普涨带来多种负面效应

从2004年至今，上海已连续11次大幅度（远远超过养老保险基金年度投资回报率2%～3%的水平）上调退休人员养老金，退休人员养老金已经增长了近二倍。当前退休人员养老金连续多年单纯普涨的负面效应已逐渐显现，这些负面效应表现如下。

一是在相同条件下，后退休人员的养老金比先退休人员少，出现“倒挂”现象，甚至缴费年限短、基数低的退休人员经过调整后，获得的养老金高于缴费年限长、数额高但较迟退休人员。

二是出现在职职工工资和退休人员养老金“倒挂”现象，大批人想提前退休。

三是在普涨的情况下，退休人员之间由于养老金基数不同，养老金差距愈发明显，如企业退休人员养老金与机关事业单位退休人员养老金差距仍然十分明显。尤其是上海市机关事业单位人员退休后除了可以领取基本退休费之外，还可以领取机关事业单位退休人员补贴，而且补贴较高，包括按国家规定计发津贴补贴等项目［如地方职务（岗位）津贴、物价补贴、生活津贴、医保补贴性工资、八类地区工资补贴、书报洗理费、住房提租补贴、养老保险补贴、高知特殊补贴等]，此外还可以领取历年增加的退休费，因此机关事业单位与企业单位退休后所享受的待遇差别还是很大。

四是连续多年上调，在养老金收入增速低于支出增速的情况下，容易产生新的养老金缺口，对养老保险基金和财政造成压力。

本来上海老龄化程度是中国城市中老龄化程度最高的，上海市60岁及以上老年人口数量也在不断增长，“十五”期间上海市老年人口平均每年增加4.92万人；“十一五”平均每年增加11.3万人；“十二五”上海市进入人口老龄化加速发展期，老年人口总量急剧增加，平均每年增加近20万，同比“十一五”期间老年人口增长数量几乎翻番。上海市老年人口数量的不断增长，退休人员的不断增加，对上海市养老保险基金支出以及财政支出造成了很大的压力。

同时，根据2015年2月上海市统计局、国家统计局上海调查总队的数据，上海市GDP增长率从2010年的10.3%下降到2011年的8.2%，2012年的7.5%，2013年的7.7%，2014年的7%；再根据2014年《上海统计年鉴》，上海市财政收入增长率从2010年的13%增长到2011年的19%之后，开始急剧下降到2012年的9%，2013年的10%；上海近几年GDP增长率的下滑，对地方财政收入影响也较大。

因此，养老金连续11年大幅普涨的情况今后不可持续，在养老金替代率达到一定程度后，逐步建立和完善退休人员基本养老金的正常调整机制，从而规避大幅度普涨引发新的不公，尤其是在经济增长下滑的情况下对地方财政支出的巨大压力。

三　完善制度改革的对策建议及“十三五”发展前景

（一）建立基本养老金的正常调整机制

建立覆盖机关事业单位、企业退休人员和城乡居民的基本养老金正常调整机制，从2016年1月1日起，退休人员养老金不再以10%的幅度上调，而是根据基本养老金正常调整机制进行适当水平的上调。

一是根据职工工资增长、职工收入水平提高、物价变动等情况，考虑财政负担能力和基本养老保险基金的承受能力等因素，对机关事业单位退休人员和企业退休人员的基本养老金，统筹起来，进行适当调整。

二是建立城乡居民基础养老金调整机制，在完善激励约束机制的基础上，遵循权利与义务对应的原则，根据经济发展和物价变动情况，适时提高基础养老金最低标准，建立兼顾各类人员利益的养老金待遇调整机制。

（二）加强养老保险基金的征缴和管理

按照国家“一个统一，五个同步”① 的基本思路，稳妥实施机关事业单位养老保险制度改革，建立机关事业单位养老保险职业年金制度，着力体现多缴多得和长缴多得。完善职工养老金增长机制，根据保障基本生活和共享发展成果相结合的原则，适当提高“职保”“镇保”“城乡居保”的养老金水平，鼓励更多企业参加企业年金。加强养老保险费的征管，加强社保部门与公安、卫计、街镇社区等部门的协作，推进全民参保登记；依托金保工程平台，加大数据核查力度，进一步夯实单位缴费基数，完善社会保险基金非现场监管系统和实时监管系统；统一城乡居民养老保险经办体制，指导区县社会保险经办机构全面承接相关经办职能；进一步规范养老保险基金预决算管理，推进养老保险基金的信息公开，探索建立养老保险基金预警机制、储备机制和保值增值机制；建立全方位、多层次的社会保险经办质量控制体系，提高风险预防和控制能力。

---

① “一个统一”，即党政机关、事业单位建立与企业相同基本养老保险制度，实行单位和个人缴费，改革退休费计发办法，从制度和机制上化解“双轨制”矛盾。“五个同步”，即机关与事业单位同步改革，职业年金与基本养老保险制度同步建立，养老保险制度改革与完善工资制度同步推进，待遇调整机制与计发办法同步改革，改革在全国范围同步实施。

（三）扩大养老基金的投资回报率

建议上海养老基金先行试点购买“上海地方债”以提高养老基金回报率。目前上海养老基金（包括上海机关事业单位和企业单位）积累额达到1000多亿元，根据国家规定，养老基金主要是购买国债和存入银行，但目前国债额度很难落实，社保基金购买国债的额度很少，主要是定期存款。但存银行的贬值风险较大，在通货膨胀的情况下，很难增值。另外，上海市政府每年融资规模较大，从各方面筹资。2014年6月13日全国地方债发行序幕正式开启，地方债发行额度为4000亿元，比上年增加500亿元。其中，上海、浙江、广东等10省、市将试点地方债自发自还。因此，在保证养老基金投资安全性和一定流动性的前提下，如果将上海养老基金先行试点购买“上海地方债”，那么将会提高上海养老基金的收益水平，这既可保证其安全性，又可提高投资回报率，可以有效防范存入银行的贬值风险。

建议拓宽个人账户投资渠道，加强个人账户养老基金投资运营监管，提高个人账户投资回报率；建立职业年金制度，提高职业年金投资回报率。建立健全养老保险基金管理制度，实行养老保险基金行政管理和营运管理分开、执行机构与监督机构分设的管理体制，探索养老金进入资本市场投资运营机制，最大限度地实现养老金的保值增值。

2012年，广东省城镇职工基本养老保险结存资金1000亿元委托给全国社保基金理事会投资运营，投资回报率在9%以上。上海要建设国际金融中心，更有条件在养老金投资体制的市场化改革方面先行先试，步子更要大，建议上海向中央申请成为全国养老金投资体制改革的试验区。

（四）提高上海在国资收益分配中用于民生社保的比例

2013年12月，上海市深化国资改革促进企业发展工作会议正式发布了《关于进一步深化上海国资改革促进企业发展的意见》（即“上海国资国企改革20条”），其中第8条规定：“健全完善国有资本收益保障机制。逐步提高国有资本收益上缴比例，到2020年不低于百分之三十。国资收益原则上按照产业调整发展、基础设施建设、民生社会保障各三分之一安排支出，建立国资收益资金使用评价制度。”也就是说，在上海国资收益的支出结构中，33.33%用于产业调整发展，33.33%用于基础设施建设，33.33%用于民生社会保障。

十八届三中全会《中共中央关于全面深化改革若干重大问题的决定》在第6条中指出："划转部分国有资本充实社会保障基金。完善国有资本经营预算制度，提高国有资本收益上缴公共财政比例，二〇二〇年提到百分之三十，更多用于保障和改善民生。”本文认为上海在国资收益的支出结构中，33.3%用于民生社会保障的比例偏低。

根据《中国养老金发展报告（2012）》的数据，从2002年到2011年，上海市基本养老基金当期缴费不抵当期支出，如表3所示。

表3　各省份基本养老基金当期缴费收入与支出之差

单位：亿元

年份	2002	2003	2004	2005	2006	2007	2008	2009	2010	2011
上海	-23.41	-15.38	-11.91	-8.09	-10.67	-49.55	-88.63	-91.86	-139.54	-25.08
北京	-3.19	18.96	27.09	45.86	60.34	83.53	86.93	113.21	176.84	233.92
江苏	-3.66	13.50	17.65	55.09	72.26	143.61	181.19	195.89	206.35	293.32
浙江	36.57	68.04	72.90	97.90	130.76	149.44	177.54	156.83	176.03	294.11
广东	64.62	108.32	120.48	153.61	224.86	212.58	286.01	287.07	425.73	518.58

可见，从2002年到2011年，与其他省份相比，上海面临严重的养老金收不抵支的问题。然而，根据《中国养老金发展报告（2013）》，2012年上海市基本养老基金收入1391.60亿元，比上年增长27.77%；支出1127.74亿元，比上年增长13.51%；实现当期结余263.86亿元。这主要是由于上海市从2011年7月1日起，终止了“综保”制度，同时将“镇保”专门面向市郊被征用地人员，将参加综保的农民工和参加镇保的郊区用人单位及其从业人员纳入了城保。截至2012年末，本市城镇职工基本养老保险参保人数达到1326.38万人，其中参加城镇职工基本养老保险的农民工人数为340.81万人，50多万原参加镇保的从业人员参加了城保。可见，300多万

的农民工从综保转入城保，提高了上海城保的养老金征缴收入，而该农民工群体几乎没有离退休人员的养老金支出，这是2012年上海市基本养老基金实现当期结余263.86亿元的主要原因。

1. 用国有资本收益来解决养老金历史债务问题

近年来上海市基本养老金收不抵支的主要原因除了养老基金需求不断扩大（如人口老龄化速度不断加快、程度不断加重、规模不断加大，导致退休金支付不断扩大；退休年龄低、提前退休现象、期望寿命提高，导致退休金支付不断扩大；养老保险待遇支付水平不断提高）、养老基金供给严重不足（如就业人口增长率低于退休人口增长率，导致供款增长率不断低于领款增长率；覆盖面和征缴率问题、逃缴现象仍然存在）、养老金管理的投资回报低（如养老基金投资运营方式单一、保值增值困难）之外，主要在于养老保险制度转轨造成的巨大历史欠账问题，即养老金历史债务问题。

在制度建立之初，与其他省份相比，上海已退休的“老人”和工作的“中人”的比例较大，而且上海国有企业和集体所有制企业比重较高，它们成为制度建立之初的主体，其历史债务随着时间的推移而成为一个历史遗留问题，导致个人账户空账问题的出现。

上海作为全国13个做实个人账户试点省份之一，本来在养老金22% + 8%（2014年是21% +8%）的部分中，8%的个人账户部分是需要做实的。但是实际上，上海实行个人账户实账虚记，也就是没有做实的名义个人账户，因此这么多年来累积起来的没有做实的个人账户十分庞大。

作为我国最早进入人口老龄化的城市，上海于1993年起就进入了人口自然负增长的阶段，而且最近30多年来其人口老龄化程度也处于全国前列。未来20年之内，上海人口老龄化高峰期即将到来，这将对上海养老保险基金的支付构成严峻考验。

实际上，巨额养老金历史债务的根源在于，当初国企改革由现收现付制向个人账户基金积累制转型所带来的巨大隐形成本的显性化。在改革开放前的计划经济时代，广大职工创造的大部分财富没有以基金的形式进行积累，而是用于国有企业的进一步投资和扩建。因此，用国有资本收益来充实社保基金，这是解决养老金历史债务问题的必要条件。

2. 近年来上海地方国资收益不断增长

经过30多年改革开放，上海国有企业取得了长足的发展，在许多领域居于领军地位。尤其是近年来，上海市国资委出资监管企业的营业收入、利润总额出现明显的持续增长。在全国各省、直辖市、计划单列市的国资委出资企业国资总量和营业收入中，上海地方国资的当量巨大。近年来，上海国有企业，特别是一批优质企业，继续保持在全国同行业的领先地位。当前，上海正在加快实施国资国企改革，上海地方国资的收益不断增长，为有效解决养老金历史债务问题，奠定了坚实的资金基础。

3. 提高上海在国资收益分配中用于民生社保的比例

近年来上海面临着基本养老保险基金当期收不抵支的严重问题，主要原因之一是养老金巨大的历史债务问题。而养老金历史债务的根源在于当初国企改革，因此需要用国有资本收益来解决养老金历史债务问题。近年来上海国资收益的不断增长，为解决该问题创造了条件。

鉴于近年来上海面临着基本养老保险基金当期收不抵支的严重问题；个人账户没有积累做实而且空账额巨大；近年来上海将综保、镇保纳入城保又存在转制成本；未来20年之内上海人口老龄化高峰期的即将到来，将给上海基本养老保险基金的支付带来巨大压力。此外，上海城保社会统筹的缴费率仍然是全国最高的，比周边地区更要高许多，导致上海许多单位大量使用由社保缴费率较低的外地劳务公司向上海派遣的务工人员。为了确保上海企业与外地企业的公平竞争，在当前上海养老金财务状况好转的情况下，也可考虑适当降低上海的养老保险缴费率，为上海创新型企业的发展创造更好的用工环境和商务环境。为此，我们建议在逐步提高国有资本收益上缴比例的同时，在上海国资收益的支出结构中，将用于社会保障的比例逐步提高到60%或以上。

（五）城镇职工基础养老金从“省级统筹”走向“全国统筹”

建议上海向中央申请成为建立“国民基础养老金”试验区先行试点。

建议基础养老金全国统筹的主要原则如下。

（1）重视改革着眼于提高养老保险体制的公平性、效率和财务可持续性等长期性战略性目标的同时，重视从我国养老保险体制的现状出发来设计改革，重视改革前后的过渡安排；

（2）充分调动中央与地方两个积极性，明确中央与地方的责任，形成推动改革的合力；

（3）在较长时间的过渡期内承认各地的差异，按“帕累托改良”原则确保改革使不同地区和不同人群的原有利益至少不受损；

（4）在降低基础养老金的强制缴费率的基础上实行全国统筹，降低低收入人群参与基础养老金的缴费率门槛，避免人为地推高企业的用工成本；

（5）采用折扣费率（和相应的折扣替代率）的办法，将覆盖面扩大到农业劳动者、个体经营者（自雇）和其他非正规就业人员，当劳动者在城乡之间，以及在正规部门与非正规部门之间流动时，他们的基础养老金权益不受流动的影响；

（6）充分重视政府与企业、劳动者个人的积极性，改革城镇职工养老保险的第二支柱（个人账户部分）管理运作模式问题，推动建立和完善多支柱的养老保险体制。

建议基础养老金全国统筹的基本框架如下。

表4　实行基础养老金全国统筹后各类参保人的缴费和受益

参保人类别	企业缴费	个人缴费	养老金受益（待遇）
已退休“老人”	—	—	维持原来的“目标”替代率不变，其中40%由全国统筹基金提供，不足部分由地方过渡基金提供
在职“老人”	向全国统筹基金缴纳12%，向地方过渡基金缴纳8%	向地方过渡基金缴纳本人工资的8%，个人账户余额全部纳入地方过渡基金	同上

续表

参保人类别	企业缴费	个人缴费	养老金受益(待遇)
"中人"	向全国统筹基金缴纳12% 全国统筹前历年由企业向社会统筹基金缴纳的超过12%的部分(包括本金和回报),部分或全部按规定办法计入个人账户	向个人账户基金缴纳个人工资的4%～12%	由全国统筹基金提供40%的替代率 由退休时个人账户基金余额提供年金化受益
"新人"	向全国统筹基金缴纳12%	向个人账户基金缴纳个人工资的4%～12%	同上

注:"已退休人员"指实现全国统筹时已经退休;"老人"指尚未退休,但参保时间已达15年或以上的职工;"中人"指实行全国统筹时已经参保,但参保时间不足15年的职工;"新人"指实行全国统筹后参保的职工。

实行全国统筹,既能发挥基本养老保险互助互济的功能,又能提高社会养老保险基金抗风险的能力。提高统筹层次是社会养老保险制度发展的方向,全国统筹基金对促进劳动力在全国范围内的合理流动和公平竞争,以及进一步降低企业平均缴费压力,降低参保人的缴费负担,为更多的人享受基本社会保障创造条件,克服地方统筹的弊端方面具有积极作用。

然而全国统筹过程必然会遭到阻碍,基金结余的地区会反对统筹,而赤字地区会呼吁提高统筹层次,因此统筹层次的提高不能以挫伤发达地区积极性为代价,可以明确各地区历史债务的数额和责任,由各级财政和政府来负担,从而把历史债务从现行制度中分离出去,大大减小地区间养老保险收支的差距。全国统筹后可以降低原来部分地区畸高的缴费率,从而扩大制度的覆盖率,同时全国统筹实现全国整体的基金统收统支和统一管理,可以提高制度遵缴率,稳定社会统筹制度的收入来源。

参考文献

上海市统计局编《上海统计年鉴（2014）》，中国统计出版社，2014。

郑秉文：《中国养老金发展报告（2014）》，经济管理出版社，2014。

郑秉文：《中国养老金发展报告（2013）》，经济管理出版社，2013。

郑秉文：《中国养老金发展报告（2012）》，经济管理出版社，2012。

左学金：《发展和完善五支柱养老保险体制》，《比较》总第80辑，2015年第5期。

左学金：《社保制度改革的中庸之道》，《中国改革》2012年第9期。

左学金：《社保缴费率该如何调整》，财新网，2012年9月22日。

肖严华、左学金：《全国统筹的国民基础养老金框架构建》，《学术月刊》2015年第5期。

封进、张素蓉：《社会保险缴费率对企业参保行为的影响——基于上海社保政策的研究》，《上海经济研究》2012年第3期。

B.12

上海老年人照护需求评估体系研究

殷志刚　金 岭　彭 亮　袁 楠　任泽涛　康 琪*

摘　要： 老年照护需求评估体系是建立公平合理、高效有序的养老服务体系的基础性工作。本文关注的内容是养老服务需求评估体系，通过整合现有的三种原属不同部门、在评估针对性方面各有侧重、在评估内容方面有所交叉重叠的评估标准，形成一个统一的让老年人通过一次申请评估就可以获得与自己身体状况相适合的照护服务的评估体系，而无须分别多次向不同照护服务机构发出申请，从而形成一个在统一评估标准和评估队伍背景下的老年人养老服务需求的梯度衔接机制。

关键词： 老年照护需求评估体系　五位一体　社会养老服务体系

上海社会养老服务体系建设的总体目标是到2020年，全面建成涵盖养老服务供给体系、保障体系、政策支撑体系、需求评估体系、行业监管体系“五位一体”的社会养老服务体系。这其中的需求评估体系包含两层内容，一是养老服务需求评估体系，二是经济状况审核体系。自2004年以来，上海市民政、卫计、医保等部门先后在社区居家养老、机构养老、老年护理医院、高龄老人医疗护理等领域开展评估工作，初步

---

* 殷志刚，上海市老龄科学研究中心主任，上海市民政研究所所长；金岭、彭亮、袁楠，上海市老龄科学研究中心科研人员；任泽涛，上海市民政局工作人员；康琪，上海市老龄事业发展中心工作人员。

形成了《上海市老年照护等级评估要求》、《上海市老年护理医院出入院评估标准》和《高龄老人医疗护理需求评估管理规范（试行）》等三套相对独立的需求评估体系。为了实现“医养融合”的目标，需要整合民政、卫计、医保等部门的资源优势，统一三个评估标准，形成统一的照护需求评估体系。

一　照护需求评估体系的理论和政策依据

（一）照护需求评估概念的界定

照护需求评估，是为科学确定老年人服务需求类型、照料护理等级的标尺以及审核护理补贴、养老服务补贴等社会福利政策享受资格的手段。由专业人员依据相关标准，对老年人生理、心理、精神、经济条件和生活状况等进行的综合分析评价工作。建立健全照护需求评估制度，是积极应对人口老龄化、深入贯彻落实《老年人权益保障法》，保障老年人合法权益的重要举措；是推进社会养老服务体系建设，提升养老服务水平，充分保障经济困难的孤寡、失能、高龄、失独等老年人服务需求的迫切需要；是合理配置养老服务资源，充分调动和发挥社会力量参与，全面提升养老服务质量和运行管理效率的客观要求①。

根据上海的经验，照护需求评估主要是指对有生活照护及医疗护理等养老服务需求的老人，在其提出申请的情况下，由第三方评估机构根据统一、科学的评判标准进行评估，以判断是否需要为其提供相关服务、提供哪些服务，同时界定其可以享受哪些相应的公共福利政策。它是实现政府公平配置养老公共资源，提高资源使用效率的重要工具和手段，为确保有需要的老年人获得恰当的养老服务提供科学的衡量依据。

① 高菊兰：《探索上海老年人照料需求评估体系》，《文汇报》2006年7月31日。

（二）照护需求评估体系构建的理论依据

建立老年人照护需求评估体系，是养老服务事业发展的必然要求。老年人养老需求的增多与养老服务有效资源的不足是施行需求评估的重要出发点。在社会服务资源有限的情况下，除了大力发展社会化养老服务以外，还必须考虑什么样的老人应该优先得到服务，以及针对不同身体状况的老人，应该提供哪些形式和内容的服务，从而合理安排，避免资源重叠使用造成的服务资源浪费。这就要通过评估来完成这一目标。通过建立评估体系，对有照料服务需求的老年人进行评估，将有限的公共养老服务资源优先分配给最需要的老人，并根据老年人的实际需求提供具有针对性的服务。社区居家养老体系的建立实际上可以从“新公共管理理论”、“项目管理原理”和“个案管理方法”三种理论中寻求支持①。第一，新公共管理理论将城市居家养老定性为“公共服务”，因此可以“看作一种以强调明确的责任感、产品导向和绩效评估，以准独立的行政单位为主的分权结构（分散化），采用私人部门管理、技术、工具、引入市场机制，以改善竞争为特征的公共部门管理新途径”。并应该明确公共服务的三类主要参与者在公共服务供给中的角色和相应的地位与责任。第二，城市居家养老可以采纳和吸收项目管理的方法，即被看作“在一定的约束条件下，以高效率地实现项目业主的目标为目的，以项目经理个人负责制为基础和以项目为独立实体进行经济核算，并按照项目内在的逻辑规律进行有效的计划、组织、协调、控制的系统管理活动”。因而可以引入政府或者第三方对项目过程进行监督和评价，加强居家养老的科学化管理。第三，是个案管理的方法。即借鉴发达国家的社会工作介入机制，将城市社区的居家养老看作“一种以社区为基础的长期照顾，要求的是一个有多种服务项目的、能够进行持续照顾的服务体系，其目的在于通过整合、协调社会服务资源，确保有一个整体性的服务方案对高危人群

① 孟亚男、廖唱枫：《国内城市居家养老评估指标体系研究与实践进展述评》，《理论界》2013年9月10日。

提供专业化的、持续性的和个别化的照顾，以确保对案主的服务质量，从而在满足案主照顾需求的同时，增强其自立生活能力，并达到政府成本控制的目的”。

除此之外，当代积极老龄化、健康老龄化等理念，现代医学模式及社会的公平正义价值观都构成了照护需求评估的理论依据。积极老龄化、健康老龄化要求我们呼应每一个老年人的基本需求，特别对那些失能失智、完全需要依靠外界援助才能继续生存的老年人，必须优先获得照顾和护理，在同样的条件下，这些老人比那些身体健康的老人更应获得帮助。这是在有效公共养老服务资源不足的情况中实施评估的理论基础。同时，社会公平正义正成为社会主义社会的核心价值观，不依赖老人的社会背景、经济条件、宗教信仰以及年龄，而依据对老人身体健康状况、生活自理能力等情况的评估判断，使之享受相应等级水平的护理照料和补贴，这反映了一种公平正义的价值所在。因此，这些都构成了照护需求评估体系的重要理论依据。

（三）照护需求评估制度建立的背景和政策依据

对上海而言，建立照护需求评估体系，有如下背景基础：首先，快速老龄化形势下老年人照料服务需求日益增长。随着上海人口老龄化、高龄化、家庭小型化进程的加快，人均预期寿命的延长，老年人的护理期也随之延长，但同时家庭对老年人的照料功能逐步弱化，社会化照料服务需求在不断增长。其次，社会化养老服务的提供总量不足。截至2014年底，上海拥有养老床位数11.49万张①；社区居家养老服务人数为29.5万人，其中享受政府养老服务补贴的人数为13万人，服务供给、服务能级与老年人需求之间还存在差距。由此可见，在社会服务资源有限的情况下，亟须通过建立评估体系，对照料服务需求进行评估，将服务资源优先分配给最需要的老人，并根据老年人需求提供有针对性的服务。可以说，设立评估体系，从众多提出

① 高菊兰：《探索上海老年人照料需求评估体系》，《文汇报》2006年7月31日。

养老服务申请的老年人群中筛选出经济条件相对困难、身体状况需要援助的失智失能困难老人，使这部分老年人优先获得服务，使政府提供的基本公共服务资源能最大限度地公平、合理分配使用，达到政府“保基本”的最终目的。同时，还可以对符合条件的申请养老服务的老年人，根据其实际情况进一步分等级，以确定享受何种等级水平的养老服务内容和补贴。初步达到满足老年人多样化的养老服务需求的目的。

目前，本市民政、卫计、医保等部门积极工作，探索出多种老年照护服务形式，比如民政部门多年来发展的以生活照护为主的社区居家养老服务和养老机构照护服务，卫计委通过老年护理院、社区卫生服务中心提供的老年人医疗护理、临终关怀、家庭病床等服务，医保部门试点开展的高龄老人医疗护理服务等服务项目，对缓解日益增长的老年照护需求起到了一定作用。但由于各部门管理权限相对独立，造成了服务功能定位重叠、服务资源碎片化、资源管理衔接不够等现实问题。同时，各部门根据各自的研究成果，制定出三套评估标准，在评估体系建立的初期，源自不同领域制定的标准有利于本部门系统提高资源使用效率，减轻相应的养老、护理的需求压力。但是随着老龄事业的发展，新的养老服务目标的提出，特别是“医养融合”目标的提出，消除养老、护理服务的碎片化，融合民政部门和卫生部门养老、护理服务的优势，实现资源共享，就势在必行。国务院《关于加快发展养老服务业的若干意见》（以下简称国务院 35 号文）明确提出了“医养融合”的要求，上海市人民政府《关于加快发展养老服务业推进社会养老服务体系建设的实施意见》（以下简称上海 28 号文）制定了“医养融合”的发展目标，在此背景下，综合整理这三种针对老年人养老、护理需求的评估体系，合而为一形成统一的照护评估体系，成为当前老龄工作的重中之重。

照护需求评估制度的建立并非凭空出现，其产生发展有一定的脉络可循，这可以从中央到地方政府的一系列有关老龄事业发展的政策法规文件中找到非常明确的政策依据。国务院《社会养老服务体系建设规划（2011～2015 年）》保障措施第 3 条指出，要建立老年人入院评估、养老服务需求评估等评估制度。在《中华人民共和国老年人权益保障法》新版中吸收了建立养老服务评估制度的内容，在第42条中指出，要建立健全养老服务评估制度。民政部《关于开展“社会养老服务体系建设推进年”活动暨启动“敬老爱老助老工程”的意见》中，主要任务中明确提出要建立老年人入院评估、养老服务需求评估、养老服务质量评估等评估制度。民政部《关于推进养老服务评估工作的指导意见》就充分认识养老服务评估工作的重要意义、推进养老服务评估工作的总体要求、推进养老服务评估工作的主要任务、推进养老服务评估工作的保障措施做出了整体部署。最新出台的国务院35号文进一步就“医养融合”提出了具体要求，指出养老服务要注重统筹发展，并指出在“医养融合”的大背景下，统一三种评估体系成为当务之急。

上海在养老服务评估制度的建立和探索方面走在全国前列。早在2006年本市即提出要逐步实现居家养老服务和机构养老服务需求一体化评估。这表明了要建立养老需求综合评估的基本思想。在最近的上海28号文中，已经将建立统一的老年人养老需求综合评估体系作为一项重要工作任务列入其中。文件指出，要对老年人开展养老需求评估，并以此为标准，匹配老年人养老需求和养老专业服务项目。整合现有相关评估标准，建立包括医疗护理、生活护理等多种服务需求的评估标准体系。

二　照护需求评估体系的设计

（一）现有三种评估体系的梳理和综合分析

目前，本市在社区居家养老、机构养老、老年护理医院、高龄老人医疗护理等领域开展了评估工作，初步形成了三套需求评估体系，分别是《上海市老年照护等级评估要求》、《上海市老年护理医院出入院评估标准》和《高龄老人医疗护理需求评估管理规范（试行）》。

1. 老年照护等级评估要求

目前，《上海市养老服务需求评估表》等评估工具在全市各级社区居家养老服务领域和部分养老机构开始使用，探索以信息化进行管理。截至

2012 年底，经评估获得养老服务补贴的老年人已接近 13 万人，评估员已发展至 600 名。在此基础上，上海市民政局会同行业专业人士编制《老年照护等级评估要求》。

《老年照护等级评估要求》是依据国际通用的日常生活活动能力量表（ADL 量表）以及认知功能评估量表作为评估工具，设定了影响老年人日常生活能力的生活自理能力、认知能力、情绪行为、视觉等四大主要参数，以及社会生活环境等背景参数。每个参数项目下设定了数个评估事项，例如："生活自理能力"参数设定了进食、修饰及洗浴、穿（脱）衣、如厕及排泄、移动等 5 个评估事项，对这些评估事项逐一进行单项判断评分后，得出这个主要参数的程度等级，据此对老年人日常生活能力进行基础判断，得出"正常"、"轻度"、"中度"、"重度"四种评估结论、三个照料等级。评估是为合理配置老年人照护服务资源提供技术支撑，对经济困难且生活不能自理老年人进行老年照护等级评估，使其获得差别化养老服务补贴。

2. 老年护理服务需求评估

《上海市老年护理医院出入院评估标准》是由市卫生计生委组织制定的关于老年人入住护理医院标准的评估工作，具体包括 COPD 患者、肺炎患者、高血压患者、冠状动脉粥样硬化性心脏病患者、脑出血患者、脑梗塞患者、糖尿病患者、晚期肿瘤患者、下肢骨折患者等老年护理医院出入院评估标准。评估采用打分制，对因存在医学指征而入院者，每三个月评定一次。对于不再存在入院标准中提到的医学指征，且不符合其他入院标准，应向病人家属建议将患者转出到社区、家庭或养老机构进行养护。对病情出现变化，超出护理院的服务能力者，评分为 70 分之上的应及时转入相应的上级医疗机构。

3. 高龄老人医疗护理需求评估

《高龄老人医疗护理需求评估管理规范（试行）》是由市卫生计生委、市人力资源和社会保障局（市医保办）统一管理、卫生行政部门具体实施的对老年医疗护理需求的评估工作，目的是根据《关于本市开展高龄老人医疗护理计划试点工作的意见》的要求进一步规范高龄老人医疗护理需求评估的管理。目前处于试点阶段，主要是通过政府购买服务的形式，由区域内的社区卫生服务中心开展老年医疗护理评估工作。老年人自行申请医疗护理评估，评估结果有效期为一年，有效期期满前需提出期末评估书面申请。《老年医疗护理服务需求评估调查表》作为评估工具，设定了被调查者及其家庭情况、基本项目、患病与治疗情况、老人大体状况、居住及社区环境、特别事项等六大主要参数，每个主要参数下设若干具体评估事项。其中基本项目通过选取 31 项老年人日常活动，调查其在完成这些日常活动过程中是否需要他人帮助，以此确定被评估老年人在基本日常活动自理能力与一般日常活动中的自理能力状况。在老人大体状况一项中，调查员通过对被调查者日常生活基本判断能力、视力、听力、表达意愿等方面的观察，根据自己的判断对老年人大体状况进行评估。通过对上述参数的汇总分析形成老年医疗护理需求评估报告，确认评估结果为老年医疗护理需求中的一般需求、轻度需求、中度需求还是重度需求，并给予老年人相应的居家医疗护理费用医保支付待遇。

从总体来看，民政、卫生、医保在各自系统对老年照护需求开展了积极实践或试点探索，但也存在一些问题。如评估各成体系，缺乏有效衔接；老年人需接受不同部门多次评估，部门资源未能有效整合；服务项目间缺乏转介机制等，在政策协同、资源统筹、形成合力等方面需进一步加强。

（二）统一照护需求评估体系的内涵

根据上海市政府关于加快推进涵盖养老服务供给体系、保障体系、政策支撑体系、需求评估体系、行业监管体系“五位一体”的总体要求，确保市委、市政府要求开展统一老年照护需求评估任务的完成，实现老年基本照护需求与专业服务合理匹配，促进养老服务资源的公平分配与有效使用，制定本养老服务需求评估体系。主要目的是基于“老有所养”和“持续照护”的理念，以建立老年长期照护体系为目标，构建以老年人为中心的统一老年照护需求评估体系，不断完善本市养老服务体系。通过统一的需求评估体系对老年人开展养老需求评估，并以此为标准，匹配老年人养老需求和养老专业服务项目。整合现有相关评估标准，建立包括医疗护理、生活护理等多种服务需求的评估标准。

具体来看，统一的照护需求评估体系主要包含两个方面的内容：一是统一评估调查表，涵盖生活照料和医疗护理相关调查内容并明确老年人照护等级、等级划分的标准；二是老年人分类照护项目清单，针对老年人的不同情况，明确对应的服务项目和内容。

1. 统一评估调查表应包含评估参数项目和评估报告两个方面

评估参数项目包括疾病指数、生活自理能力、认知能力、情绪行为、视觉等五个主要参数以及社会生活环境作为背景参数，从这六个方面对老年人进行全面评估。为保证评估结论的客观性，将采取双盲法的办法实施，之后形成完整的评估报告。评估报告将最终呈现老年人的评估总分，并根据分值划分照护等级。统一的评估体系整合老年照护评估标准、老年护理医院出入院评估标准、高龄老人医疗护理评估标准，将老年人照护等级由轻及重划分为6个层级，根据不同的照护等级为老年人提出相应的养老服务建议。同时做好评估培训和评估团队的建设工作。

2. 明确与照护等级对应的服务项目清单

整合现有服务项目，在居家养老的“普惠制”服务政策的基础上，针对社区居家照护（入户生活照料和医疗护理、日间照料、家庭病床等）、养老机构照护、老年护理院照护等不同梯度，制定与照护等级对应的服务项目清单和服务资质、照护服务政策梯度，以及资金支付渠道（个人支付、财政补贴、医保支付）等。

（三）统一照护需求评估体系的应用范围

全市统一的老年人照护需求评估体系主要应用于两大类五小类服务，即社区居家照护服务（社区居家养老上门照护服务、社区日间服务机构日间照护服务、高龄老人居家医疗护理服务）、机构照护服务（养老机构照护服务、老年护理院照护服务）。

1. 社区居家照护服务——社区居家养老上门照护服务

主要为经统一评估照护等级较为轻度且有居家生活照料需求的老年人，通过政府的购买服务和社会化参与，由社会养老服务组织，提供或协助提供开展以“助餐、助浴、助洁、助急、助行、助医”等为主要内容的“六助”服务，满足老年人专业化、个性化的养老服务需求。

2. 社区居家照护服务——社区日间服务机构日间照护服务

主要为经统一评估照护等级为轻度且有日托照料需求的老年人提供日托服务，让老年人距家较近的日托所享受到日托照顾、餐饮配送、保健康复、文化娱乐等“一站式”养老服务。与社区居家上门服务有所不同的是，日托服务将更加突出为老服务的专业化，不是简单停留在照看式的“托管”，而是强调人性化的“服务”，让老年人在熟悉的环境中得到所需的专业化、规范化和亲情化服务。

专栏：徐汇区积极探索试点统一照护需求评估体系

2014年，各相关委办局进行了大量深入的研究，12月底，市社会养老服务体系建设领导小组出台了《关于本市开展老年照护统一需求评估体系建设试点工作的意见（试行）》《上海市老年照护统一需求评估办法（试行）》等文件，在徐汇、闵行、杨浦、普陀和浦东新区启动试点。近一年来总体平稳，特别是徐汇区在全区范围的试点取得积极进展。

徐汇区先后研究制定了《徐汇区老年照护统一需求评估试点方案（试行）》、《关于徐汇区老年人入住提供基本公共服务养老机构评估轮候办法（试行）》等11项政策、实施方案和管理办法等；委托专业公司开发设计了老年照护服务信息管理系统，开通了各类用户管理后台；建立了第三方评估机制，组建了评估机构和评估队伍；做好了与区卫计委、区医保办等部门的协调。在各项试点准备就绪的情况下，于2015年3月9日正式上线试点。截至11月19日，徐汇区已申请1533人次，完成评估834人，符合条件706人（其中，居家养老325人、高龄老人居家医疗护理166人、机构养老163人、护理院52人），已派送服务531人（其中，居家养老257人、高龄老人居家医疗护理166人、机构养老轮候74人、护理院轮候34人)，已服务250人(其中，居家养老123人、高龄居家医疗护理73人、机构养老41人、护理院13人)。申请评估和享受相应养老服务的老人总体反响良好。

目前，闵行区、浦东新区、杨浦区、普陀区等试点区和其他区县均已制订实施方案，并对接徐汇区，结合本区域实际，启动区级信息平台建设，以及需求评估员的培训工作，积极推进老年照护统一需求评估体系建设。

3. 社区居家照护服务——高龄老人居家医疗护理服务

主要为中度的居家高龄老年人，由医疗服务组织或护理服务机构，提供基本的居家医疗护理服务。

4. 机构照护服务——养老机构照护服务

主要为患慢性病、以生活护理需求为主的中、重度失能（失智）、高龄老年人，提供照料护理服务，其中有内设医疗机构的养老机构还提供医疗护理服务。

5. 机构照护服务——老年护理院或社区卫生服务中心照护服务

主要为病情相对较重，以医疗护理需求为主的重度失能老年人，提供医疗护理、临终关怀和舒缓疗护等服务。

基本养老公共服务主要体现了政府在养老服务中的“保基本、兜底线”作用，保障那些经评估符合条件的特定对象。服务水平体现保基本要求，服务方式可由政府直接提供服务，或由政府购买社会组织服务的方式提供，实行政府定价或政府指导价，对家庭经济条件困难的老人通过财政给予相应补贴。

三　照护需求评估体系的操作运行方式

（一）评估工具和参数

1. 评估工具及使用方法

（1）整合后的评估标准依然采用评估表格的形式，将主要的评估参数分成五项，每项参数包含若干评估事项，对每一评估事项进行判断评分，并加总分进行各评估参数的等级判断，同时做出结论备注。

（2）在各评估参数不同等级判断的基础上，对不同等级判断进行评估分值的确定，并对各评估参数的评估分值进行加总，得出评估总分。

（3）根据已经确定的照护等级评分参考值，将前面得出的评估总分分值与照护等级评分参考值进行比较，得出照护等级结论。

（4）评估报告中给出了照护等级相关建议。从较轻度到极重度分别提出了应当接受何种服务，以及服务提供方和对经济困难老人可给予的服务补贴。

2. 评估参数和指标

整合后的评估标准中包含五项评估参数，分别是疾病指数、生活自理能力、认知能力、情绪行为和视觉，这五项参数中分别包含具体的评估事项，即参数所含的各项指标。比如疾病指数参数中分为症状和体征两大类，其中症状中包含咳嗽、呼吸困难、吞咽困难等多项指标，体征中包含水肿、胸腹水等多项指标。通过对这些指标即评估事项进行判断评分总和来确定该参数的判断等级。最终按照五项参数的等级得分加总得出照护等级。

除了以上五项评分参数外，评估标准中还包含了一项社会生活环境参数，作为背景参数不参加评分，仅用作居住状况、家庭支持和社会参与的情况参考。

（二）评估流程

1. 老年人提出申请

符合条件的老年人或代理人向社区事务受理服务中心或综合为老服务中心提出照护申请。

2. 相关部门受理

对于符合条件的老年人进行资格审核，做出受理与否的决定并给出理由；养老服务需求管理和服务平台可承担此职能。

3. 上门评估

对于做出受理决定的符合条件的老年人进行上门评估，评估费用根据老年人具体情况收取。由政府认可的具有相关资质的第三方评估机构进行评估。这称为首次评估，也叫作准入评估。在首次评估后，如果老年人的身体状况发生变化，将进行持续评估，或称跟踪式评估。

4. 得出评估结论

老年人对评估结论没有异议的，即参照评估结论接受相应服务；如有异议的，向相关组织提出复检评估申请。

5. 提供服务

根据评估结论提供相应服务，老年人是否享受服务补贴，依经济状况审核结果来定；服务分配由养老服务需求管理和服务平台实现。

（三）评估队伍和评估机构

在整合不同养老服务需求评估标准的同时，还需整合现有各方的评估力量，最终形成统一的评估队伍。统一的评估队伍中的评估人员并非来自一家评估机构，他们可以来自不同的评估机构，但需同时具备居家照护评估、养老机构出入院评估和护理院出入院评估的专业技能，即能进行统一评估。评估人员需要具有相关单位认可的评估资质方能进行评估工作，评估员队伍的培养今后逐步向需持有评估师执业资格证书的方向发展。

评估人员来自评估机构，这是独立于政府部门的社会组织，也叫作第三方评估机构。该评估机构需由政府部门认可，并具有相关资质。第三方评估机构拥有相对独立性，与评估对象和服务提供方没有利益关系。

评估人员的培训工作可由相关社会组织承担，评估机构的认定工作由政府相关部门负责。

（四）评估资金

评估资金包括几种情况：一是老年人初次申请照护服务时的评估费用；二是如对评估结论有异议，申请复检评估的费用；三是当老年人身体状况发

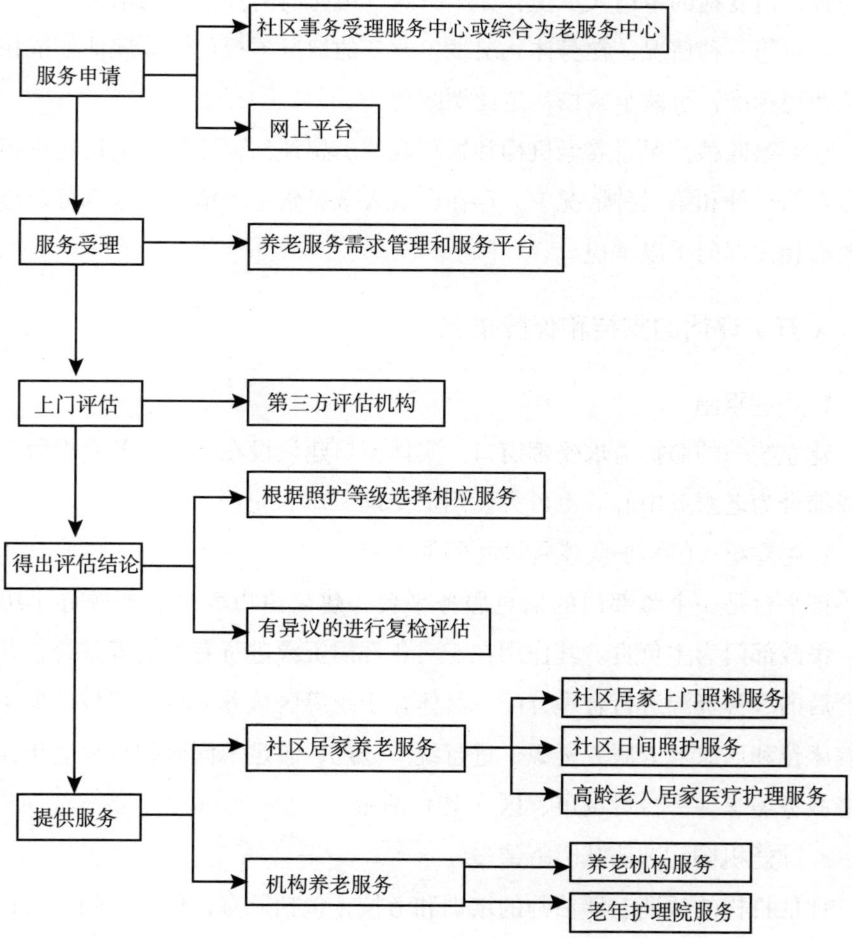

图1　评估流程

生改变，需要进行持续评估的费用；四是养老机构和护理院的出院评估费用。

针对第一种情况，根据相关评估费用标准，首次的准入评估原则上由老年人自行承担，如果经济确有困难的，可由政府进行适当补贴。

针对第二种情况，当对评估结论持有异议，由第三方评估机构的主管部门或类似协调小组这样的组织或机构进行审核，出具是否同意复检评估的建议，再指定复检评估小组或人员进行评估。如复检评估结论与先前的评估结论一致，由复检的申请人承担；如不一致，由先前的评估机构承担。

针对第三种情况，在身体状况发生改变的情况下提出持续评估，依相关评估费用标准，可减半或按一定比例减免。

针对第四种情况，养老机构和护理院的出院评估，原则上由机构承担。

在第一种和第三种情况中，存在申请人减免费用的情形，这部分资金需要政府相关部门予以承担。

（五）评估的支持和保障措施

1. 受理平台

建立统一的照护需求受理窗口。实体窗口建议设在社区事务受理服务中心或综合为老服务中心。也可另设网上受理窗口。

2. 组建统一的照护需求管理和服务平台

该平台是一个跨部门的信息服务平台，建议由市养老服务领导小组牵头，民政部门为主负责。其作用在于对各部门资源进行有效统筹整合，并对整合后的服务资源进行合理分配。具体在于统筹区域养老机构床位、老年护理院床位和居家养老服务资源，进行统一分配，满足不同照护等级老年人的养老服务需求。平台可设市、区（县）两级。

3. 评估机构和评估队伍的建设

评估机构的认证、评估师的培训和考核，包括原有评估人员的再培训和新评估员的培训，评估机构和人员的配备是整个评估体系正常操作运行的重要保证，需要整合原有的评估员队伍，并充实新鲜血液。

对于复检评估的实施，建议成立专家小组或复审组织，并起草复评估实施流程和标准。

4. 制定养老机构和老年护理院出院标准和出院执行保障措施

制定机构的出院标准也是将资源用于最需要的老年人的措施之一。出院标准可以另行制定，但建议采用整合后的评估标准，当评估标准低于某一级别，可进行出院办理。但在实际操作过程中，有一些老年人入住机构后，即使身体状况不符合入住条件也不选择出院，因此，要强化出院执行措施的力度，使资源分配合理化。

5. 给予养老机构护理床位的医保政策支持

对于养老机构中的护理床位，建议打开医保通道，通过前期的供给实际情况，进行审核和评定，符合条件者可以使用医保支付护理费用。公办养老机构未来收住的老年人70%将为失能失智老人，护理床位的比例将会不断递增。在评估过程中，要实现照料和护理的有序衔接，医保的政策支持必不可少。

四　建立统一的照护需求评估体系的有利因素及不利因素分析

（一）有利因素分析

1. 市领导的高度重视

建立照护需求评估体系的第一个有利因素是市领导的高度重视。在养老服务发展的起步阶段，分别从民政部门、卫计部门、医保部门各自设计出相应的评估标准是可行的。随着“医养融合”目标的提出，市领导提出建立一个统一的养老需求综合评估体系势在必行，并将之写入了养老服务发展28号文中，将其作为“五位一体”中的重要一体单独列出来。同时要求发改委、民政、卫计等部门将其作为当前的一项重要工作任务，积极研究，部署落实。

2. 各部门的共识

主要是包括发改委、民政、卫计等部门在内对建立统一的养老服务综合评估体系有高度的共识，体现在行动上，表现为在市发改委领导下，民政部门和卫计部门均在不断努力探索统一的养老和护理综合评估标准。早在2006年民政部门即提出要探索将机构养老的入院评估标准和居家养老服务的护理等级评估标准统一的做法。卫计部门在2013年制定了老年护理院出入院标准并进行了试点，同时也在探索医院护理服务中接入居家养老服务的内容。医保部门在2013年制定了《高龄老人医疗护理需求评估管理规范（试行）》。因此，建立一个统一的照护需求评估标准有着良好的部门共识和协作基础。

3. 统一的照护需求评估标准拥有了坚实的工作基础

即基于卫计部门的老年护理院出入院标准、民政部门的老年照护等级评估要求、医保部门的高龄老人医疗护理需求评估管理规范（试行）均已经制定并实施。以这三个评估标准为基础，在统一照护统一需求评估中分别形成机构养老模块、居家养老模块和医疗护理服务模块，对于上海市的养老服务发展，具有非常重要的意义和推动作用。

（二）不利因素分析

1. 不同部门的藩篱需要打破

三个标准涉及三个部门，如果不能打破部门之间的藩篱，那么要真正建立一个统一高效的评估体系难度不小。谁牵头？谁来做？谁为主？这些问题解决不好可能会影响将来的评估体系的实际运转效率。

2. 评估队伍的整合问题

原来各自的评估队伍要加强培训，以适应整合之后新的综合评估体系。这可能存在一个过渡期。如对老年人同一种身体状况的评估，卫计部门的评估方式、结果与民政部门的评估方式、结果是有差异的。不一定是谁正确谁错误的问题，可能是评估的角度、评估依据的专业知识有差异导致的。如何弥合他们之间的评估差异，需要仔细研究。这个问题解决不好可能影响将来的综合评估体系的权威性。

3. 养老服务的资金融合问题

卫计部门的用于养老、医疗护理服务的资金和民政部门的用于养老、护理服务的资金如何进行优势互补，也是需要解决的问题。在建立统一的照护需求评估体系背景下，老年人在护理院中的养老服务费用是否可以纳入民政系统的养老服务补贴范畴，居家养老的老年人和机构养老的老年人看病、护理照料费用是否可以纳入医保基金支付范畴等，都是需要认真讨论协商解决的。资金问题不是小问题，解决的完美程度会影响以后综合评估体系的运转效率。

五 未来发展方向

2015 年 6 月 3 日，上海市政府明确老年照护统一需求评估在全市全面推开。今后，新增的养老服务需求，原则上都要经过统一需求评估，根据照护等级提供相应的养老服务；同时，加快养老服务资源整合，建立轮候机制、转介机制，促进资源有效利用。6 月底，上海市社会养老服务体系建设领导小组办公室印发了《关于全面开展老年照护统一需求评估的工作意见》（沪社养老领办〔2015〕2 号），对开展统一需求评估工作的推进机制、进度要求、相关保障等提出了明确要求；随后引发了《关于进一步加强上海老年照护统一需求评估员管理与培训的工作意见》等相关配套文件。在此基础上，下一步全市在推进照护需求评估的过程中重点注重以下方面。

一是深入完善统一需求评估标准。统一需求评估标准执行的《老年照护统一需求评估调查表》，是对原民政、卫生、医保三个部门关于老年照护评估项目的选择性删减和排列组合，是“物理整合”。在目前的评估应用中，老年人照护等级的评判仍需按照原三套标准，分别给出评估结论。在实际评估中，已出现“评估所得的照护等级与老人身体状况不一致”的情况。比如，有的高龄老人很明显身体机能不好，而评估结果却显示无照护等级；另外，对于同一老人，不同的评估员评估出的结果可能不同。初步分析表明，这主要是由于评估项目所占权重的分配不合理，医疗方面的权重过高，导致评估结果不尽合理。此外，由于目前缺少评估指导手册，导致各评估员对评估内容理解不同、把握不同。因此，必须从实际出发，基于徐汇区等的具体操作实践，全面收集评估结果相关数据，对照新评估标准与原标准所得评估结果的匹配度，分析评估的“误判率”，进一步修正《老年照护统一需求评估调查表》的评估参数和照护等级评判标准。

二是加快提高需求评估调查表处理效率。从目前的操作流程中看，老人的评估报告送至市卫生发展研究中心，距离正式出评估报告需要一个星期左右，整个过程需要 15 个工作日左右，不少老人反映时间较长。这主要是由于：老年照护统一需求调查评估表的处理仍然是独立进行的，并仍然基本处于手工操作状态，没有实现信息化（处理程序与需求评估系统不关联），使得评估结果无法及时获悉。将来应当结合市级老年照护统一需求评估综合信息管理系统建设，在完善《老年照护统一需求评估调查表》的基础上，尽快开发“评估结果处理程序”，并与区级需求评估综合管理系统对接，从而提高评估结果的处理和反馈效率。

三是继续推进统一需求评估员培训。为加快推进需求评估试点工作，尽快组建统一的评估员队伍，市卫计委和民政局一起，研究制定了《上海市老年照护统一需求评估员培训工作方案（试行)》和《关于进一步加强上海老年照护统一需求评估员管理与培训的工作意见》，明确了评估员培训的对象、内容和培训组织实施机构。今后市级层面应统一组织评估员培训，培养一支合格的评估员队伍。

四是加大整合老年照护服务资源力度，增加老年护理床位。统一需求评估的一个重要目标是加快依托统一需求评估标准和等级，整合分散在民政、医保、卫生的照护服务项目，形成统一的与照护等级对应的服务计划及其支付制度。因此，经过需求评估确定照护等级是前提，但随后与照护等级相匹配的照护服务资源能够跟上也非常关键，这直接决定了老年人参加统一需求评估的积极性，决定了老年人是否支持统一需求评估工作，决定了统一需求评估体系建设的成败。为此，一方面，必须加大各部门老年照护服务资源整合力度，加快整合进度；另一方面，各部门必须尽可能拿出更多的照护服务资源，尤其是老年护理床位，供统筹安排、调度使用。

B.13

以老年长期护理保险制度助推养老服务资源整合和产业发展

胡苏云*

摘　要： 老年养老护理保障包括老年养老护理保险和老年养老护理服务两大系统。而既有的体系最大问题是不仅割裂了养老和护理、医疗护理和非医疗护理；而且割裂了保险保障和服务，更是造成养老护理服务资源短缺和碎片化。根据发达国家社区照顾、长期护理服务和保险发展经验，“十三五”期间上海要进行老年人长期护理保险制度前期系统研究，养老服务要定位于老年人长期护理保险制度的建立，以助推养老服务资源整合利用的效率提升，并推动养老事业和产业发展。老年人长期照护保险筹资来源主要来自民政财政加福彩金、医保筹资投入、公积金拓展使用、残疾金和计生补贴的针对性使用，以及个人缴费。遵循“钱随老人流”的原则，结合老年人统一需求评估，制度将以统一规范的标准制定支付水平。以老年人长期护理保险制度建立助推护理服务人才体系，构建养老护理服务人员体系，具体包括培养培训的人员体系、挖掘潜力的人员体系和前瞻服务人员体系（人工+机器人）。

关键词： 长期护理保险　养老服务资源　养老产业

* 胡苏云，上海社会科学院城市与人口发展研究所研究员。

老年养老护理保障包括老年养老护理保险和老年养老护理服务两大系统。而既有的体系最大问题是不仅割裂了养老和护理，医疗护理和非医疗护理；而且割裂了保险保障和服务。从负责老年福利的民政系统看，以往的老年福利只针对困难老人和独居老人，随着人口老龄化的加剧和老年人对已有老年服务需求的增加，从“十一五”开始上海市政府逐步构建了适当普惠制的老年福利体系，“十二五”形成了“9073”的养老格局，但是政府资源有限，“9073”是种政府主导负责的老年人养老服务体系，它是民政系统老年福利的一种延续和完善。从养老－护理服务联动看，“十二五”后期上海提出了医养结合并确定了实施方案，但受制于医疗卫生系统本身改革进程和资源利用问题，医疗为养老服务的能力还有限。今后定位于老年人长期护理保险制度的建立，将有助于养老服务资源整合利用的效率提升，并推动事业和产业发展。

一　上海养老服务现状和问题

表1　上海机构养老、居家和社区养老供给

	单位	2005 年	2010 年	2013 年
Ⅰ机构养老服务				
1. 机构数	家	474	625	631
2. 床位数	张	49529	97841	108364
3. 全年新增养老床位	张	10094	10843	5155
4. 养老床位占 60 岁及以上老年人口比例	%	1.9	3	2.8
Ⅱ社区和居家养老服务				
1. 社区老年人日间服务机构数量	家	83	303	340
日托老年人数	人	2108	9000	12000
2. 社区助老服务社	个	233	233	230
3. 社区居家养老服务月服务人数	万人	5.5	25.2	28.2
4. 获得政府补贴的老年人	万人	3.9	13	13.3
5. 社区老年人助餐点机构数	家			533
6. 服务人数	万人			6.0

资料来源：上海市民政局：《上海市老年人口和老龄事业数据手册》，2014。

在过去十年间，上海市政府通过市区两级财政投入和实施工程建设，构建了民政系统主导的“9073”养老格局，取得了卓著的成绩，并尝试医养结合，开设养老院内设医疗机构，以医保基金支付居家上门医疗护理服务。但是老年人养老服务体系仍然存在几个问题。

（一）养老护理服务资源结构性短缺

虽然老年人实际能获得的照料护理资源来自五大渠道（民政养老院、卫生护理院和一二级医院护理床位、家庭病床、民政居家养老服务、家庭照料服务），其中的机构照料总体供需平衡，但床位有结构性的、局部性的短缺，城郊分布不均衡、与人群需求不匹配。

（二）养老护理资金投入呈现多部门、多层级，不协调、缺整合的问题

具体表现为财政和卫生、医保资源整合不够，多层级投入间不协调，有矛盾，缺合力，而且区县层级主导的养老投入加剧了区域资源布局不平衡。

（三）养老服务格局无法满足全体老年人多层次养老服务需求

具体表现为公共投入主导倾向日益突出，社会投入停滞不前；并因此出现了与现实需求之间的诸多差距，如与多层次老年人多样化需求之间有差距，与鼓励社会力量参与养老的目标有差距，与社区照顾主导的养老需求有差距，与养老院入住老人看病就医需求有差距。

（四）现有的医保支付的高龄老人居家医疗护理服务内容和覆盖面有限，将医疗护理服务混同于养老护理服务

上海在“十二五”规划中提出建立老年护理保障计划，并从 2013 年试点高龄老人医疗护理，由医保基金支付服务费用，在 3 个区 6 个街镇开展 80 岁以上老人居家护理工作。如今该计划已经开展一年半，2014 年又将范围扩大到了 6 个区共 22 个街镇。提供服务内容有基础护理 + 临床护理，形

式是建立护理站。由于临床护理对护理人员的资质要求较高，且实践中没有医嘱也难以开展。

突出的问题是参加试点的老人数远低于预期，服务人数增长始终缓慢。截至2015年初共计1315位老人，与每个街镇4000~6000位80岁以上老人中20%的目标人数差距很大。而且评估符合条件但退出服务的老人数偏多。

原因在于：①服务时间和规定不符合需求。有限的上门服务不能替代居家保姆或家属对老人的照顾，每周最多5小时的服务时间，不能满足重度老人的照护需求；特别对于卧床老人，对他们的护理是一个连续的过程，护理站的上门服务无法替代居家保姆或家属对老人的持续护理以及夜间看护。因此，现有的服务次数和服务内容并未减少老人及其家属的经济压力（保姆费）和照护压力。每次1小时的服务时长规定较为机械：护理机构反映，由于老人的服务需求并不能固定，且同一项服务每次服务时间（如老人选择最多的擦浴或洗澡服务）也很有弹性，所以每次1小时的服务内容往往难以安排。另外，如进食、进水、二便、床上翻身、协助咳痰等，这些服务往往是老人必要的，但又是分散的，很难集中在一个有限的时间段内提供服务。而且评估流程仍较为复杂和评估标准门槛较高；②服务内容与经费来源有冲突，并与民政服务雷同，自负费用太高①。由于该项服务内容来源于医保基金，只能定位于居家医疗护理，服务内容无法涵盖老人多样化的护理需求，如有的老人希望增加输液等纯医疗护理服务，而有的老人希望提供洗衣做饭等家政服务等；相比社区卫生服务中心，老人及其家属对护理站缺乏信任感。虽然2015年起门槛已经从80岁降低到75岁，自负比例也下降几元，但由于与民政系统的养老服务补贴相比差异性优势缺乏，与系统性的长期护理保险服务相比内容和质量又有较大差距，因此居家医疗上门护理只能算是小范围尝试，有待根本性完善。

---

① 目前居家医疗护理参照家庭病床退休老人自负20%的比例看，明显高于退休老人8%的自负比例，也高于退休老人14.4%（2013年度）的实际自负比例。更高于民政部门的居家养老补贴。一些老人不愿承担护理费中属于医保自负部分的10元收费，认为民政牵头主导的居家养老是免费的。

二 老年人长期照护服务和保障体系的国际经验

（一）主要发达国家政府在公共长期护理服务体系中的作用①

由于老龄化加剧和高龄老人增加，社会养老服务体系构建中高龄及其失智失能需要护理照料老人越来越多，各国政府不论原来的福利和保障制度是什么模式，已有的养老保障和服务体系越来越关注需要社会长期进行生活照料护理老人的服务，对老人长期护理服务提供、补贴等安排成为各国社会养老服务体系构建的重点环节。

大多数经济发达国家有相似的长期护理政策导向。对 8 个工业化国家（美国、日本、德国、英国、加拿大、法国、澳大利亚和新西兰）的长期护理服务的比较发现，加拿大和美国有约 1/6 的老人通过付费获得家庭护理服务，而日本则有约 1/2 的老人和子女同住，从而依赖家庭成员提供免费的居家照顾，是 8 国中这一比例最高的国家。

公共长期护理服务体系建设以及老年人家庭护理保障支持制度从服务提供和费用支付角度基本可分为四种类型。

（二）长期护理服务体系的四种类型

1. 法律或制度规定出政府直接向国民提供长期护理服务

如荷兰、挪威、瑞典、英国等国家，是通过征收社会保障税等方式直接筹集，以财政拨款形式直接向服务需求者提供家庭护理服务和机构护理服务。但不同国家实施力度和保障程度有所不同，在荷兰、瑞典，已经通过法律明确了政府提供护理服务的法定职责和义务，而在加拿大，联邦政府则规定各省根据自身财政收支情况量力提供护理服务。

① 范娟娟:《浅析 OECD 主要成员国护理保险的制度安排》,《中国保险》2010年第5期。

2. 提供正规护理服务或护理服务费用支持

以色列1995年开始实施的《全国卫生保险法》授权全体公民享有社会医疗保险并规定了一揽子服务计划。在法律框架下，以色列全国有四个服务提供者，或称为疾病基金，所有以色列居民都依法参保于其中的一个基金。保险基金负责支付参保者基本医疗、住院医疗、用药、检查、医疗康复和家庭病床的费用。机构管理服务支出中有55%是由公共福利财政支付的，另外45%是由个人或家庭支付的。公共财政对长期照护服务的支付依据的是20世纪80年代通过的《社会长期照护保险法》于1988年4月生效。法律要求征收全国卫生保险的雇员缴费的0.2%，建立一个用于实施此项法律的保留基金。增加了现有居家照护和服务提供组织的资源量；促使原有分散和单独预算的服务项目成了法律授权的全民受惠制度。

日本是实行社会性长期护理保险的典型国家，有关研究显示，护理程度对健康效用的影响显著。但由于护理保险缺乏预先充足的基金积累，人口老龄化的加剧将显著地冲击公共筹资系统，日本目前采用的长期护理筹资方式将使未来政府不堪重负，也制造了两代或多代人之间的负担不平等。而比较而言，类似美国这样的商业长期护理保险则不存在这一问题，但那儿的长期护理更多地成为个人责任和负担。

3. 由政府提供长期护理服务的费用支持

如奥地利政府直接发放护理津贴，让人们购买护理服务或提供非正规护理的亲友共用。奥地利的《长期照护津贴法案》有两个，一个是联邦长期照护法案，覆盖所有享受社会保障退休金的人（占总人口的90%）；另一个是省级长期照护法案，覆盖其余10%的人口。法案规定授权建立长期照护现金资助计划，目标是帮助需要照护服务的人尽可能地维持居家生活的状态，使他们有能力购买所需要的服务；同时帮助那些不得不寻求养老机构服务的人顺利完成从居家服务到护理院服务的转型①。

---

① 裴晓梅等：《老年长期照护导论》，社会科学文献出版社，2010。

（三）老年人长期照顾概念和准则①

从着重于老年人服务体系建设的国家来看，长期照顾服务体系是主要制度安排。这些国家的长期照顾是由非正式提供照顾者（家庭、朋友和/或邻居）和/或专业人员（卫生、社会和其他）开展的活动系统，以确保缺乏完全自理能力的人能根据个人的优先选择保持最高可能的生活质量。并享有最大可能的独立、自主、参与、个人充实和人类尊严。

1. 长期照顾的重要内容

包括保持参与社区、社会和家庭生活；住房的环境性适应和辅助装置以弥补功能减退；评估和评价社会照顾和卫生保健状况，形成照顾计划，并由适当专业人员和准专业人员采取后续服务；制定规划，通过降低危险性措施和质量保证减少老年残疾、预防失能或失智进一步恶化；提供机构照顾或居家照顾；规定和认可老年人精神、情感与心理需要；酌情提供必要的姑息治疗和抚恤支持；支持家庭、朋友等成员提供的非正式照顾；要求提供支持服务、照顾的专业人员和准专业人员具有文化敏感性。

2. 私立和公立部门作用和责任

注重家庭、个人、民间社会、国家、省和地方政府、非营利组织及营利组织的合作，确保持续发展和持续改革，并辅之以立法来组织和指导。

公共政策的设计必须结合专业人员和准专业人员的正式照料以及家庭、志愿者、邻居、非政府组织提供的非正式照料，确定他们各自作用、责任和权利，并对所面临的挑战做出反应。

3. 长期照顾系统方案要素和基础设施

长期照顾系统是一项全面和持续提供照顾计划，应包括获得的公平性；受益和服务的范围；涵盖覆盖的合格条件、照顾的起点、与卫生和社会系统以及它们之间的联系等。

长期照顾系统基础设施的充足性，包括其处理与下列方面有关问题的能

---

① 世界卫生组织（WHO）：《建立老年人长期照顾政策的国际共识》，2000。

力：劳动力（包括雇员教育、培训和颁发证书程序），规划和设施，可供评估、临床决定、照顾协调和规划发展利用的信息系统，对变化做出反应和改组的组织能力，服务的一体化和可持续性，评价质量和满意度的标准与机制。

4. 收入保障及筹措长期照顾系统和服务的资金

第一，使公立、私立和个体义务平衡的财政支柱方法；

第二，各级政府的收入来源；

第三，可接受的付款和控制费用机制；

第四，将卫生保健和社会照顾与其他相关预算相联系的预算的灵活性；

第五，处理个体收入和资产的公正和公平的解决办法；

第六，以社会团结方案为基础的筹集资金来源。

5. 社区照顾服务提供者各自分工和作用①

第一，主要的提供者包括政府、营利性机构、志愿者或是非政府非营利性组织、雇员或行业协会和非专业护理人员，等等。政府部门则通过社会保障体系、公共医疗福利机构，在国家、省市、地区等不同层次上提供财政支持、安置处所，以及公共医疗服务和社会关怀等。

营利性机构可以成为住家看护、医疗服务、养老金和休闲活动的主要提供者。

不同形式的非营利组织，在社会关怀、住家养老、休闲活动和交通服务方面也大有作为；在有些国家的公共医疗服务福利体系中，他们还扮演了主角。

私营业主和行业协会在为其雇员提供本行业的福利待遇的同时，还可以在其他领域有所表现，比如为他们的前任雇员和退休人员建立或管理养老金，以及其他经济补助或福利待遇。由于服务体制中的各个组织部分在政治、经济、福利体系中处于不同地位，它们在整个服务提供体系中发挥了不同的作用。

---

① 苏珊·特斯特：《老年人社区照顾的跨国比较》，中国社会出版社，2004。

目前绝大部分（大约75% ~80%）照顾是由非正规照顾者提供的，即由家人、朋友、邻居提供的，其中多数为女性。虽然大部分精力被投放在了政府提供的服务方面，但是大多数国家拥有的是由政府组织和非政府组织、正式组织和非正式组织共同组成的多元系统。

第二，财政费用，可以从不同渠道、用不同方法筹集。照顾服务的财政来源主要有政府、个人、保险基金、私营业主、行业协会和慈善团体等，还可能从诸如税收方面得到财政的支持和投入。财政承担者不一定必须是服务提供者，公营与私营服务及公共与私营财政之间是有差别的，对老人的家居护理经常是由私营代理机构提供的，但他们往往从公共渠道获得部分的资金支持。

第三，老年住宅是社区照顾的主要构成部分。对大多数的老年人，特别是老两口都健在的，采取让他们在自家安度晚年的政策，主要发展为老年人上门服务的政策。政府逐步地介入老年住宅问题，把解决老年人住宅问题作为建立现代住房制度的一个重要内容，并以原有住房为基础，采取将住在原有住房与建设老年公寓相结合的政策。

将居家养老与老年住宅改造维修相结合是这些国家的共同特点。“家”的界定包括普通的民居、专业性护理院、收容所和养老机构；服务的范围包括亲密的家庭照顾、不断增加服务项目的收容院护理，以及提供一系列服务的养老机构等。措施包括对老人现有住宅的改造和维修，部分费用来源于私人房产所持的普通股，还包括诸如家庭福利服务和紧急呼叫系统这样的社会支持。

同时，西方国家根据老龄化的需要和经济承担能力，适度地发展老年公寓，专供生活自理的老年人居住。和一般公寓/社区的不同点在于，其中设置了一些残疾人通道、扶手等无障碍设施，在卧室、浴室和厕所里安装了紧急求助装置，以及专供老年人休闲活动的各项设施（图书室、健身房等）。

（四）主要发达国家对非正式照料服务的支持制度安排

1. 推行个人总额和需求导向型护理服务雇用计划

该类型计划允许护理服务需求者自行雇用、解雇、管理护理服务提供者以及规划护理服务需求，旨在确保服务需求者有更为自主选择权。荷兰、挪威、瑞典、英国、美国5国推行此类政府支持计划。政府为护理服务需求者建立个人账户，需求者既可以使用账户金额挑选护理机构后购买服务，也可以直接用账户金额雇用护理服务人员，所有的服务提供方都需要与服务需求者签订正规雇用合同，即使由亲友提供服务也如此，合同明确约定护理服务时间和护理报酬水平。

2. 向护理服务需求者提供津贴支持

政府按月向服务需求者提供财政津贴支持，在确保得到充足护理服务的前提下，服务需求者可以自行支配政府津贴。目前，奥地利、德国、卢森堡、英国、瑞典都采取此类制度。

3. 向非正规护理服务提供者提供一定的收入补助

政府按月向非正规护理服务提供者提供一定的收入补助，这是为了弥补服务提供者因提供护理服务而损失的收入，这不是对所提供护理服务本身价值的完全补偿，而是对那些因向身边亲友提供护理服务而无法从事全职工作的人员提供最低水平收入补贴，援助的对象主要是低收入群体。

三　建立长期护理保险制度推动养老服务事业和产业发展的建议

“十三五”期间，养老服务发展将是个转折期、过渡期和准备期，十八届五中全会已经确立试点建立老年人长期养老护理保险，“十三五”期间上海要逐步从财政补贴转向财政作为一部分筹资建立老年人长期护理保险，从根据经济收入困难程度的兜底线养老转向主要依据老人身体情况而提供服务的普惠制度，从民政养老补贴转向能整合资源的系统性制度的筹资补贴。

（一）进行老年人长期护理保险制度前期系统研究

1. 明确制度性质

老年人长期护理保险是种护理保险而非医疗护理保险，前者是针对护理服务，后者针对住院术后护理和康复服务，不能因为目前我们医疗服务系统对护理和康复服务有缺失存缺口就将医疗护理混同于老年人长期护理，避免将目前卫生服务和医疗保险制度的缺陷殃及尚未建立的老年人长期护理保险；护理保险主要服务对象是老年人，尤其是80岁以上者需要护理增多。

2. 优化制度形式

研究老年人长期护理保险制度形成条件、规律和发展趋势，以及制定制度的主要内容及其依据基础。

3. 扩大资金来源

研究老年人长期护理保险制度资金来源及其可能性。比照国内实际情况，确立长期护理保险支付的服务内容项目；最关键是要有广泛讨论和社会参与后再确定制度模式和内容，然后确立立法草案内容。

（二）建立独立于医保制度的护理保险制度，推动政府主导的养老服务资源整合

1. 公共服务资源内部整合涵盖横向整合和纵向整合

横向整合包括卫生和民政的医疗护理和生活护理资源整合，如社区卫生服务中心在医养融合中的功能发挥。纵向整合包括社区内来自市、区、街镇内各级资源的整合，尤其是财政补贴、服务购买、社会保险支付资金的整合效应发挥。

2. 公共组织资源整合包括管理资源整合、人力投入和信息资源整合，各自基层服务机构和资源整合

其中更重要的是公办服务机构与公办民营志愿服务机构、其他社会组织、市场机构之间建立信息平台、必要的支付平台（购买服务资金流通平台）。

3. 公共政策资源整合是形成各部门政策合力，避免政策间冲突和抵触，同时形成政府政策优惠资源整合（财政税收、福利政策、计生政策、社保政策），建立政策支撑体系和公共信息中心

在政策形成中注重公办民营志愿服务机构、其他社会组织、市场机构的参与，做到政策既增进各自功能定位，又注重操作效果。

4. 资源整合型模式的需求匹配性、可持续性和可复制性分析

社会化资源运用和配置要充分运用金融手段，信息化、科技化等手段。

5. 长期照护保险计划可以先在区县层面资源整合

虽然其筹资渠道整合层次是在市级层面，但考虑到实际服务提供组织中以区县资金为主的情况，护理保险基金可以实行区县总额预付的方法，集中在区县统一规划养老服务和护理服务的提供。

（三）老年人长期照护保险筹资来源多元化

主要来自民政财政加福彩金、医保筹资投入、公积金拓展使用、残疾金和计生补贴的针对性使用，以及个人缴费。

（1）民政养老投入 + 福彩金：市 – 区县 – 街镇财政投入资金汇总在一起。

（2）医保金投入：医保筹资比例将下降的 3 个百分点中的 1 个百分点用于护理保险（针对所有劳动者参保人员）；个人账户多余资金可用于护理保险个人筹资和护理服务费用支付。

（3）公积金的拓展性适用投入：如公积金用于居家养老适老性改造，用于入住养老院护理院床位费补贴，用于电梯改造，用于爬楼机租赁等。

（4）其他相关公共资金投入：多余的残疾人保障金和计生补贴可以分别用于残疾人护理保障和失独老人护理保障经费来源。

（5）参保人个人缴费和服务费用支付：如德国 50% 自付，日本 10% 自付，上海可以考虑 20% ~30% 自付（建立个人责任意识和风险共担机制，限制道德风险）。

（6）原有的困难人群补助依然具有兜底作用：可以用于前期保险费用支付和后期服务使用费用补贴。

（7）其他特殊困难和情况可由护理保险中单列的风险基金偿付。

（四）遵循“钱随老人流”的原则，结合老年人统一需求评估，以统一规范的标准制定支付水平

（1）护理保险支付用于照料服务，绝不可用于医疗服务；医疗保险给

付包括家庭病床以及扩展到居家康复和医疗部分。

（2）护理保险给付中包括一部分预防性支出，康复服务另外考虑。老年人的疾病治疗需求和生活照料一般难以区分，导致目前卫生系统护理院压床严重，在老人出院照护系统中有急性病人，更多的是慢性病人，需要设计整合性医疗计划，并加入康复护理内容，而不是像目前那样没有任何界限，让只需要慢性病用药的老人也长期住在护理院中，而是需要在长期护理保险中加入必要的康复内容。因此需要确立护理院出入院标准，注意养老院入住标准与护理院入院标准的区分以及和护理院出院的衔接。

（五）以老年人长期护理保险制度建立助推护理服务人才体系

长期护理包括一般术后病后护理、老年人护理、残疾人护理等。养老护理服务人员短缺是各国普遍现象，并有加剧趋势，需要广开思路和门路，定标国外标准加着眼现实基础和未来发展要求构建养老护理服务人员体系，具体包括培养培训的人员体系、挖掘潜力的人员体系和前瞻服务人员体系（人工＋机器人）。

（1）既有型建设：以老年人长期护理保险制度通常规定的项目内容，打破医疗保健康复之间的壁垒界限，打通医疗康复与养老护理之间的通道，根据实际情况和现实可行的需求，降低老人护理养老有关的医疗药品服务的门槛，进行未来五年养老护理人员队伍规划。

（2）开拓型发展：吸取先进的国际经验，首先是建立养老护理用人机构与养老护理人员按需定人的培养机制，养老护理人员学校教育培养费用由实习单位承担，既解决了护理人员短缺，又解决了护理人员培养成本，更提升了护理人员实际操作能力；其次是建设正式全职的养老护理人员＋正式兼职的养老护理人员＋非正式全职的家庭养老护理人员＋志愿者服务人员的队伍系列。

（3）未来导向型发展：以成本控制和效率提升的运行规则，结合养老信息化科技化产业发展趋势，关注护理人员替代性设施的发展，并将此纳入财政扶持和保险偿付。

B.14

上海志愿服务发展现状、问题与对策思考

杨 雄 陈麟辉 俞 伟 裘晓兰 魏莉莉 张虎祥*

摘 要: 在城市现代化的进程中，上海孕育了浓郁的志愿文化，培育了积极的志愿服务精神，形成了良好的志愿服务组织架构和工作体系；但同时也存在部分志愿者倦怠，志愿者保障不足，双向渠道不畅，公众对志愿服务了解不够，志愿服务组织规范化程度有待提升等现实问题。未来上海志愿服务要不断推进机制创新，进一步加强制度化、组织化、社会化、信息化、项目化建设，并积极营造志愿服务文化氛围，在社会治理和公共服务中凸显社会价值。

关键词: 志愿服务 志愿精神 志愿文化 社会治理

志愿服务是社会文明程度的重要标志，是社会和谐的促进力量，是推进社会良性运作和持续发展的基本途径。党的十八大和十八届三中全会强调广泛开展志愿服务、支持和发展志愿服务组织，在为志愿服务的发展指明方向的同时，也为进一步推进志愿服务体系建设提供了政治保证。

---

* 杨雄，上海社会科学院社会学研究所所长，研究员；陈麟辉，上海市文明办志愿服务工作处处长；俞伟，上海市文明办志愿服务工作处副处长；裘晓兰，上海社会科学院社会学研究所助理研究员；魏莉莉，上海社会科学院社会学研究所副研究员；张虎祥，上海社会科学院社会学研究所助理研究员。

从上海城市发展历程看，志愿服务事业在雷锋精神的薪火相传中孕育而生，在现代文明理念的涵育滋养中蓬勃发展，也在顺应上海经济社会发展和国际化大都市建设中渐成体系。经过多年的实践探索，上海初步形成了市文明办志愿服务工作处、市志愿者协会和市志愿服务公益基金会“一体两翼”的工作架构，以及由文明委统一领导，文明办统筹协调，市、区（县）、街（镇）志愿者协会和各行业、各条线志愿者服务总队构成的组织架构；从政策和工作两方面建立了科学高效的志愿服务激励保障机制；发展了一批多元格局的志愿服务组织，构建了较为完善的基地、项目、队伍、活动四位一体志愿服务体系。可以说，在城市现代化的进程中，上海孕育了浓郁的志愿文化，培育了积极的志愿服务精神，形成了良好的志愿服务传统，志愿服务成为促进上海经济与社会协调发展的重要途径。但同时，在上海志愿服务发展过程中，还存在一些机制性问题。本文根据上海社会科学院社会学研究所与上海市文明办、上海市志愿者协会于 2015 年合作进行的上海志愿服务发展状况调查的结果[①]，对上海志愿服务发展的现状以及存在的问题进行梳理和分析，并提出相应的对策思考，为相关部门决策提供参考。

一　上海志愿服务的发展现状

整体上看，2008 年之后，上海注册志愿者的数量不断增长，人们参加志愿服务的参与度及对志愿精神的认同度不断提升，与此同时，志愿服务组织的数量增长迅速，组织化与制度化建设也日渐加强，为志愿服务的进一步发展提供了良好的社会基础和组织保障。

① 本次调查数据来源于上海社会科学院社会学研究所与上海市文明办、上海市志愿者协会于 2015 年完成的“上海志愿服务发展状况调查”，调查范围为上海市，调查对象为注册志愿者、一般市民和志愿服务组织，抽样方式为分层整群抽样。总样本量为 5041 份，其中，注册志愿者 1834 份，市民 2785 份，志愿服务组织 422 份。

（一）志愿者和志愿服务组织发展状况

志愿者和志愿服务组织是志愿服务事业发展的基础和载体。随着社会发展和志愿精神的普及，越来越多的人加入注册志愿者队伍，志愿服务组织的发展也呈现蓬勃生机。

1. 志愿者人数增长迅速，超九成志愿者在2008年及以后注册

从被调查志愿者的网上注册年份来看，2005～2007年所占的比例较少，仅为3.6%，以2007年的特奥会为起步，2008年、2009年和2010年注册志愿者的人数上升非常迅速，2008～2010年这三年注册的人数占比达到31.3%，这与奥运会及世博会的召开，加大志愿者招募力度及人们对志愿者的知晓率和认同度不断上升有关。2011年及以后，上海每年志愿者的注册人数均保持在一个较高的水平，2011～2015年注册人数的占比达到65.1%。这说明，上海已经逐渐在向一个注重志愿精神和志愿行为的社会发展，志愿氛围和组织化程度都发展到了新的阶段。

2. 志愿者以注册政府系统和志愿者协会的志愿服务组织为主

本次问卷调查发现，从所注册的志愿服务组织数量来看，76.5%的志愿者注册了1家，17.4%的志愿者注册了2家，6.1%的志愿者注册了3家及以上。从所注册的志愿服务组织类型来看，目前排在首位的是政府系统的志愿服务组织，注册比例达到39.1%；排在第二位的是志愿者协会所属的志愿服务组织，注册比例为24.7%。此外，工青妇系统的志愿服务组织、事业单位的志愿服务组织、民间的社会团体和基金会、企业的志愿服务组织以及自发的志愿服务组织均占有一定比例，注册比例分别为6.2%、7.8%、7.3%、3%和8.8%。

3. 志愿服务组织发展迅速，超过50%成立于世博会后

志愿服务组织的制度化是志愿服务顺利开展的重要保证和依托。近年来，随着上海经济社会的发展，志愿服务得到了较快发展，志愿服务组织的数量增长迅速。调查显示，成立于2000年前的志愿服务组织为5.1%，2001～2010年成立的为41.8%，2011～2015年成立的为53.1%。尤其是十

八届三中全会以后，党和政府大力发展志愿服务组织，为志愿服务组织发展创造了良好的政策环境。

（二）志愿服务活动参与情况

志愿者和市民参与志愿服务活动的热情较高，具有一定的参与度，参与形式以组织行为为主。

1. 约八成志愿者和市民首次参加志愿服务活动时间集中在2008年及以后

调查中，有83.2%的市民表示自己参加过如学雷锋活动、路口维护交通秩序、义务劳动、慈善募捐、去敬老院慰问老人等志愿服务活动。

从首次参加志愿服务活动的时间来看，约八成志愿者和市民都集中在2008年及以后。与市民相比，注册志愿者的参与时间更集中，主要在2008~2015年，而市民的参与时间略为分散，这说明即使未注册，市民也在通过各种形式参与志愿服务活动。

表1　首次参加志愿服务活动的时间

单位：%

年份	注册志愿者	市民
1980~1999	2.5	6.8
2000~2003	3.7	6.7
2004~2007	5.9	10.5
2008~2010	33.3	29.3
2011~2015	54.6	46.7

2. 注册志愿者每年服务约8次，每次约2小时

从参与志愿服务的次数和时间来看，过去一年中，注册志愿者参与志愿服务活动次数的中位数为8次，每次参与时间为2小时，市民参与次数的中位数为4次，每次2小时。

表 2　参加志愿服务活动的次数和时间（中位数）

项目	注册志愿者		市民	
	参与志愿服务的次数(次)	每次的时间(小时)	参与志愿服务的次数(次)	每次的时间(小时)
实际(过去一年)	8	2	4	2
期望(未来每年)	10	2	5	2

注：中位数是指将数据按大小顺序排列起来，形成一个数列，居于数列中间位置的那个数据。中位数不易受极大值或极小值的影响，具有较强的稳定性，因此本研究中选用中位数。

与未来每年的期望值相比，注册志愿者及市民的期望值都比实际值略高，其中注册志愿者的期望值为 10 次，市民的期望值为 5 次，这说明注册志愿者和市民都期望未来更多地参与到志愿服务活动中。

3. 宣传、交通和环保类志愿服务是志愿者和市民参与最多的类型

在目前上海的 20 类志愿服务项目中，志愿者参与最多的 3 种类型为宣传、环保和交通，志愿者参与的比例分别为 62.7%、44.2% 和 39.3%，而志愿者最希望参加的志愿服务类型中，排在前 3 位的也是这 3 类即宣传、环保和交通，选择比例分别为 31.3%、10.5% 和 7.8%。

对于这 20 类志愿服务活动，市民参与比例排在前 3 位的是宣传、交通和环保，参与比例分别为 47.7%、34.3% 和 34.0%。市民最迫切需要的 3 类为环保、平安和敬老，根据需求的迫切程度打分，分别为 4.29 分、4.27 分和 4.27 分，这为志愿服务组织开展志愿服务活动及志愿者和市民参与志愿服务提供了方向。

表 3　志愿服务项目类型

项目	志愿者		市民		组织的服务领域(%)
	志愿者参加过的类型(%)	志愿者最希望参加的类型(%)	市民参加过的类型(%)	市民的需求程度(1~5分)	
(1)宣传	62.7	31.3	47.7	4.05	35.5
(2)维权	16.1	4.0	10.7	4.15	2.1
(3)交通	39.3	7.8	34.3	4.16	6.7

续表

项目	志愿者		市民		组织的服务领域(%)
	志愿者参加过的类型(%)	志愿者最希望参加的类型(%)	市民参加过的类型(%)	市民的需求程度(1~5分)	
(4)环保	44.2	10.5	34.0	4.29	9.4
(5)平安	38.1	6.1	25.0	4.27	7.6
(6)文体活动	33.1	6.8	25.3	3.98	11.7
(7)便民	27.7	6.5	18.9	4.20	26.7
(8)市民巡访	10.2	3.5	9.5	3.92	6.5
(9)敬老	32.5	6.9	31.3	4.27	14.1
(10)帮困	18.1	3.1	15.9	4.20	12.0
(11)助残	9.9	0.9	7.8	4.18	4.4
(12)助学	9.3	2.4	6.7	4.15	6.5
(13)应急救援	3.4	1.1	3.5	4.22	1.2
(14)就业	3.0	0.4	3.7	3.95	0.3
(15)科普	12.2	1.9	13.6	3.91	5.0
(16)禁毒	7.2	0.3	10.4	4.07	0.9
(17)文明劝导	25.5	2.9	21.5	4.06	19.9
(18)城市站点	5.1	1.5	4.8	3.93	2.9
(19)医疗卫生	4.4	1.3	4.6	4.20	10.0
(20)语言服务	2.0	0.8	2.9	3.84	1.2

（三）参与和接受志愿服务的意愿

志愿者和市民参与志愿服务以社会取向为主，具有较高的参与意愿，这为志愿服务事业的进一步发展提供了群众基础。

1. 超过一半的志愿者和市民参与志愿服务的首要目的是做对社会有意义的事

从参与志愿服务的首要目的来看，无论是注册志愿者还是市民，排在首位的都是“做对社会有意义的事”，选择比例分别为58.8%和55.4%，可见为社会做贡献是人们选择参加志愿服务的主要原因。此外，“个人兴趣爱好”和“帮助需要帮助的人”这两项的选择比例也相对较高。

表4　参加志愿服务的首要目的

单位：%

项　目	注册志愿者	市民
个人兴趣爱好	20.1	14.7
做对社会有意义的事	58.8	55.4
帮助需要帮助的人	13.0	17.3
消磨空余时间	1.0	1.7
增加社会阅历	2.8	3.6
多结识些朋友	0.7	1.4
寻找成就感和满足感	0.5	1.4
受朋友、同学影响	0.8	0.7
积累相关工作经历	0.6	1.1
从众心理	0.3	0.5
单位/学校组织，不得不参加	1.2	0.8

2. 超过九成志愿者未来想要继续参加志愿服务活动

对于未来志愿服务活动的参与意愿，37.4%的志愿者表示自己会继续参加，而且会增加参与时间，55.1%的志愿者表示自己会参加，保持原来参与时间，7.2%的志愿者表示自己会参加，但会减少参与时间，0.3%的志愿者表示不再参加。

3. 超过半数市民接受过志愿服务，对未来有较高期望

调查中，有51.2%的市民表示自己接受过志愿服务，市民过去一年中接受志愿服务次数的中位数为2次，每次1小时。对于未来是否希望接受志愿服务，15.2%的市民表示很希望，37.6%的市民表示比较希望，34.7%的市民表示一般，6.8%的市民表示不太希望，5.7%的市民表示不希望。可见，有超过一半的市民对未来接受志愿服务有较高期望，这为志愿服务活动的开展提供了广阔的空间。

（四）对志愿服务的主观认识和评价

志愿者和市民对志愿服务持有正面积极的态度，且具有较高的满意度，体现出志愿者和志愿服务具有良好的群众基础和社会声誉。

1. 绝大多数志愿者和市民对志愿服务持有积极态度

从志愿者和市民对志愿服务的主观认识来看，无论对志愿者、志愿服务活动还是志愿精神，大家都持有一种正面积极的态度。如对于志愿者，80%以上的志愿者和市民都认为是有爱心和有社会责任感的人；对于志愿服务活动，80%以上的志愿者和市民都认为是值得提倡的社会公益事业；对于志愿精神，70%以上的志愿者和市民认为体现了无私奉献和互助精神。

表5　志愿者和市民对志愿者、志愿服务活动和志愿精神的认识

单位：%

项　目		注册志愿者	市民
对志愿者的认识	有爱心	85.8	84.9
	有社会责任感	90.8	90.0
	有宗教信仰	9.7	11.3
	闲人	1.8	2.9
	爱出风头	0.7	1.1
	廉价劳动力	4.1	3.8
	说不清楚	2.7	3.8
	其他	0.3	0.3
对志愿服务活动的认识	是值得提倡的社会公益事业	87.6	83.7
	提倡了互帮互助的良好精神	78.0	81.2
	是援助社会弱势群体的良好机制	59.9	62.4
	纯粹是搞宣传、搞形式	3.8	3.8
	说不清楚	1.9	3.3
	其他	0.3	0.3
对志愿精神的认识	慈善精神	59.4	62.9
	利他主义	21.3	18.9
	无私奉献	72.7	72.0
	友爱精神	56.8	57.2
	互助精神	71.1	71.0
	推动社会进步的精神	53.1	55.4
	宗教精神	2.4	3.7
	儒家精神	6.9	8.5
	一种纯粹的社会责任意识	15.3	16.4
	其他	0	0.3

2. 超过七成的志愿者认为志愿服务活动有助于服务和回馈社会

从志愿者对自己参与志愿服务活动的评价来看，排在前3位的是服务和回馈社会、实现自我价值及认识众多朋友，占比分别为76.5%、63.6%和43.3%，可见志愿者通过志愿服务活动既服务了社会，又促进了自我价值的实现和人际交往的拓展，志愿服务活动具有积极的个体和社会意义。此外，有73.2%的志愿者认为参加志愿服务的经历对自身的工作、学习和生活有积极影响。可见，志愿者能够通过志愿服务活动实现奉献社会、服务他人和提升自我的多重目标。

表6　志愿者对自己参与志愿服务活动的评价

单位：%

选项	占比	选项	占比
服务社会，回馈社会	76.5	有助于找工作	2.8
实现了自己的价值	63.6	有成就感和归属感	32.5
认识了很多朋友	43.3	流于形式，缺乏实际意义	3.1
有利于专业学习	17.5	占用时间过多	0.5
消磨了空闲时间	6.8	其他	0.2

3. 部分志愿者希望获得适当的物质报酬和精神奖励

虽然提供志愿服务是本着为社会服务，贡献社会的精神，但适当的物质报酬和精神奖励也是必要的。调查中，有19.7%的志愿者表示不需要任何经济补偿，40.7%的志愿者表示只需报销与志愿行为相关的开支，19.3%的志愿者表示希望有适当的物质报酬奖励，19.1%的志愿者表示希望有适当的精神报酬奖励。在专门针对“非物质奖励”（如优先录取、表彰记入档案）态度的问题上，有69.4%的志愿者表示支持。

（五）志愿服务组织的保障机制

随着志愿服务组织的不断发展，相关的法律法规和政策逐渐完善，组织的制度化和规范化正在不断加强。

1. 超过50%的志愿服务组织已正式登记注册

登记注册是组织管理规范化的重要手段，也是确保志愿服务组织能够正常发挥作用的制度保证。问卷调查显示，目前上海志愿服务组织在相关机构正式登记或注册的比例为52.8%，而没有登记注册的比例为47.2%，表明仍有较多的服务组织没有进行登记注册。至于未注册登记对组织开展活动的影响，大多数组织认为“没有影响”（62.5%），认为“有影响，活动仍能开展，但是阻碍到组织的进一步发展”的比例为17.2%，“有一些影响，但问题不大”的比例为15.8%，“有很大影响”的比例为4.5%。由此可见，从法治社会建设以及规范管理的角度看，相关部门应着力创造各种条件，提升组织注册登记的比例。

2. 志愿服务组织的人力资源较为充足，接受过相关专业培训的人员比例较高

作为组织运行与发展最重要的资源，人力资源充足与否将直接决定组织运行乃至组织绩效的获得。调查显示，总体上，志愿服务组织的人力资源较为充足。从组织的人员来看，管理人员人数的中位数为3人。其中，专职人员的中位数为1人，兼职人员的中位数为2人，管理层显得较为精干。从员工来看，专业员工约占组织员工总数的中位数为35.0%，接受过志愿服务相关培训的比例中位数为80%，组织人员的专业性较强。如果从组织现有志愿者人数来看，其中位数为516人，志愿者队伍的中位数为10支，专业志愿者队伍的中位数为3支。由此可见，从人员力量上看，志愿服务组织的人力资源都较为充足；同时，组织内部接受过专业培训的人员比例均处于较高水平，反映出志愿服务组织的专业化水平在不断提升。

3. 组织的经费来源多样化，主要来源于政府和单位的投入

经费是志愿服务组织运作的重要保证。从来源上看（多选），目前志愿服务组织的经费来源呈现多样化的趋势，其中，政府投入的为68.3%，单位活动经费的为42.1%，国内组织赞助的为11.1%，国内个人赞助的为7.3%，国际组织赞助的为1.7%，其他的为8.0%。这种多样化的经费来源有助于提升组织的主体性，并为服务活动展开提供保证。此外，从具体活动

经费上看，每年活动经费的平均值和中位数分别为72万元和10万元，在具体数据上存在分布不均的状况，这有待在今后进一步引导和改进。

二　上海志愿服务发展存在的问题

总体看，上海志愿服务的发展取得了较为长足的进步，制度化、常态化以及社会化水平不断提升。但与此同时，也应该注意到，上海志愿服务发展仍然存在一些现实问题，结合本次调查数据与对上海志愿服务发展的具体分析考察来看，这些问题主要体现在以下几方面。

（一）部分志愿者倦怠，要求志愿服务激励机制进一步加强

参与志愿服务虽然对志愿者有积极作用，但是志愿服务总是要花费一定的时间和精力，因此也会对志愿者的工作、学习和生活产生影响。调查数据显示，3.7%的志愿者认为“经常由于在志愿服务中花费过多的时间而影响了工作、学习和生活”，15.8%的志愿者表示有时有影响，36.2%的志愿者表示偶尔有影响。正基于此，部分志愿者已经因各种原因产生倦怠甚至想要放弃志愿服务，数据显示，4.7%的志愿者表示自己经常会有这种想法，62.0%的志愿者表示自己偶尔会有这种想法，可见志愿服务倦怠的问题已经经常或偶尔地困扰着许多志愿者。

与此同时，还必须关注现实生活中阻碍志愿者参与志愿服务活动的诸多因素（多选）。数据显示，时间因素即志愿服务活动时间与个人生活或工作学习时间相冲突是首要因素，志愿者的选择比例高达75.6%。排在第二位和第三位的因素为服务效果不清楚和对志愿权益保障不足，选择比例分别为38.5%和38.0%。面对参与志愿服务活动过程中遇到的困难和挫折，虽然有70.9%的志愿者表示自己会积累经验，继续工作，但也有25.8%的志愿者会由此对志愿服务的热情降低，还有3.3%的志愿者会身心疲惫，认为自己从事的活动没有意义而退出活动。

志愿者是志愿服务的重要主体，其所反映出来的倦怠、时间冲突以及权

益保障等问题直接关系到志愿服务的现实效果。正是从这个意义上看，进一步增强志愿服务的激励机制显得极为重要。当然，对于志愿者的激励，不仅要加强物质保障和精神鼓励，更要能够为他们创造较为便利的服务环境和安排，如更为灵活的项目时间安排、服务效果的反馈机制等，保证志愿者的参与热情，持续推动志愿服务活动的展开。

（二）部分志愿者保障不足，要求志愿服务保障机制应不断完善

志愿者在参与志愿服务活动时面临一定的权利和责任问题，因此为志愿者提供一定的保障有助于有效保护志愿者的权益，保证志愿服务活动的顺利开展。本次调查数据显示，部分志愿者在参加志愿服务活动时存在保障不足的问题，如30.1%的志愿者表示自己从未同机构签订过相关协议，25.8%的志愿者表示自己从未获得人身保险，20.7%的志愿者表示自己从未获得安全保障及必要的医疗卫生保障等。而在各类保障措施中，志愿者最迫切需要的是人身保险，选择比例高达64.3%；第二需要是应急制度，选择比例为39.2%；第三需要是安全保障及必要的医疗卫生保障，选择比例为37.8%。

表7　志愿者参加志愿服务活动时的保障情况

单位：%

项目	从未有过	偶尔有	经常有	每次都有
同机构签订相关协议，明确相关责任与权利	30.1	33.0	24.1	12.8
对志愿者进行管理、监督、指导	5.9	25.5	44.6	24.0
为志愿者提供志愿服务理念培训	6.0	30.9	41.9	21.2
为志愿者提供志愿服务权利与责任的培训	8.0	30.0	40.8	21.1
为志愿者提供与志愿活动相关的知识技能培训	7.4	28.7	42.6	21.3
对志愿者的服务活动提供评估	13.9	31.1	34.3	20.7
为志愿者提供正式的志愿服务证明	14.8	26.4	32.6	26.2
为志愿者提供基本的经济补贴（如交通补贴等）	17.9	32.9	30.2	18.9
为志愿者提供安全保障及必要的医疗卫生保障	20.7	27.3	32.0	20.0
为志愿者提供人身保险	25.8	24.1	28.3	21.7
出现问题时的应急制度	15.7	26.8	33.7	23.8

志愿服务保障机制是志愿服务事业发展的重要支撑，关系着志愿服务的有效运行。从国际趋势来看，志愿服务保障体系正在朝着全方位、系统化的方向发展。从实践来看，志愿者在与志愿服务组织关系的规范化、人身保障以及相关的医疗卫生保障等方面，仍然存在一定的不足。当然，上海志愿服务在制度层面的逐步完善，也有待进一步落实到服务活动之中，从而才能确保志愿服务的持续性与长效发展。

（三）双向渠道不畅，要求志愿服务信息化建设更加社会化

虽然上海志愿服务的信息化建设持续推进并有了长足的进步，但在实践中仍然存在志愿服务信息双向沟通不畅等问题。数据显示，无论是志愿者还是市民，均认为志愿服务的主要问题为“相关信息获取困难”和“评估奖励机制不完善”。其中，志愿者的选择比例分别为36.9%和35.4%，市民的选择比例分别为22.5%和14.6%。此外，志愿服务中还存在诸如项目单一、社会公信度不高、专业队伍建设落后等问题。

双向信息沟通的不畅意味着志愿服务信息化建设必须关注对志愿者和市民的信息反馈，或者说，志愿服务的项目活动开展与绩效信息要能够及时向社会公众尤其是亲身参与的志愿者进行反馈。实际上，这种反馈将有可能成为激发或激励市民或志愿者投身志愿服务的有效方式，使他们能够形成对志愿服务活动乃至于对志愿精神的认同。因此，有必要建立健全志愿服务和志愿者的社会评估机制，并由此为志愿服务社会化提供有力的支撑。

（四）公众了解不足，显示志愿文化建设任重道远

从整体社会环境上看，较为突出的问题还在于社会公众对志愿服务和志愿精神的了解存在一定的不足。数据显示，64.8%的注册志愿者认为“民众对志愿服务了解不够”是当前面临的主要困难。可见，当前仍需加强对志愿服务及相关理念和知识的宣传力度。

如前文所述，社会与文化氛围对志愿服务的开展具有极为重要的意义，也是志愿服务常态化和长效化的必然要求。从实践来看，要实现志愿服务的

常态化与长效化，就必须在全社会弘扬志愿文化与志愿精神，创造有利于志愿服务展开的社会氛围。就目前而言，对志愿服务的重要性以及志愿者的宣传仍然有待加强。

（五）书面协议缺失，显示志愿服务规范化建设有待加强

从志愿服务过程的规范化来看，正式协议在组织与志愿者、服务对象之间，能够有效地规范相关方的行为，确保服务的顺利开展。数据显示，在服务过程中，组织与服务对象签订书面服务协议的比例为30.5%，没签订协议的比例为57.6%，认为“无所谓”的比例为11.9%；与此相类似的是，组织与志愿者签订协议的比例为32.2%，未签协议的比例则为55.3%，认为“无所谓”的比例为12.5%。可以看出，相当多的组织在服务过程中与服务对象签订协议已经经常化，但也有相当比例的组织没有签订协议，究其原因，主要是志愿服务组织一般与服务对象、志愿者都不签订相关协议，或者说三方还没有意识到正式协议对双方行为的规范作用和意义。

大多数志愿服务组织与服务对象、志愿者之间书面协议的缺失，反映的是组织建设的规范化仍然有待提升。随着法治社会建设的快速推进，志愿服务组织由松散型向组织化、志愿服务活动由阶段性向常态化的转变，将呈现“组织化、常态化”的运转格局。由此，规范志愿服务组织与其服务对象、志愿者之间的关系，将直接推动志愿服务过程的法治化建设，从而为志愿服务发展提供有力的保障。

（六）资金、知晓率以及专业化不足，显示志愿服务组织建设需要加强

就目前而言，志愿服务组织在运作过程中依然存在许多困难，这在一定程度上制约了其服务的开展和作用的发挥。数据显示，组织志愿服务中存在的困难主要体现在活动资金不足（52.3%）、民众对志愿服务了解不够（47.9%）、专业队伍建设落后（42.1%）、社会推进机制不健全（38.6%）、志愿组织缺乏有效管理（28.1%），而政府重视不够（13.7%）和志愿组织

数量不足（14.7%）的问题相对较小。

由此可见，资金、社会氛围（民众了解和社会推进机制）以及专业建设是当前制约志愿服务组织发展的瓶颈所在。从总体上看，上海志愿服务发展的领导体系、组织机制与项目化推进等相对成熟和完善，但志愿服务组织建设仍然有待加强，不仅在于其自身服务的专业化，还在于资金支持、社会支持以及政府的重视。正是从这个意义上看，加强志愿服务组织建设应当是制度化建设的重要内容。

在现代社会中，一个完善的志愿服务体系能够有效地调动和整合社会资源，提高社会的运作效率，同时组织志愿者参与到社会建设和社会管理中，还能够弥补政府缺位的社会生活领域，为特殊的人群提供特定的服务，促进整个社会的和谐发展。展望“十三五”全面建成小康社会的征途，上海志愿服务发展还在路上，建立和完善志愿服务的保障机制势在必行。

三　上海志愿服务下一步发展的对策思考

党的十八大明确提出，要“深化群众性精神文明创建活动，广泛开展志愿服务，推动学雷锋活动、学习宣传道德模范常态化”。这是对志愿服务社会价值的高度认可和充分肯定。展望“十三五”经济与社会发展，在实现全面建成小康社会的历程中，上海志愿服务要着眼于基础、基本、基层，在城市治理、社会建设以及基层社区服务和管理中发挥其积极影响，拓展社会动员与社会参与的领域，进一步参与推进社会治理精细化。

（一）着眼于长效机制建设，强化志愿服务的制度化进程

从国内外志愿服务发展的趋势来看，志愿服务的支持保障体系受到了各国的高度重视，其发展也日趋完善，为志愿服务提供了制度保证。本次调查发现，部分志愿者出现因各种原因产生倦怠甚至想要放弃志愿服务的现象，在参与志愿服务过程中也存在时间冲突、服务效果不清楚以及对志愿权益保障不足等问题。由此，建议要结合法治社会建设，不断强化上海志愿服务的

制度化进程，要不断完善现有的《上海志愿者条例》，进一步完善领导体系、组织架构与项目推进的规范化与制度化；同时，健全志愿者招募制度，以网络招募为主、集中招募和定向招募为辅，进一步规范全市志愿者注册登记制度；健全志愿服务供需对接制度，借助网络平台与社区志愿者服务中心，实现需求与服务对接互动。健全志愿者培训制度，按照志愿服务项目的专业化要求以及志愿者的不同层次进行有针对性的专业培训；进一步强化志愿者保障和激励机制，并打通志愿者评价与现有社会评价机制之间的通道，确保志愿者服务工作的长效机制。

（二）着力规范志愿服务组织发展，培育志愿服务的组织化实践

从志愿服务的发展趋势来看，志愿服务组织的发展及其规范运作一直以来就是推动志愿服务发展的重要依托。调查数据显示，资金、社会氛围（民众了解和社会推进机制）以及专业建设是当前制约志愿服务组织发展的瓶颈所在，而志愿服务组织自身的规范化程度也有待提升。由此，建议要不断培育志愿服务的组织化实践，进一步加强上海志愿服务组织建设，加强志愿服务组织的内部治理与财务审计，提升其规范化水平，通过政策调整与平台创设，引入市场、社会投资机制，确保志愿服务组织开展活动的经费保障，同时激发它们积极参与社会治理创新的积极性；通过部门联合评估和认定方式，采用政府购买、资金支持和政策扶持等手段，鼓励和支持社会公益慈善类、城乡社区服务类社会组织推出有创意、有实效、可操作的志愿服务项目，发挥志愿服务工作在改进社会治理方式、激发社会组织活力中的积极作用。

（三）扩展志愿服务的社会基础，推进志愿服务的社会化拓展

从志愿服务的总体发展情况来看，志愿服务拥有较为广泛的社会基础，志愿服务意识为大多数公民所接受，参加志愿服务活动已成为广大公民的自觉行动，成为人们生活的组成部分。由此，必须要推进志愿服务的社会化拓展，进一步转换社会引导与激励机制，努力在全社会形成志愿服务的参与热

情，培育志愿精神并为志愿服务活动的展开提供坚实的社会基础。各级志愿者协会和志愿服务组织应建立社会化、开放式的工作机制，逐步探索建立“社工引领志愿者开展服务，志愿者协助社工改善服务”的运作机制，打造具有凝聚力的志愿者之家。依托社区志愿服务中心这一基层平台，发挥市志愿者服务基地联谊会、外企志愿服务联盟、民间志愿服务组织联盟等机构作用，整合基层志愿服务组织尤其是社区草根组织的力量，推动基层社会需求与志愿服务组织的对接，积极参与公共服务与社会治理，构建“横到边、纵到底、扁平化”的社会化资源配置与协商合作网络。

（四）借助信息技术打造平台，促进志愿服务的信息化建设

志愿服务的发展离不开信息化支撑，尤其是在现代信息技术的推动下，建立和运作信息平台，将直接提升志愿服务的绩效。调查数据显示，无论是志愿者还是市民，均认为志愿服务的主要问题为“相关信息获取困难”和“评估奖励机制不完善”。可见，当前仍需加强对志愿服务及相关理念和知识的宣传力度。由此，建议要促进志愿服务的信息化建设，为志愿者、志愿服务组织、服务对象提供信息交流和沟通的平台，提升志愿服务项目的运作与管理水准。依托新媒体，拓展志愿服务宣传、动员、参与、激励等社会渠道，创新志愿服务信息管理方式，完善志愿服务招募、培训、记录、激励等管理制度，增加电子志愿者证在线查询、打印证书等功能，为志愿服务提供科学化信息化支持。要不断推进志愿服务信息公开，每年编写当年度上海志愿服务发展报告，向社会报告志愿服务的发展现状，同时定期向志愿者反馈相关项目服务绩效，增强志愿者的认同感与集体意识。

（五）打造项目服务品牌，推进志愿服务的项目化运作

从志愿服务的发展方向看，项目化运作将成为推动志愿服务的主要方式，社会化必然要求突破原有的体制藩篱，实现项目化运作。调查数据显示，项目化运作已经成为推动上海志愿服务的主要形式，但还需要与时俱进，不断发展。在实践中，建议要在现有品牌项目的基础上，进一步将重点

志愿服务活动与社会热点结合，以多项内涵深刻、生动形象的工作品牌为平台，凝聚志愿服务力量，服务社会需求，并加大宣传力度形成积极的品牌效应。同时，从志愿服务发展规划上，可以志愿服务工作项目为载体，系统规划一段时期、一定领域的志愿服务内容，充分发挥志愿服务组织的中介作用，实现志愿服务供需双方的直接联系。此外，项目化、品牌化运作还可以借助志愿者服务信息平台，加强志愿服务过程的管理和协调，并以此为依托，进一步传播志愿服务精神，营造志愿服务的文化氛围。

（六）借力全媒体平台，营造志愿服务的文化氛围

志愿服务文化氛围的营造一直以来就是激发和激励人们参与志愿服务的重要外部环境。调查数据显示，社会公众对志愿服务和志愿精神的了解存在一定的不足，这直接影响到志愿文化氛围的形成。建议要不断创造志愿服务的文化氛围，激发全社会各类人群积极参与志愿服务的热情。结合诚信体系建设，将志愿服务经历纳入个人诚信档案，开展上海市杰出志愿者、优秀志愿者、先进集体、优秀组织者、优秀服务品牌和优秀服务基地评选及表彰活动，宣传志愿者优秀事迹，不断提高志愿服务组织诚信度、公信力和社会美誉度；在围绕“国际志愿者日”组织大型活动的同时，积极推动志愿者个人、志愿服务组织的文化形成，借助全媒体平台打造志愿文化展示平台，提升上海志愿服务的社会影响力和国际化水平；同时，与上海各高校、科研机构合作，不断推进志愿服务的学术研究与实践探索，为志愿服务的进一步深化提供智力支持。

B.15

上海慈善事业发展：现状、问题与前景

郑乐平*

摘　要： 上海慈善事业的发展近年来呈现如下几个新趋势：一是新的慈善创新模式不断涌现，如联劝、真爱梦想、微公益、社会企业、社区基金会等；二是现代慈善理念逐渐从边缘进入主流，现代慈善理念成为各类慈善组织的基本行为准则，成为组织的使命、愿景和价值观的核心要素；三是慈善事业的发展呈现多层面、多样化的发展态势，慈善事业和文化渗透了企业、校园和社区等多个领域。但我们亦须清醒地看到，作为一个全球性城市，上海的慈善事业仍存在诸多有待突破的问题，如现代慈善理念的普及问题，基金会的透明度、公信力和自律互律问题，基金会的专业化、职业化发展问题，税收制度的完善问题等。为此，我们需要在慈善事业发展的制度建设、能力培养、行业自律、现代慈善理念普及等方面下更大的功夫，以使上海的慈善事业迈向一个新的高度。

关键词： 上海　慈善　公益

* 郑乐平，上海社会科学院社会学研究所副研究员。上海社会科学院社会学研究所硕士研究生王盈、侯漪曾参与收集和整理了相关的资料和数据。

一　上海慈善事业发展的基本态势

截至2014年12月底，上海共有基金会199家，其中公募基金会56家，占28.14%；非公募基金会143家，占71.86%。相比2013年底，基金会增长率高达23.6%。2015年1月至11月底，上海基金会又新增了61家，总数达到了260家，增长率为30.7%。可以看到，自2014年以来，上海基金会的发展呈现了一种井喷式的发展（见图1）。

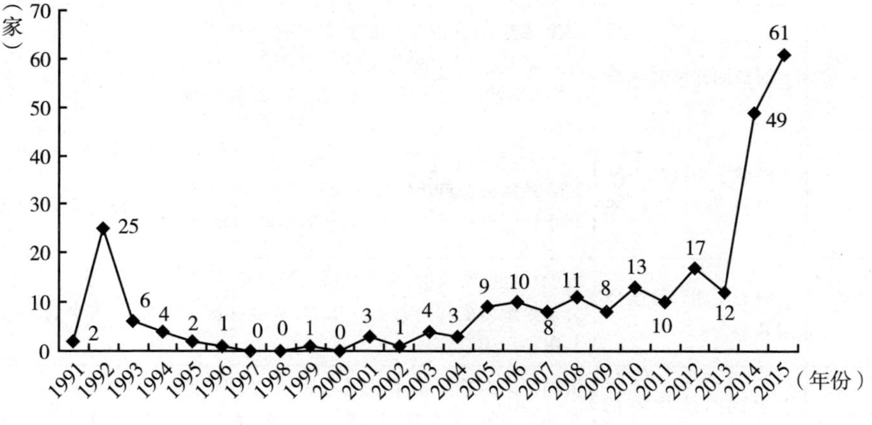

图1　上海基金会历年新增家数（1991年至2015年11月底）

在三类社会组织（基金会、民非和社团）中，近年来基金会的增长速度最快，其次为民非，社团殿后。原因既有原来的基数比较低，如基金会，但也有社会和社区需求旺盛，公民的公益意识提升，以及政府对社会组织支持力度的持续提升，因此，基金会和民非等公益组织的增长速度明显要快于社团组织。实施直接登记改革以来，上海共登记成立社会组织770家，其中直接登记社会组织603家，占到了78.3%。[1] 另外，截至2015年11月底，上海成立的社区基金会已达14家（见表1）。

① 引自《2014上海民政报告书》。

表1　上海社区基金会一览

序号	名　称	组织宗旨和使命	成立日期
1	上海美丽心灵社区公益基金会	为弱势人群的心理援助和研究提供资助,资助社区开展有益身心健康的公益活动,为志愿者专业培训以及成长提供资助,为公益事业从业人员和志愿者提供心理关怀服务	2012年9月29日
2	上海洋泾社区公益基金会	开展慈善救助,资助社区公益项目,资助公益人才的培育和公益组织的发展,资助其他社区公益活动	2013年8月9日
3	上海杨浦区江浦社区基金会	开展慈善救助,资助社区公益项目和公益活动,资助公益人才的培育和公益组织的发展	2015年3月7日
4	上海盈浦社区基金会	资助慈善、帮困、助老、助残等社区公益项目及社区公益人才和公益性社会组织培育发展,改善社区公共设施,资助社区其他公益活动	2015年6月3日
5	上海浦东新区凝心聚力社区发展公益基金会	培育社区公益自治项目,组织、兴办和支持有利于社区创新发展、公众参与的活动和事业	2015年7月24日
6	上海心手相牵社区公益基金会	资助社区弱势人群,资助社区公益项目;资助公益组织发展和公益人才培养,资助社区公共服务设施改善	2015年8月13日
7	上海桃浦镇社区基金会	资助社区困难群体、社区公益服务、社区自治和共治项目,奖励社区优秀学生和教师,资助和开展其他社区公益事业	2015年8月13日
8	上海陆家嘴社区公益基金会	资助公益项目,培育公益组织,开展慈善救助,传播公益文化等有助于社区公益事业发展的活动及业务	2015年9月15日
9	上海真如社区基金会	资助社区困难群体及社区公益服务、居民自治和共治项目,奖励社区优秀学生和教师,资助和开展其他社区公益事业	2015年9月24日
10	上海宜川路街道社区基金会	资助社区困难群体及社区公益服务、居民自治和共治项目,奖励社区优秀学生和教师,资助和开展其他社区公益项目	2015年11月6日
11	上海长寿社区基金会	资助居民自治区和社区共治项目,资助各类社区公益事项和活动等	2015年11月27日

续表

序号	名　称	组织宗旨和使命	成立日期
12	上海曹杨社区基金会	资助社区特殊困难群体及社区公益服务、社区自治和共治项目，扶持社会组织及群众团队，资助和开展其他社区公益事业等	2015年11月27日
13	上海万里社区基金会	开展慈善救助、扶贫帮困、帮教助学等公益活动；资助社区公益项目及社区公益活动，资助公益人才的培育和公益组织的发展	2015年11月27日
14	上海石泉社区基金会	资助社区困难群体，资助居民自治和社区共治项目，奖励社区优秀学生和教师，资助和开展其他社区公益项目	2015年11月27日

注：本表系根据"上海社会组织网"公布的数据整理而成。

2008年四川汶川大地震可以说是中国人的慈善公益精神和行为的一次大的喷涌和飞跃，有人把这一年称为中国慈善元年。自这一年以来，中国慈善可以说进入了一个新的转型时期。近年来，上海这个全球性城市的慈善事业发展呈现了一种新的态势和发展趋势。

（一）新的慈善公益模式不断涌现

诚信、透明、专业、高效，以及社会企业家精神是新慈善、新公益模式的显著特点。

1. 联劝模式

纯资助型基金会。联劝走的是一条纯资助型基金会的路子，它积极充当企业、个人和公益机构之间的中介者，这对发挥不同机构的比较优势不啻是一种新的尝试。联劝设计和运作的"一个鸡蛋的暴走"的劝募方式体现了慈善创意的魅力，产生了巨大的社会效应。

2. 真爱梦想模式

倡导最透明信息披露。真爱梦想是中国第一家按照上市公司标准披露年报的慈善基金会。2011～2013年连续三年蝉联《福布斯》（中文版）发布的“中国慈善基金榜”榜首，被誉为“中国最透明基金会”，也由此成为慈善业界的一个标杆，推进了中国慈善基金会的透明化进程。

3. 慈济模式

注重价值观管理——净化心灵、祥和社会。境外组织的涌入，也带来了新的理念、新的做法和新的冲击。台湾慈济基金会的慈善志业，从对弱势家庭的救助到心灵关怀，包含长期帮困、急难救助、居家关怀及海外慈善。慈济重视的不只是救济、救灾的效率，更注重的是净化心灵，以及救助者本身的心灵净化。

4. 微公益模式

随着互联网和新媒体技术的发展和应用，公益和技术的联姻推进了现代慈善公益事业的发展，而“微公益”一词甚至成为2010年十大公益关键词之一。

5. 社区基金（会）模式

典型案例有浦东洋泾街道社区公益基金会和陆家嘴街道2011年创立的社区基金。截至2015年底，本市的社区基金会已达14家。社区基金会和社区基金的运作模式是通过数量众多的小额资助项目，来动员和激励各种社会组织、社区组织和广大社区居民参与到社区营造中，以此来培育广大社区居民的公益意识、公共精神、社区意识和自治能力。纵观近年来全球社区基金会发展的历程，社区基金会发展的关键要素有如下几个。①内生性因素。社区基金会的发起主要是当地人面对自己社区的问题，利用本地的资源（人力资源、财力资源和物质资源），通过项目化的运作来创造性地解决本地的问题。因此，社区基金会并没有统一的模式，其成功与否关键是看它能否动员和凝聚本社区的力量，来解决本社区的问题。②外部条件。有利的外部条件可以为社区基金会的发展提供助力，这些外部条件包括：其一，大型私人基金会或企业基金会的支持和资助；其二，支持性网络的专业化支持和技术性支持；其三，社区基金会的规范性标准的确立；其四，相关税收政策的支持。

随着全社会对公益事业关注度的提高，新公益模式不断涌现。慈善公益领域出现了不少让人耳目一新的新公益模式。如“益游天下”旅游网提出的“公益旅游”理念，倡导人们利用休假的时间，自己掏钱前往那些需要援手的地方，帮助当地的教育、环境及其他社会公益性服务；又比如聚善公益发展中心的“减一加一公益减肥项目”，将帮扶贫困地区儿童和时下最热的在线减肥相结合，提出了时尚公益的想法。此外，还有“拇指公益”、“公益跳蚤会”、“公益365”等全新理念和模式。

（二）现代慈善理念从边缘进入主流

近年来，现代慈善文化理念逐渐成为各类慈善公益组织的基本行为准则，成为组织的使命、愿景和价值观的核心要素。

1. 面向特殊群体、“授人以渔”

沪上“公益人”实践创新出各类公共服务项目，填补了很多特殊群体帮扶的空白点。在“扶助特殊群体”的项目类别中，关爱对象除了以往公益活动普遍侧重的助老、扶贫、助残外，开始逐步向多元化的弱势群体转移。如针对智障人员开展的“彩虹泡泡工坊”、“艺途无障碍”、“天使知音沙龙”项目；针对罕见疾病患者的“渐冻人励志夏令营”、“原发性免疫缺陷病夏令营”项目；面向边缘青少年开展的“涅槃重生计划”等。关爱农民工子女的主题亦得到格外重视，项目内涵丰富、形式多样。近些年，各种层面的关爱农民工子女、家庭的公益项目纷纷涌现。从日常关爱（阳光童年——农民工子弟小学学校社工服务）到情商培养（心灵阳光——农民工子女情商训练成长营）；从才艺熏陶（久牵放牛班的孩子）到自信心锻炼（小土豆儿童情景剧）；从家庭父母培训（亲子教育家长工作坊）到世博活动体验（2010看世博），都体现出较强的可行性，并对社会的影响力逐步增强。

2. 扎根社区，扩大社区影响力

越来越多的公益项目着眼社区、落地社区，社区服务职能不断凸显。无论是助老项目、公益文化宣导，还是成长教育项目，都越来越以服务社区为根本，并以此为基础展开。比如绿色出行项目就首先在100个社区街道进行宣传和推广；又如上海康乐家社区服务发展中心提出的“社区公益站”项目自2010年1月建立第一个社区公益站后，现已形成16个社区公益站，并将不断向有需求的社区拓展。此外，像“寸草心”孝亲敬老行动、快乐童年，以及“社区消防逃生综合演练”等，社区艺术驻留、社区独居老人服务、社区生活中心、社区整合和发展等项目亦扎根社区，取得较快发展。

3. 注重能力的提升

很多公益项目越来越强调艺术潜能的开发、培养以及创造性、能力的提升。如“艺途无障碍项目”强调开发智残人士的艺术潜能，并将其作品和成果制作成商品，予以推广；恒生银行开拓音乐新世界项目，提倡用打击乐的现场教学方式提高农民工子女的音乐兴趣；禾邻社区艺术实践社将社区艺术驻留做到了相当的参与度和覆盖面。“听道讲坛”举办公益讲座，致力于创造力发掘、上海思想文化学习与创新发展；“Diggers 掘行中国”青年领袖教练计划，挖掘青年人的潜能，提升他们的素质，注重青年人的培育和发展。“人生大不同”公益行动鼓励青年人发现自己、成为自己。而且这种提升不仅仅是受益人，也是相互的。Sunday Youth 六爱项目将更多的青年人组织起来，不仅让他们能够利用闲暇时间做公益，还根据志愿者的不同特长，开设了艺术培训课程，首先免费学习，掌握本领，再去奉献社会，同时这也是一个互动的过程，能够让所有参加活动的人都成受益对象。体现了城市的人文精神、城市品位以及城市发展的活力。

4. 专业化、精细化成为一种新的组织目标

在许多综合定位、跨界服务的项目背后，也呈现定位日趋精细化、专业化。例如，关注自闭症儿童的“关爱自闭症”行动、天使知音沙龙——关爱自闭症儿童慈善公益项目；关爱盲人的公益365；关注孤残儿童（0～14周岁）的“鲁冰花舍”。这些公益项目的服务对象较窄，却能够准确定位，为其对象提供更完善、更专业、更精细的服务。

5. 搭建公益传播交流的平台

“果壳时间”提供了一个传播科技知识的平台；“公益跳蚤会2011梦想教练计划”为梦想提供一个可以实现的平台；“黑苹果青年计划”以公益为

连接点，为大学生和白领青年提供公益和社会实践平台的理念。“极创 48 小时”每届都邀请来自各行各业的人士，在短短 48 小时内，从认识到分组再到共同创作，用激情、创意与行动，用创新的方法，完成一次社会问题解决方案。这类活动最大的意义就是搭建一个思维碰撞、思想交流的平台。相对于直接给予资源来说，这种平台性的活动更能够激发参与者的自主性，更合理地配置资源，更容易操作，从而达到更好的效果。

6. 关注慈善公益的传递和再生产

针对教师的项目有乡村教师飞翔计划、“萤光支教”乡村教师培训等。在很多关爱乡村儿童的公益项目之后，以乡村教师为对象的活动也开始显现。而且在教师身上产生的效果和影响，还会传递给更多的学生，造成效果的放大化和公益理念的再生产。

7. 促进新技术、新媒介、新公益的交融

新媒介的运用让人眼前一亮：上海爱维码青年创新中心打造的“爱维码 iwill”品牌，基于二维码、HTML5、智能手机 APP、新媒体等技术，通过“新技术、新媒介、新公益”的积极探索，帮助公益组织获得更多的传播和关注，实现科技和公益的结合。

8. 倡导低碳环保、提升生活和环境质量

环境保护观念的传播和环境保护行为成为一个重要的方面。“赶碳号”低碳乐园以网络漫画和桌面游戏为载体，让受众潜移默化地感到低碳生活理念影响的不单是关注生活问题，还注重素质及潜能的提高。

（三）企业社会责任有所拓展

近年来，具有社会责任意识和企业公民意识的企业和企业家不断增加，他们以各种形式介入慈善公益事业，为慈善公益事业提供了可贵的财力资源、物力资源和人力资源，同时也带来了新的公益理念和运作方式。

上海市经济团体联合会主办的上海市企业社会责任报告发布会，自 2012 年启动以来，发布单位不断增加，从 2012 年首届的 32 家，发展至 2015 年的 171 家。上海企业履行社会责任的认识有所提升，参与面有所拓宽。

另外，也涌现了一批参与慈善公益方面比较突出的企业，如汇丰、宝钢、巴斯夫、联合利华等。

汇丰银行提出了如下的经营理念：一个成功的企业不但要照顾客户、股东、员工以及其他相关群体的利益，更要顾及社会的期望以及行为对社会的长远影响。在汇丰看来，社会责任不仅涉及慈善捐款、保护环境和回馈社会，还涉及如何恰当地平衡环境、社会和银行业务，并做出正确的决策。①

巴斯夫率先倡导“1+3”企业社会责任项目，即通过“1家中国可持续发展工商理事会会员企业+3个其供应链上的合作企业（供应商+客户+物流服务供应商）”的模式，向他们传授企业社会责任的最佳实践与量身定制的解决方案，从而将企业社会责任原理和经验带给国内企业，之后合作伙伴们致力于向自己的业务合作伙伴们传递企业社会责任最佳实践模式，从而产生“雪球”效应。

2007年和2009年，巴斯夫“1+3”企业社会责任项目连续两年被收录进《联合国全球契约年鉴》，作为最佳企业社会责任案例向其他全球契约成员和所有企业传播和分享。迄今为止，该项目已经在国内140余家企业中传播。②

（四）校园慈善的勃兴

近年来，上海校园慈善有了比较迅速的发展，呈现了生动、活泼、丰富多样的特点，校园慈善公益活动没有局限于校内，而是积极走向社会、社区，甚至外省市，充分体现了年轻人的活力和创新精神。而慈善公益组织与学校的合作互动，则促进了校园慈善文化的发展。

1. 打造高校慈善公益活动平台

从2005年第一家“慈善爱心屋”在华东师范大学开业以来，遍布上海

① 参见汇丰中国官网 http：//www.hsbc.com.cn 及汇丰历年企业社会责任报告。

② 参见巴斯夫官网 http：//www.greater-china.basf.com 发布的资料。

30 所高校的“慈善爱心屋”已经逐步成长为高校综合性慈善公益平台。同时，它们也是高校慈善义工的活动基地，33 支大学生义工队伍活跃在校内校外；它们激发了大学生服务社会的热情，孵化出了一批具有影响力的公益项目，如“新上海人慈善爱心屋”（全市首家帮助困难外来务工人员的公益项目，2007 年 8 月创建于新曹杨工业园区）、交大“雷锋屋”、东华大学“科学商店”、工程技术大学“雷锋岗”等。

2. 丰富多彩的慈善文化活动

（1）高校慈善义工沙龙

2012 年，上海高校的慈善义工队开始举办沙龙活动，增进彼此联系交流，迄今为止已举办了三届。2012 年第一届沙龙倡议每一位在校学子用实际行动践行“安老、扶幼、助学、济困”的宗旨，争当奉献社会的模范，主动参加志愿服务活动，扶贫济困，扶弱助残，立志以实际行动践行慈善理念；2013 年第二届沙龙旨在让青年人培养社会责任意识，并拉近每个人与慈善的距离；2014 年第三届沙龙邀请专业老师，为各高校义工代表进行了生动、活泼、有效的团队拓展活动，通过破冰游戏、主题活动等促进高校慈善义工团队建设。

（2）高校慈善文化节

从高校具体举办的慈善活动来看，比较有特色的是上海大学慈善文化节。2010 年 5 月为第一届，迄今共四届，一年一度，该文化节主要以上海大学慈善义工队为依托，举办一系列的慈善活动，在校园内很好地起到了宣传慈善文化的作用。

二　上海慈善事业发展中存在的问题

近年来，上海慈善事业有了蓬勃的发展，无论整个社会，还是慈善公益组织、企业和学校都呈现了不少可喜的现象和进步，但仍存在一些值得我们关注和思考的问题。从制度化环境、慈善文化、基金会规范化、专业化发展上来看，还存在如下一些亟待解决的瓶颈问题。

第一，基金会的透明度、公信力和行业自律问题。自2008年汶川地震以来，善款的使用越来越引起公众和媒体的关注。不时会有“爆炸性的事件”发生，这反映了由于慈善机构的透明度不足，以及一些地方政府处理善款或救灾款的不当，使善款最终的用途往往成为社会关注的一个热点和敏感问题。中国基金会的数量呈逐年增加趋势，特别是非公募基金会的增长速度更为明显。但是，基金会行业的专业发展水平、治理能力、资金使用效率、透明度等，离政府规范管理的要求和社会公众的期望都存在很大的差距。基金会的他律机制、自律机制和互律机制还不够健全，基金会的行业性组织、支持性组织和联合性组织仍然阙如。

第二，税收制度不够完善，还没有形成一种使各类基金会能够得到健康发展的税收优惠政策。特别在基金会投资收益的减免税方面缺乏精细的规定和有效的税收政策激励，影响到基金会的生存和发展。另外，在捐赠激励、捐赠抵扣和个人捐赠的便利性方面，也未形成积极鼓励企业和个人踊跃捐赠的机制和程序。

第三，基金会从业人员的薪酬偏低，很难吸引高学历的年轻人和专业人才进入基金会，从而制约了基金会的专业化、职业化发展。即使像上海这样的全球性城市，基金会从业人员的收入仍是偏低的。据我们2010年的问卷调查，上海108家基金会工作人员的年均收入26144元，月均收入2178元。远低于本市职工的平均工资收入（年均工资46757元，月均工资3896元）。要想以这样的薪酬吸引优秀专业人才，显然是不可能的，所以很多基金会都面临年轻人才缺乏的问题，基本上处于维持的状态，根本谈不上专业化、职业化的发展。

第四，现代慈善理念还未普及。中国民众对慈善的参与度低，这与我们的经济发展水平不匹配。首先是慈善事业的主体应该是社会，具体来说应有各种各样的社会组织作为慈善事业的主导者，以广大民众与企业群体构成良性的可持续的捐助。但是我国目前主要把责任和权力交予政府，把捐款的主体默认为富人和企业。

第五，企业社会责任仍有待扩展。尽管企业社会责任和企业公民的理念不断融入企业文化之中，也有越来越多的企业承担起伦理责任、法律责任、经济责任和慈善公益责任（参与公益活动、救助弱势群体和捐助慈善公益事业），企业社会责任报告也为更多的企业所采纳，但从总体上来说，企业社会责任意识和企业公民意识还未成为大部分企业经营者和员工的自觉意识，企业排污问题、食品安全问题、偷税漏税问题、克扣拖欠工资问题、生产安全问题等的频繁曝光，企业慈善公益意识的淡薄，积极参与慈善公益活动的比例不高，意味着大多数企业还未将企业社会责任和企业公民意识融入企业文化和企业战略中，或者只是看作一种被动的、消极应付的行为。

三　上海慈善事业发展的路径及前景

我们认为，要让上海慈善事业发展迈向一个新的台阶，让上海的慈善公益事业在参与社会治理、扶助弱势群体、解决棘手社会问题，以及促进社会变革中发挥更大的作用，应从如下一些路径着手。

（一）普及和深化现代慈善文化和实践

现代慈善理念的普及和深化有两条主要的路径。其一，现代慈善理念的倡导和传播；其二，通过形式多样的慈善活动和慈善项目，使参与者潜移默化地形成某种慈善偏好和习惯。因此，重视青少年公民教育及相应的社会实践活动，扩大慈善组织网络，创立各种慈善公益平台，以慈善公益组织、志愿组织和社区组织为主要载体的社会动员或社区动员和参与，可以为现代慈善文化的培育和实践提供广阔的社会空间。

（二）提升慈善组织的专业化能力

提升慈善组织的专业化能力，须从如下一些事项入手。①追求项目管理的专业化。从需求研究、项目设计、项目执行到项目成效、项目自评和第三方评估形成一个完整的管理机制，以使慈善机构真正成为一个“做好事，但又把好事做好”的，追求结果、成效和社会影响力的机构。②将企业管理中使用的战略管理工具和评估引入慈善组织的管理之中。如 PESTEL 分析、SWOT 分析和平衡记分卡（后者的核心思想是将组织的使命维度、财务维度、利益相关者维度、内部流程维度、学习与成长维度融合为一个有机的整体，以提高组织的运作成效和影响力）。③引入公益 CEO 或职业经理人，提高慈善组织管理与项目运作的专业化水平，改变那些不适用现代慈善理念和实践的做法。

（三）让企业社会责任成为企业文化的核心

将企业社会责任融入企业的竞争战略和企业文化。企业领导层应当有计划地将 CSR 整合进企业的竞争战略和组织文化中，作为这种整合过程的核心是高层管理者的承诺和积极投入。如果 CSR 是企业文化和战略的不可分割部分，那么企业领导层必须不断就 CSR 的战略意义和操作过程在组织内部展开持续的对话，并且与其主要的利益相关者进行持续的对话。将企业社会责任融入企业的竞争战略和企业文化，已逐渐被一些企业所接受，虽然目前它还未成为一种主导的企业社会责任模式，但我们相信会有更多的企业这么做。正如不少企业在将社会责任理念全面融入企业长期商业实践的同时，不仅产生了良好的社会效益，也提升了自己产品的独一无二的品质优势和竞争力，从而取得了社会效益和企业经济效益的双赢，如汇丰银行、巴斯夫等。

（四）深化校园慈善文化建设

校园慈善文化建设对完善素质教育，全面提升学生的综合素质，培养有教养、有道德、有志愿精神和公益意识的新一代有现实意义。生动活泼、富有吸引力的公益活动、义卖义拍、志愿服务等活动能够激发学生的参与热情，培养他们的仁爱、宽容、感恩、友谊、诚信、责任、合作及助人为乐等公民道德和组织活动能力；通过慈善文化建设来提升青少年的公民道德和社会责任意识，培养他们成为和谐社会的小公民，这对学生长大成人后，参与各类慈善公益活动会产生积极的影响。

（五）强化慈善组织的行业自律

广修内功、强化自律机制，讲求规范、诚信和透明度已成为每个慈善机构取信于社会、取信于捐赠者、吸引公众踊跃捐款的不二法则。基金会的自律包括内部管理规范、财务责信规范、募款及相关活动规范、组织工作伦理等。自律需要有完善的民间组织的横向协作和互动机制。

（六）加快建立慈善组织的联合性、行业性组织

为了维护慈善组织的权益，加强信息交流和横向联合，加强慈善组织的行业自律和伦理规范，建立慈善组织的联合性、行业性势在必行。建议加快建立上海慈善组织联合会，尤其是基金会联合会。

从全国层面上来说，应加快设立慈善委员会。慈善委员会可以由相关政府机构、公益组织和公众代表组成。该委员会负有监管和制定慈善组织规则的责任。慈善委员会应具有权威和责任认定慈善组织的资格，对慈善组织实施监管，对违背法规或章程规定的慈善组织进行处罚。该委员会还行使协调政府各部门关系以及慈善组织与政府间的关系，推进与慈善组织相关的政策、法律法规的制定和实施。

（七）完善和细化基金会的税收优惠政策和捐赠激励机制

在促进基金会发展的过程中，政府应加快制度完善和制度创新。主要体现为加强法律法规的建设以及相关政策的推进，实现对基金会的有效管理。应制定和完善鼓励和支持基金会发展的法规和政策，使阻碍基金会发展的消极因素最小化。税收政策是一个重要的调节手段，税收优惠可以在一定程度上激励企业和个人捐钱给基金会。要鼓励基金会发展壮大，税收优惠不容回避。

（八）调整基金会从业人员的薪酬制度，促进基金会的专业化、职业化发展

基金会不是一个人们寻求致富发财的地方，但基金会也不能成为一个赋闲、养老的地方。现有基金会从业人员的薪酬待遇显然偏低，不利于基金会吸引高学历的年轻人和专业人才，建议改变现有关于基金会从业人员工资不得超过当地职工平均工资两倍的限制，可以放宽到接近政府机关和大学的薪酬水平。另外 2004 年 6 月颁布的《基金会管理条例》第 29 条规定的“基金会工作人员工资福利和行政办公支出不得超过当年总支出的 10%”也制约了一些规模比较小的基金会的薪酬水平。

B.16

从生存型到发展型：上海社会救助体系的转型

章晓懿*

摘　要：上海已基本形成了以最低生活保障的生活救助为基础，以支出型贫困家庭生活救助、受灾人员救助和临时救助为补充，以医疗救助、教育救助、住房救助、就业救助等专项救助相配套，鼓励社会力量充分参与的发展型社会救助体系，确保实现社会救助广覆盖、有梯度、相衔接的目标。但上海社会救助制度也存在救助标准偏低，贫困家庭依然难以摆脱困境；救助形式单一，难以适应城市新贫困家庭结构变化；救助体系包容性不足，难以满足流动人口社会保障需求等问题。本文最后提出了推进上海市社会救助体系转型的思路：加大救助力度，促进分配公平；发展多元救助，鼓励社会力量参与；发展包容性救助，促进社会融合。

关键词：社会救助　社会公平　分类救助　发展型救助

一　上海市“9 +1”社会救助体系的构成

1993 年上海市在全国率先建立了城镇居民最低生活保障制度，1994 年农村居民最低生活保障制度开始实施，1997 年开始实施针对患有大病重病

* 章晓懿，上海交通大学国际与公共事务学院教授，博士生导师。

困难群体的医疗救助专项救助，2000 年又率先建立了廉租住房制度。进入21 世纪，上海社会救助体系逐步实现了从生存型向发展型的转变。社会救助政策覆盖面不断拓展，救助对象范围从低保家庭延伸到低收入困难家庭、因病支出型贫困家庭，以及应急型临时困难家庭等，社会救助惠及更多贫困群体；社会救助制度从单项政策突破向多层次的医疗救助、教育救助、住房救助和就业救助等多方面拓展；各类救助标准持续提高，居民最低生活保障标准逐步形成了动态调整机制；城乡统筹不断推进，2015 年在全国率先实现了城乡最低生活保障标准的统一；社会救助公平透明程度不断提高，自2009 年开始正式实施的居民经济状况核对机制，现已在廉租房、低保、医疗救助等专项救助领域得以运用，并获得了显著的成效。

目前，上海社会救助体系已惠及城乡困难群体，基本形成了以最低生活保障、特困人员供养的生活救助为基础，以支出型贫困家庭生活救助、受灾人员救助和临时救助为补充，以医疗救助、教育救助、住房救助、就业救助等专项救助相配套，鼓励社会力量充分参与的发展型社会救助体系，确保实现社会救助广覆盖、有梯度、相衔接，且救助水平与上海经济社会发展水平相适应。一个发展型的社会救助体系正在逐步形成。

2005 ~2014 年的 10 年间，上海市城镇低保标准提高了 1.37 倍，农村低保标准增速高于城镇低保标准，达到 2.18 倍，直至 2015 年上海城乡低保标准的统一。10 年间，各级财政对社会救助资金投入增长了 54.68%。社区市民综合帮扶资金投入逐年增长，2014 年首次突破亿元，达到 1.14 亿元，比 2008 年增长了 4.15 倍，帮扶对象约 4.5 万人①。

表 1　2005 ~2014 年上海市社会救助人数与政府财政投入一览

年份	2005	2006	2007	2008	2009	2010	2011	2012	2013	2014
救助人数(万人)	48.79	48.80	46.26	46.20	46.70	43.84	39.40	25.95	23.99	21.98
财政投入(亿元)	—	11.43	11.91	14.32	15.59	17.77	18.66	17.84	16.53	17.68

① 《上海民政工作发展报告书（2005 ~2015）》，http://www.shmzj.gov.cn/Attach/Attaches。

上海市社会救助体系由三大类共9项社会救助制度和社区市民综合帮扶制度构成。三大类分别指基本生活类救助、专项分类救助和临时应急类救助。基本生活类救助包括最低生活保障制度、特困人员供养制度和支出型贫困家庭生活救助；专项分类救助包括医疗救助、教育救助、住房救助和就业救助制度；临时应急类救助包括受灾人员救助和临时救助。社区市民综合帮扶则体现了上海社会力量在社会救助中的参与程度。上海社会救助体系又称为“9+1”社会救助网。

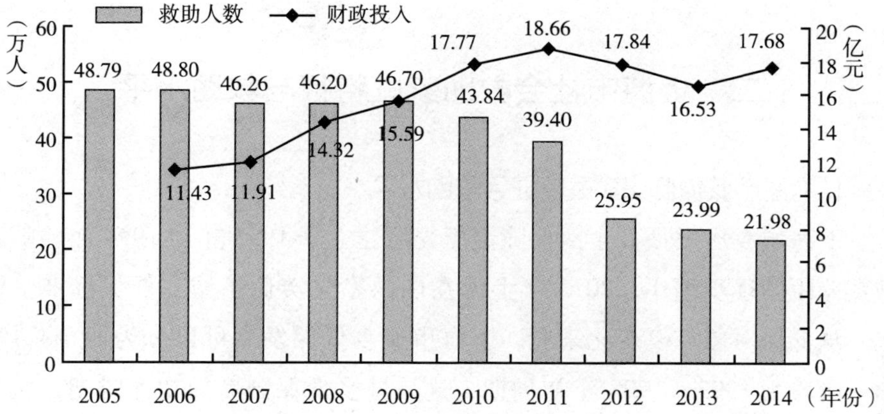

图1　2005~2015年上海市社会救助人数与财政投入变化

表2　2015年上海市社会救助体系构成

救助类别	救助项目	救助对象	资金来源	经济状况核对
基本生活类救助	最低生活保障制度	低保家庭	地方财政	须经收入核对系统认定
	特困人员供养制度	城市三无人员 农村五保户等		
	支出型贫困家庭生活救助	支出型贫困家庭	地方财政	须经收入核对系统认定
专项分类救助	医疗救助	低保、低收入家庭	地方财政为主 中央财政为辅	须经收入核对系统认定
	教育救助		地方财政	
	住房救助			
	就业救助			

续表

救助类别	救助项目	救助对象	资金来源	经济状况核对
临时应急类救助	受灾人员救助	受灾人员	中央财政 地方财政	无须核对
	临时救助	应急型临时困难家庭	中央财政 地方财政	须经收入核对系统认定
社区市民综合帮扶		各类困难家庭	社会捐赠	无须核对

资料来源：作者整理，上海市民政局提供，上海着力织密“9+1”社会救助制度网，http://www.shmzj.gov.cn/gb/shmzj/n1801/n2329/n2336/n2363/n2389/u1ai38447.html。

二 上海市社会救助家庭特征与救助水平

1. 上海市城镇低保家庭特征与救助水平

上海城乡居民最低生活保障制度先后建立于1993年和1994年。随着城乡差距的逐步缩小，2015年上海在国内率先实现了城乡低保标准一体化。从低保对象规模变化来看，上海市城乡低保发展可以分为四个阶段：第一阶段为1993~1998年初创期，这是城乡低保制度的初探时期，城乡低保均保持在1万多人的较低规模水平；第二阶段为1999~2003年发展期，以国务院《城市居民最低生活保障条例》出台为标志，上海城乡低保对象的规模出现了快速增长，城镇低保规模从1998年的1.3万人增加到2003年的44.59万人，农村低保规模从1998年的1.55万人增加到2003年的10.46万人，城乡低保规模均达到历史最高峰。第三阶段为2004~2011年完善期，上海城乡低保制度经历了8年的稳定发展与不断完善，由于上海市社会经济的发展，社会救助的减贫效应作用显现，城乡贫困人口有所下降，城乡低保对象的规模开始发生递减并趋于稳定，城镇低保规模基本稳定在32万多人，比2003年减少了27%，农村低保规模基本稳定在3万人左右，比2003年减少了36%。第四阶段为2012~2015年调整期，由于2012年5月起上海市居民经济状况核对工作系统被正式运用到低保申请的审核过程中，上海城乡低保规模出现了明显下降，2012年城镇低保减少了10万多人，下降幅度达到31%；农村低保减少了3.38万人，下降幅度高达50%。

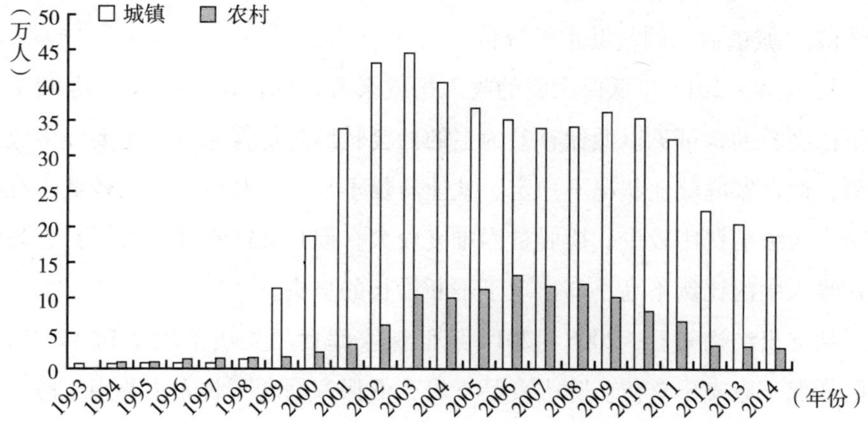

图2　1993～2014年上海城乡低保制度的救助人数

（1）城镇低保家庭特征分析

根据上海交通大学课题组2006～2014年上海市城乡低保家庭跟踪调查数据分析，上海城乡低保家庭具有以下特征。

从家庭规模变化看，2人户所占比例基本稳定在25%左右；3人户占比则从45%到35%，下降了10个百分点；4人及4人以上户占比从22.6%到11.6%，下降了11个百分点；1人户占比从7%到27%，上升了20个百分点。反映了低保家庭日渐小型化，1人独居低保户增加的趋势。

从家庭类别的变化来看，单亲家庭和单身独居家庭所占比例在逐年增加，其他家庭类型变化不明显。其中，所占比例较大的家庭类别有：单亲家庭平均占比为25%左右、单身独居家庭为20%左右、有外来户籍人口家庭占15%左右、有重症病人的家庭约为15%，纯老家庭所占比例最小为6%左右。说明家庭的不完整性和婚姻的不稳定性对家庭抵抗贫困风险能力造成了严重的负面影响。由于受户籍所限，外来户籍人口无法享受就业帮扶政策等福利待遇，陷入贫困风险较大。

从低保家庭成员的就业状况来看，从2008～2013年，低保家庭失业人数稳中有升，低保家庭中约有60%以上的劳动年龄人口处于失业状态。进一步的数据分析发现，劳动年龄人口中因病伤残导致无法正常工作约占40%，其余20%左右的失业原因则为照料家人和缺乏劳动技能等。

（2）城镇低保的救助水平分析

从2008～2014年低保家庭的收入构成来看，低保家庭收入中约42%来源于社会救助，可见以低保补差为主的社会救助是低保家庭的主要经济收入来源，低保家庭就业状况不稳定、就业质量不高导致其劳动收入较低，社会保险个人缴纳费用较少，摆脱贫困难度较大。但是社区帮扶引人注目，虽然其在收入中的比例不高，却出现了不断增长的势头。

从支出结构来看，2008～2014年低保家庭食品支出平均达到44.76%，稳居低保家庭支出首位。除去食品支出，低保家庭剩下收入主要用于医疗支出、日常生活开支和教育支出，用于社会交往支出比例不足3%。这说明，在较低的收入条件下，低保家庭支出结构比较单一，保障基本吃穿后，基本没有文化娱乐消费，精神生活苍白，而且还缺乏自我人力资本投资的基础。同时，社会交往支出较少意味着低保家庭社会资本不足，人际圈子较窄，与其他群体互动性较少。

从统计数据可见，近年来低保家庭的恩格尔系数基本维持在45%左右，其支出中将近一半用于食品开支。与此同时，2013年上海城市居民家庭恩格尔系数约为35%，可见低保家庭与居民家庭生活平均水平存在较大差距，反映了上海的低保救助水平依然偏低。

2. 上海市医疗救助家庭特征与救助水平分析

为充分发挥医疗救助的救急救难作用，上海市不断进行医疗救助制度创新。2008年，医疗救助范围进一步拓展，取消了低保家庭的救助病种限制，同时将救助范围在城镇低收入家庭的基础上扩大至农村低收入家庭；2009年，开始了医疗救助“一站式”服务的试点，积极推行定点医疗机构实时结算医疗救助费用的办法；2013年，取消了低收入家庭病种限制，同时开始了门诊救助的实施，不断丰富医疗救助内容，真正做到了医疗救助从事后向事前、事中救助的转变，大大缓解困难人员的医疗费用支付压力。2014

年，上海市申请医疗救助的家庭全部引入收入核对机制，核查家庭收入和财产。2015 年，上海开始全面实施医疗救助“一站式”服务①，医疗救助对象可以在结算医疗费用时，由医疗机构从医疗费用中直接扣除所获得的医疗救助部分，个人只需支付自己实际应付的部分。

统计资料显示，2014 年上海累计实施医疗救助 33.91 万人次，支出资金 1.9 亿元。其中，实施住院医疗救助 6.55 万人次，支出医疗救助资金 15041.12 万元；门急诊医疗救助 15.46 万人次，支出医疗救助资金 546.4 万元；资助低保家庭儿童参加少儿住院互助基金 2.57 万人，支出资金 205.3 万元；资助低保家庭居民参保 9.33 万人，支出资金 3237.74 万元②。

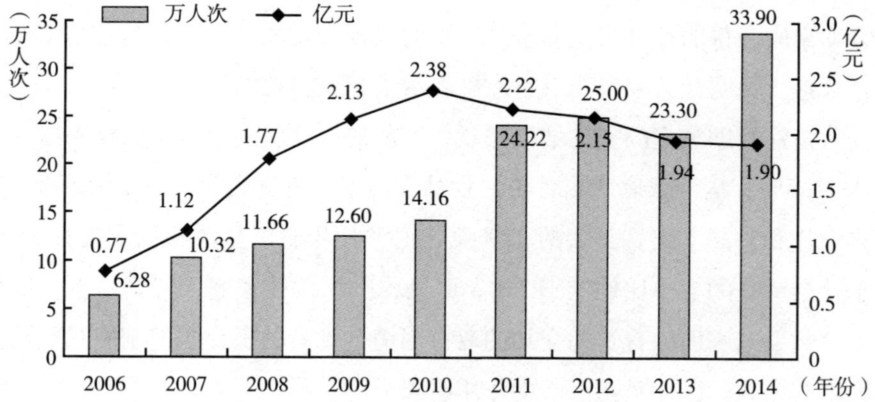

图 3　2006～2014 年上海市医疗救助人次与财政投入变化

（1）医疗救助家庭特征分析

上海市医疗救助制度覆盖人群包括城乡低保家庭和低收入家庭。通过对 2006～2013 年上海低保家庭调查数据分析，发现医疗救助家庭具有如下特点。

从年龄来看，医疗救助家庭中老年人比例更高，平均达到 20.5%，高

① 《关于在本市开展城乡医疗救助“一站式”服务工作的指导意见》，《沪民救发》2012 年 5 月 13 日。

② 《上海民政工作发展报告书（2015）》，http：//www.shmzj.gov.cn/Attach/Attaches。

于低保家庭3.5个百分点，这是因为老年人群患重症疾病的风险较高。从就业状况来看，医疗救助家庭中70%～80%的劳动年龄人口处于失业状态，比一般低保家庭的平均水平高出10个百分点，主要原因是由于医疗救助家庭中劳动年龄人口因患大病重病而无法正常工作。综上，医疗救助家庭中老年人比例更高，因病无法正常工作的比例也更高，因而长期以来低保维持生计，处于因病致贫、贫病交加的生活状况中。

（2）医疗救助家庭的救助水平分析

从医疗救助家庭的收入构成来看，与低保家庭相似的是，家庭收入中约43%来自社会救助，这不包括医疗救助为这类家庭资助的医疗费开支。医疗救助家庭的重症患者因病无法正常就业，因而劳动收入难以提高。但是，医疗救助家庭获得的社区帮扶和亲友资助的收入却比同期一般低保家庭高出5个百分点，说明社区和亲友对重症患者给予了更多帮助。

从医疗救助家庭的支出结构来看，家庭的医疗负担最重，医疗支出占比高达41.5%，居于家庭支出首位，食品支出平均占比为35.5%，位于第二。除去医疗和食品支出，其余的23%支出必须用于日常生活和孩子教育支出，用于社会交往的支出比例低于2%。可见，医疗救助家庭，特别是享受低保的医疗救助家庭面临着贫病交加的双重困境，现有的医疗救助制度只能部分减轻这些家庭的医疗负担，救助作用有限。

3. 上海市教育救助家庭特征与救助水平分析

如前所述，由于调查数据的局限，以下的教育救助家庭均指中低保家庭中获得教育救助的家庭，不包含享有教育救助的低收入家庭。

（1）教育救助家庭特征分析

从年龄来看，教育救助家庭中在校学生人数占比最高，达到31%，高于一般低保家庭平均水平的10%以上。从家庭规模来看，教育救助家庭以3人之家为典型的家庭形态。从家庭的类别来看，有重症患者家庭的比例比一般低保家庭高出6个百分点。从领取低保补贴时间长度来看，教育救助家庭中享受4年以上低保的比例比较高，平均值为74%，比低保家庭平均水平高出14个百分点，并呈现上升趋势。

综上，教育救助家庭以有孩子上学的3人之家为主，部分家庭同时也是因病致贫家庭。教育救助家庭由于负担孩子上学，家庭享受低保时间比较长，孩子处于长期贫困的生活状况中。

（2）教育救助家庭的救助水平分析

教育救助家庭收入中的42.5%来自社会救助，可见低保补差是教育救助家庭的主要经济来源。从年人均收入总额来看，教育救助家庭的年人均收入低于一般低保家庭平均水平5%左右，说明了其生活状况比一般低保家庭更加窘迫。但值得注意的是，教育救助家庭收入构成中，就业收入占比近30%，比一般低保家庭高出3个百分点，表明有孩子就读的父母具有更强的责任感与工作动力。

从支出结构来看，教育救助家庭支出最高的是食品支出，达到46.5%，高出一般低保家庭平均水平。位于家庭支出第二的是教育支出，平均占比为20%，高出一般低保家庭平均水平的5%～6%。再除去日常开支，教育救助家庭的收入所剩无几，用于社会交往支出比例不超过2.5%。这说明，教育救助家庭支出结构比较单一，只能保障基本生活开支，人际交往不足，可能造成这些家庭的孩子缺乏自我人力资本投资的基础，容易陷入贫困的代际遗传。

4. 上海市住房救助家庭特征与救助水平分析

如前所述，廉租房的救助方式包括租金补贴和实物配租二种形式。由于调查数据局限，以下住房救助家庭（亦称廉租房家庭）是指获得廉租房救助的低保家庭。

（1）廉租房家庭的特征分析

从家庭成员的年龄阶段来看，廉租房家庭中在校学生的比例更高，比一般低保家庭高2～3个百分点。从家庭规模来看，廉租房家庭中3人之家居多，4人以上的家庭比例也比较大，二者均高于一般低保家庭的平均水平。从家庭的类别来看，廉租房家庭中有外来户籍人口家庭的比例均明显高于一般低保家庭水平。从领取低保补贴时间长度来看，廉租房家庭中享受4年以上低保的比例比一般低保家庭平均水平高出8个百分点。

综上，廉租房家庭以3人之家或3人以上家庭为主，且有孩子上学，其中约20%的廉租房家庭有外来户籍人员（通常为外来媳妇），廉租房家庭在劳动力市场中依然处于弱势。

（2）廉租房家庭的救助水平分析

从家庭的收入结构来看，廉租房家庭收入中来自社会救助的比例接近50%，高于其他分类救助家庭，也高于一般低保家庭的平均水平。从年人均收入总额来看，廉租房家庭的年人均收入高出一般低保家庭平均水平15%左右。说明廉租房家庭的社会救助是比较充足的。但是其原因是比较特殊的，由于廉租房可以选择租金补贴的方式，依据上海的房产市场价格补贴额度与低保标准相比是比较高的。因此可能存在相当数量的廉租房家庭获得租金补贴后，并没有将补贴完全用于住房改善，而是用于补贴家用，这可能是造成廉租房家庭收入水平高于其他低保家庭的重要原因。廉租房的租金补贴收入，导致了廉租房家庭收入中社会救助来源比例高于其他家庭的水平。

从支出结构来看，廉租房家庭食品支出低于一般低保家庭平均水平，恩格尔系数有所下降，说明廉租房制度使这部分低保家庭生活水平有了明显的提高。

5. 上海市就业救助家庭特征与救助水平分析

就业生活补贴与收入豁免政策是指对低保家庭中的就业人员收入高于上海最低工资标准的人员发放一定金额的就业补贴，专项用于补贴他们的就业成本，并且规定在低保审查时就业补贴免于计入家庭收入。救助渐退制度则是指对因就业或者有其他形式固定收入而退出低保的困难家庭，并不立刻终止其低保待遇，而是设定一个合理的退保缓冲期。其中，对接受政府安置上岗并且退出低保者，一次性发放2个月至6个月的低保补差，对因自谋职业退出低保者，一次性发放2个月至6个月低保补差的双倍。这两项政策很大程度地推进了低保家庭有就业能力人员的就业积极性。

自2004年起，为进一步完善救助政策促进就业的导向机制，上海着手研究低保家庭中就业人员的救助促进就业问题，先后出台了一系列的就业救助制度。对低保家庭中有劳动能力并处于失业状态的成员，人力资源和社会保障部门通过就业岗位补贴、社会保险费补贴、创业贷款担保贴息、培训补贴、公益性岗位安置等办法，给予就业救助。从 2005 ~ 2014 年的 10 年间，就业补贴标准逐年调整提高，对于促进低保人员就业发挥了积极的作用，累计约有 1.29 万户低保家庭因就业退出了低保，实现了“就业渐退”的目标。2015 年上海市就业补贴标准再次调整，提高到每人每月 835 月①。

表 3　2005 ~ 2014 年上海市低保家庭就业人员补贴标准及享受人次

年份	2005	2006	2007	2008	2009	2010	2011	2012	2013	2014
就业补贴标准(元/月)	100	180	270	360	360	445	522	595	660	755
享受就业补贴人数(万人次)	20.52	18.96	18.57	26.88	34.8	34.33	33.08	23.96	16.14	14.45
月均享受就业补贴人数(万人次)	1.71	1.58	1.55	2.24	2.9	2.86	2.76	2.00	1.35	1.20
“就业渐退”家庭数(户)	缺失	缺失	1942	1815	1418	2040	2058	2061	837	681

（1）就业救助家庭特征分析

从性别构成来看，与一般低保家庭不同，就业救助家庭中女性的比例略高于男性。从年龄阶段来看，就业救助家庭的人口以就业阶段人群和在校学生为主，二者比例之和为 80% ~87%，为家庭成员的绝大多数。从家庭规模来看，以 3 人之家约占 50%，其余为 4 人及以上家庭或者 2 人家庭，并且 2 人家庭呈现上升的趋势。从家庭的类别来看，就业救助家庭中有外来户籍人口家庭的比例均明显高于一般低保家庭水平，其次为单亲家庭。

综上，就业救助家庭人口特点为：以就业年龄段和学龄青少年组成

① 《关于调整提高本市城乡低保家庭就业人员收入豁免标准的通知》（沪民救发〔2015〕15 号），http：//www. yanglaocn. com/shtml/20150403/142806616042701. html。

的3人之家为主，其中约1/4家庭为有外来户籍人口家庭（通常为“外来媳妇”）。但是这些家庭中，“外来媳妇”通常成为家庭的主要劳动力，通过积极就业养家糊口；但家庭中男方大都工作状况不稳定，所以还有近70%就业救助家庭长期靠领取低保补差维持生活，属于有工作的穷人家庭。

（2）就业救助家庭的救助水平分析

就业救助家庭约50%收入来自劳动收入，其次则来自社会救助，占30%多，二者合计占家庭总收入的80%以上。从2012~2014年的统计数据来看，就业救助家庭的劳动收入比一般低保家庭高出了26%，而来自社会救助的比例则减少了12%。

通过对就业救助家庭人均年收入的比较发现，就业救助家庭的人均年收入高于一般低保家庭5%左右，2012~2013年就业救助家庭人均年收入高于一般低保家庭8.7%。就业救助家庭年人均支出分析表明：就业救助家庭食品支出的比重依然比较高，达到48%左右，这反映出就业救助家庭同时也是低保家庭，其生活水平处于从温饱型到小康型的转化阶段。比较就业救助家庭和一般低保家庭的社会交往支出，发现就业救助家庭的社会交往支出显著高于一般低保家庭，并出现了持续上升的势头。这是一个非常积极的信号：就业救助对改善低保家庭经济状况，促进低保家庭社会融入有着显著的作用。

6. 因病支出型贫困家庭生活救助制度

“支出型贫困”群体是指本市居民及其共同生活的家庭成员，因大重病、子女上学、突发事件等原因，造成家庭刚性支出过大，远远超出家庭的承受能力，实际生活水平低于低保标准且短期内（连续6个月）不可能改变的困难家庭①。对此，上海市在全国最早提出了“支出型贫困”的救助理念，对贫困度量以支出为标准，救助目标以风险预防为主，救助对象以家庭为单位。如：低保家庭、临时困难家庭和低保边缘家庭，这些家庭可能获得

① 叶扩：《“上海式贫困”是中国穷人的缩影》，《观察与思考》2010年第4期。

社会救助后仍然不能解决困难，或者现行救助政策所覆盖不到。

为进一步完善上海社会救助体系，作为对城乡低保制度和医疗、教育、住房等单项救助政策的补充，2009 年“支出型贫困”被列为上海市社会救助的工作重点。2011 年上海市政府工作报告首次提出“建立家庭支出型贫困预警和综合帮扶机制”，“收入型贫困”被正式纳入上海市社会救助制度安排的范围。2013 年 9 月，上海市政府发布《上海市因病支出型贫困家庭生活救助办法（试行）的若干规定》（沪民救发〔2013〕51 号文件），标志着全国首个因病支出型贫困家庭生活救助制度的正式建立，这是上海市社会救助制度的又一次创制。2014 年 10 月，根据该项制度试行情况，上海市政府对政策做了调整，进一步扩大政策覆盖面和救助力度。截至 2014 年底，上海市因病支出型贫困家庭生活救助对象为 0.32 万人次，全年各级政府累计支出因病支出型贫困家庭生活救助资金为 188.93 万元。

三　上海市社会救助体系存在的问题

1. 救助标准偏低，贫困家庭依然难以摆脱困境

随着上海经济社会发展，社会救助制度不断完善，低保家庭人均收入也稳步增加，城市低保家庭人均收入占上海市人均可支配收入的比例从 1/4 逐年增加到近 1/3。同时，低保家庭人均支出占上海市人均消费性支出的比例也从 37.5% 提高到 42.2%。上海社会救助正经历着从生存型向发展型制度的转型。

但是，由于上海市最低生活保障制度一开始就是以解决贫困家庭的基本温饱为主要目标，因此保障水平一直相对偏低。经过最近 20 多年发展，上海已成为全国人均可支配收入最高的国际化大都市，但救助标准依然在低水平上徘徊。以城镇低保标准为例，从 2005 ~ 2014 年，上海市城镇低保水平始终低于全市人均可支配收入的 20%，2014 年上海城镇低保标准仅占上海市人均可支配收入的 17.9%，这不仅大大低于发达国家水平，而且也低于许多发展中国家的水平。

表4　2006～2013年上海市城镇低保家庭收支与上海人均可支配收入、人均消费性支出的比较

年份	2008	2009	2010	2011	2012	2013
低保家庭人均收入(元/年)	6654.61	7393.35	8532.78	9621.89	11001.33	12602.60
上海市人均可支配收入(元/年)	26675	28838	31838	36230	40188	43851
低保家庭人均收入占人均可支配收入比例(%)	24.9	25.6	26.8	26.6	27.4	28.7
低保家庭人均支出(元/年)	7278.75	7013.75	7678.25	8750.41	10137.47	11866.81
上海市人均消费性支出(元/年)	19398	20992	23200	25102	26253	28115
低保家庭人均支出占人均可支配收入比例(%)	37.5	33.4	33.1	34.9	38.6	42.2

数据来源：上海市统计局、上海市民政局，2005～2014年。

从恩格尔系数来比较，根据上海市城乡低保家庭生活状况跟踪调查数据：2007～2014年，上海城市低保家庭的恩格尔系数维持在42%～48%，而同期上海城市居民家庭恩格尔系数则位于33%～37%。显而易见，城市低保家庭与居民家庭的平均生活水平分别处于“温饱型”和“相对富裕型”不同发展阶段，二者存在质的差别。

可见目前上海社会救助制度只能满足困难群体的基本生存需要，低保家庭依然处于低水平的生活状态。历年来的上海市城乡低保家庭生活状况跟踪调查表明，相当数量的低保家庭难以退出低保，他们一旦离开了社会救助，又会很快重新陷入贫困，于是再回到社会救助，从而掉入“贫困陷阱”。现行的社会救助仅仅是缓解了贫困，却未能帮助受助者摆脱贫困。

2. 救助形式单一，难以适应城市新贫困家庭结构变化

目前，上海社会救助的形式还比较单一，无论是最低生活救助还是各专项分类救助，其形式基本都是现金或实物等物质性补偿。但是物质补偿所起的作用毕竟有限，因为被救助者的物质贫困只是表面现象，其深层原因则可

能是非物质性因素所致，如能力不足、心理失衡、社会资本缺失、社会排斥等，单一的物质性救助对此作用有限。

从2007~2014年上海市城乡低保家庭生活状况跟踪调查数据可以发现，上海低保家庭规模和结构正在发生变化。从家庭规模变化来看，上海市低保家庭呈现出小型化趋势，虽然还是3人之家为主，但是4人及以上的家庭下降了11%以上，与此同时1人独居低保户却增加了20%以上；从家庭类别的变化来看，单亲家庭和单身独居家庭在低保家庭中的比例逐年增加，单亲家庭约占25%，单身独居家庭约占20%，有外来户籍人口的家庭约占15%等。再从低保家庭的支出结构看，2008~2013年低保家庭用于社会交往支出比例不超过3%，家庭的文化娱乐消费几乎是空白。这些家庭可能因为自身能力不足、社会资本缺乏，人际圈子较窄，与其他群体互动性较少，容易产生孤独无援、心理失衡的负面情绪，成为社会排斥的对象。因此，单纯依靠物质资金的救助方式无法有效化解因救助对象心理行为偏差引发的社会问题。无论是单身独居家庭、单亲家庭、还是有外来户籍成员家庭，在持续渴求现金等物质帮扶的同时，对连接资源、心理慰藉、能力提升、社会融入等方面的非物质需求正变得越来越强烈，迫切需要通过各种形式的救助手段，缓解心理上的焦虑、失落与不满，减少社会排斥，重塑社会信心①。

3. 救助体系包容性不足，难以满足流动人口社会保障需求

最新公布的数据显示：截至2014年底，上海外来常住人口达996.42万，占全市常住人口总量近41.26%②。外来流动人口的发展是上海城市社会发展的重要力量，但大量新移民的集中到来，也对上海社会救助体系提出了新的挑战。一方面，随着人口老龄化程度的加剧，上海这座城市对外来人口的依赖程度越来越大；另一方面，如果超过41%的上海常住人口因没有本地户籍，在遭遇各种风险的情况下无法获得足够的社会救助，必定会引发新的社会矛盾。

---

① 杨荣：《社会工作介入社会救助：策略与方法》，《苏州大学学报》（哲学社会科学版）2014年第4期。

② 《上海统计年鉴（2014）》，http：//www.stats-sh.gov.cn/sjfb/201502/277392。

社会救助体系的包容性，主要是指社会救助应当覆盖各类特殊困难群体，它兼有瞄准性和覆盖率的意义，因此包容性指标能更好地把握社会救助体系是否针对所有的困难群体①。从制度包容性角度看，上海市社会救助体系虽已覆盖了本地户籍各类困难群体，但是对非户籍人群，尤其是针对从农村务工者的社会救助制度严重不足，即使他们在上海工作生活多年，也无法成为低保制度的救助对象。对于大规模的上海外来户籍常住人口而言，现有的社会救助无论是救助类别还是救助数量都只是杯水车薪。

表 5　城镇低保家庭中有外来户籍成员的家庭数及所占比例

家庭类别	2013 年		2012 年		2011 年		2010 年	
	数量（户）	占比（%）	数量（户）	占比（%）	数量（户）	占比（%）	数量（户）	占比（%）
有外来户籍人口家庭	74	14. 65	66	13. 95	126	24. 95	65	22. 26

四　进一步完善上海市发展型社会救助体系的建议

1. 加大救助力度，促进分配公平

我国目前的低保制度标准是在传统救助理念、应对绝对贫困的基础上建立起来的，存在救助标准过低、保障力度不足的问题。如今上海社会经济发展水平已处于全国的领先地位，随着居民收入核对机制的建立与完善，社会救助目标的准确定位、低保对象的动态化管理已具备条件，实现社会救助体系从传统补救型到发展型社会救助的转变时机已基本成熟。发展型社会救助强调各项社会救助制度与政策的整合性，以使处于不同发展阶段的个人都能享受到普惠型社会救助制度的支持。因此，完善上海社会救助体系必须提高社会救助标准，扩大社会救助受益面，加大救助力度，进而促进分配公平。

---

① 关信平：《完善我国综合性社会救助体系的基本原则和主要议题》，《中国人民大学学报》2010 年第 5 期。

首先，要继续提高社会救助的标准。历年调查数据表明，由于低保标准偏低，上海市低保家庭刚刚达到温饱型生活水平，与社会平均水平的差距难以缩短。按照国际贫困标准居民收入中位数的50%来衡量①，目前上海低保家庭还存在35%左右的贫困缺口，这与上海国际大都市的发展定位不相吻合，并直接影响到社会救助实施的效果。除了低保制度，上海市2014年开始实施的支出型贫困家庭生活救助制度，也因救助标准过低而处于尴尬的境地。目前上海居民收入核对工作机制已运行多年，为救助目标的准确定位提供了技术上的保证，完全有条件参照国际标准合理提高救助水平，以实现缩小贫富差距、促进公平分配的目标。

其次，要进一步扩大社会救助的受益面。自2012年居民收入核对系统正式运用于低保申请家庭的经济状况审核后，上海市社会救助目标定位的准确性大大提高，低保对象收益人数也出现了显著的减少。2010～2011年，上海城乡低保总人数占上海市户籍人口的比例约8%，与发展中国家的平均水平相当。引入收入核对系统后的2012年和2013年，上海城乡低保人数分别下降到上海户籍人口的4.9%与4.5%。对于我国这样福利水平不高、社会保障制度尚不完善的国家而言，这样的社会救助受益面显然是过低的。2014年，上海市政府出台了一系列的新政策：先后提高了低收入家庭的救助水平，放宽了医疗救助的准入门槛和救助水平，同时还开始了新的社会救助项目的运行，如支出型贫困家庭生活救助制度等，但是社会救助受益面却继续下降。究其原因，一方面是因为严格的居民收入核对系统真正发挥了作用，使骗保行为不易得逞；另一方面还是因为救助门槛过高、救助标准过低，把一部分边缘困难群体挡在了社会救助的门外。如果适当提高救助标准、放宽准入门槛，社会救助的受益面必然会进一步扩大。

最后，其他各类社会救助政策力度也有待于进一步加强，覆盖面还需要进一步扩大。这样才能满足低保和低收入群体的基本生活需求，帮助困难家

① 郑飞北：《国际比较视野中的中国社会救助制度》，《中国社会救助发展报告（2013）》，中国社会出版社，2015。

庭摆脱困境，才能使社会救助制度适应上海市经济社会发展的需要。依据上海建设发展型社会救助体系的目标，应该逐步从应对绝对贫困为主提升到满足相对贫困为主的层次，让上海的贫困家庭能过上具有基本尊严的生活。

2. 发展多元救助，鼓励社会力量参与

随着上海社会救助制度的完善，救助对象从以绝对贫困群体为主转向以相对贫困群体为主。对于相对贫困群体而言，他们的温饱问题得到解决后，如何帮助他们摆脱因自身能力不足以适应社会发展的需要、如何防止因社会排斥等因素导致其发展性技能无法施展而陷入贫困，成为下一个阶段发展型救助的重点。相对贫困的根源归根到底在于能力贫困和权利贫困。因此，仅靠单一的现金救助和实物救助并不能解决贫困的根源，而必须从提升救助对象的能力入手，通过能力救助、权利救助和服务救助等新型多元化的救助方式，从“授人以鱼”转变成“授人以渔”，开发受救助者可持续生计的能力和机会，最后使其走上自助自立、自食其力的生活之路。

发展多元救助，应当加大力度推进社会工作介入社会救助。上海社会工作介入社会救助工作主要从两个方面进行探索：一是介入对潜在救助对象的评估工作（发现问题和需求），二是为救助对象提供专业服务（回应问题和需求）。社会工作者运用各种专业方法，连接各类资源，以家庭个案为中心，使救助对象摆脱贫困状态，增强其家庭责任感，恢复并发展社会功能，将救助与提高家庭能力两方面紧密结合起来。上海试点开展的“桥计划”、“高风险家庭服务”、“家庭助力计划”、“心意家庭探访计划”等社区社会工作服务试点项目，探索以家庭为本的社会救助领域社会工作服务，取得了明显的成效。因此，下一步要继续培育发展社会救助类社会工作服务机构，充分发挥社会工作服务机构和社会工作者在需求评估、救助方案制订、资源整合、政策咨询等方面的作用，为社会救助对象提供社会融入、能力提升、心理疏导等专业服务。

鼓励社会力量参与社会救助，应当进一步完善政府救助和社会力量的统筹机制。上海市自2006年开始社区市民综合帮扶工作试点以来，社会力量在社会救助中的作用日益增大，2014年社区市民综合帮扶43745人次，帮扶资金达到1.14亿元；当年社会捐赠总计达到4.63亿元，受益人次达到6232人次。上海社会力量参与社会救助还存在很大的潜力与空间，通过进一步完善机制，可以鼓励更多的单位和个人通过提供捐赠、帮困专项的设立、建立服务机构和志愿服务等途径参与社会救助。同时，应当进一步完善鼓励社会力量参与的优惠政策，完善政府购买服务目录，扩大政府购买社会救助服务，以更大程度发挥社会力量的作用。

3. 发展包容性救助，促进社会融合

社会救助的根本目的是帮助救助对象通过自助摆脱贫困，防止遭受社会排斥，促其融入主流社会。社会救助体系的包容性主要是指社会救助应当覆盖各类特殊困难群体。包容性既是一种发展理念，也是一种发展方式，其核心是：消除权利的贫困，减少社会排斥，实现机会平等和公平参与，使贫困人口也能参与经济活动，为经济繁荣出力，并能够分享经济增长带来的成果；其核心内容是：让全体社会成员公平地分享经济增长成果，促进发展的协调与均衡。

因此，包容性社会救助体系是指除了建立面向所有人群的社会救助体系之外，还能够兼顾各类特殊困难群体的特殊需求，设计更加具有针对性的项目和内容。例如，人口老龄化加剧会导致老年护理需求的激增，可考虑适时设立老年人护理救助项目；根据有劳动能力贫困者的需要，可以建立就业扶助等社会救助项目；针对单亲家庭的特殊困难，可以为之设计专门的单亲家庭教育救助和生活扶持项目，以及针对特殊儿童、残疾人、边缘贫困人群、流动人口、流浪乞讨人员、灾民，以及其他特殊人群的救助项目。总之，包容性社会救助体系应该能够覆盖各类不同的困难群体。

目前，上海市社会救助体系已覆盖了低保、低收入家庭以及边缘困难人群，包括贫困失业者、老年贫困人员、残疾贫困人员、灾民、流浪乞讨人员等特殊困难群体，但是占上海常住人口41%的外来人口却一直未被纳入社会救助的范围，也没有接受医疗救助、教育救助、住房救助和失业救助的机会，仅仅在临时救助中有所涉及。然而，由于户籍原因他们不能平等享受诸多公共服务，成为一个工作收入不稳定、生活压力更大的群体，发生贫困风险的概率更高。从包容性社会救助体系的要求来看，无论是出于权利保障、机会平等、公平参与、防止社会排斥和共享社会发展成果的角度，还是出于新移民群体为上海城市发展做出了巨大贡献的角度考虑，都应当将这部分群体纳入上海社会救助体系之中，针对他们可能遇到的各种风险，在基本生活、医疗、教育、就业和住房等方面做好相应的制度安排，帮助他们提升化解风险的能力，让他们也能分享到上海经济社会发展的成果。化解了外来人口的风险，就等于化解社会的风险。建设包容性的社会救助体系，是防止社会排斥、促进社会融合的必然选择，也是上海这座城市文明程度的象征。

案 例 篇

Cases Reports

B.17

松江区探索特大城市郊区网格化基层社会治理的有效路径

孙甘霖　陈洪明　王 茵　乐菡静　孙佳伟*

摘 要：上海市松江区积极推进基层社会治理改革，以深化拓展网格化管理为抓手，提升城市郊区综合管理效能，以完善村级治理和服务体系为目标，加强农村基层建设。通过覆盖全区的网格体系，探索在主体上更注重多方参与，在方式上更注重法治保障，在手段上更注重多管齐下，在过程上更注重关口前移，着力提升城市郊区社会治理和公共服务水平。

关键词：松江区　城市郊区　网格化社会治理

* 孙甘霖，上海市社会工作党委书记，上海市社会建设委员会办公室主任；陈洪明，上海市社会工作党委研究室副主任；王茵、乐菡静，上海市社会工作党委工作人员；孙佳伟，上海市社会建设研究会秘书处工作人员。

一　松江区推行网格化社会治理的主要做法

截至2014年底，松江区实有人口195.7万，其中，外来人口134.3万，外来人口总数居全市第二，与户籍人口成2.3∶1的倒挂比例。大量外来人口的导入，导致松江社会治理和综合管理问题错综复杂。为此，在深入调研的基础上，松江区选择以源头治理作为切入点，以覆盖全区、深入农村小组的属地化设置、网格化管理、社会化服务为抓手，强化基层综合治理和服务群众能力。

1. 深入贯彻市委文件，完善网格体系提升管理效能

一是编织全覆盖的管理网络。松江区以市委“创新社会治理，加强基层建设1+6”配套文件《关于深化拓展网格化管理提升城市综合管理效能的实施意见》为指导，统一网格划分原则，明确网格职责。以全区605平方公里作为一张大网、16个街镇和开发区作为中网、321个村居委会作为小网、小网下划分为1352个网格。农村地区以自然村落为单位划分网格，城市化地区以楼宇小区为单位划分。在每个网格实行“1+X+Y”运作模式，“1”是网格长，“X”是指村（居）退岗未退休人员、村（居）民小组长（楼组长）、退休老干部、志愿者等；“Y”是指职能部门和街镇相关科室在网格内设立的专职人员，将网格化管理与基层共治自治相衔接。

二是组建整合性的综合管理中心。松江区网格化综合管理中心由原城市网格化监督指挥中心、大联动指挥中心、防汛指挥中心、12345市民服务热线管理中心、区应急办、12条职能部门热线电话等合并而成，并承担区应急管理职责，对接区委区政府总值班室。同时，将社会建设工作办公室和大联动办公室合二为一，组建社会治理办公室，将网格中心和社会治理办公室合署办公。中心兼具网格化管理的统筹和指导、执法力量的指挥和协调、城市管理信息的收集和研判、应急指挥处置等职能。

2. 以联动机制和信息化手段，支撑网格化管理服务功能

一是建立联动联合处置机制。建立条线联动处置队伍，将条线职能部门

分为三级联动等级，明确各自的处置职责、装备配备、响应时限和处置要求。完善街镇综合执法队伍建设，以公安为保障，市场监管、房管等与城市管理密切相关的职能部门派出机构、执法单位共同参与的联动工作机制。同时，组建社会化志愿服务队伍，依托社会组织和自治团队，积极参与社会治安、纠纷调解等工作。

二是探索推进网格化党建。在深化拓展网格化综合管理过程中，注重同社区党建密切结合，通过充分发挥基层党组织在网格中服务群众的作用，实现夯实基层党建、促进社会治理的双赢目标。探索创新基层党组织设置，推广“浦南农村地区村居党（总）支－网格片区党支部－网格党小组”三级党组织网络体系，形成把“支部建在片区上、党小组建在网格内”的基层党组织网格化管理机制，实现党组织对网格治理工作全过程、全方位引领。

三是搭建信息化支撑平台。将分散在各部门、各条线的5000余枚视频监控探头、12个职能部门的热线电话和信息系统接入综合管理中心。开发了网格长手持终端APP，向网格长派发能及时上报和拍照取证的智能手机，开设公众举报微信号“茸城微治理”，实现体制内发现和社会化监督的智能一体化。通过信息技术，将分散在各部门的数据进行共享，有效开展预警预防，完善治理措施。

3. 创新村级社会治理模式，推进网格化管理零距离

为实现网格上下衔接、落地基层，松江区各街镇均建立了网格化管理领导机构、组建工作部门、整合人员分工、划分网格片区，建立了工作机制，基本做到了规定动作无遗漏，自选动作有创新。

一是规范三级网络机制。在区级网格化综合管理中心的指导下，各街镇成立社区网格化管理领导小组，并与社会治理办公室、社会治理联动指挥分中心及信息化管理中心“四位一体”联合办公，由街镇主要领导任组长。同时，各村（居）挂牌成立了社区服务站暨网格化工作站，按照“任务相当、方便管理、界定清晰”的要求科学划分网格，并统一数字编号。每个网格原则上按150～250户、常住人口500～1000人、面积500～2000亩，居委会由于人口集中，面积较小，商铺较多，根据实际情况做相应调整。

二是属地化配强网格长。通过召开支部书记专题动员会议、村（居）民代表会议、党委专题会议等形式，采用社会招聘、群众举荐、组织推荐等方式，以原工作性质或内容相近的协管人员、村居小组长为优先考虑，以必须为本网格内居民和居住为前提，最终确立各网格长。在网格长家中设立规范的办公点和受理点，设有留言板、诉求箱和公告栏，网格长工作职责、网格基本情况、网格区域图等均上墙公示，并组织网格长定期培训和每月专家讲座，帮助其熟悉各项业务。制定了对社区服务站、网格长的考核标准，并将网格长作为街镇和村居储备干部进行重点培养和激励。明确网格长主要职责为“四管”，即管房、管地、管人、管事；负责“八大类”工作内容，即产业和管理、民生和服务、稳定和治安、人口和计生、生态和环境、土地和建设、消防和安全、宣传和创建。

三是拓展创新工作方法。各街镇不断深化和创新工作内容，石湖荡镇总结出了“摸、核、巡、问、看、宣、帮、管、督、报”的十字工作法。即对网格内的人、房、地等的基本情况进行排摸；对相关信息、事件的处置情况进行核实；每天深入公共部位进行巡查；对发现的各类问题，多方询问来龙去脉；发现违法违规行为，用工作手机拍摄记录；在网格片区主动宣传方针政策、法律法规；及时帮助网格内村居民协调解决实际困难；做好对网格内人和事的管理工作；对各职能部门在网格内的事件处置情况进行督查；对不能解决的问题及时上报服务站。同时，充分利用区网格中心发放的手机终端和报送平台，要求网格长无论自行处置或需上报求援的信息一律发送至平台，不仅及时记录和监督网格长工作情况，也为各部门处置问题提供依据。

二　完善松江经验促进上海郊区基层网格化社会治理的几点建议

松江区以源头治理、综合治理为目标，以网格化管理体系为抓手，初步探索出了一条以点带面、城乡统筹、因地制宜的城市郊区基层治理有效路径。下一步，上海市社会工作党委、市社会建设委员会办公室将以贯彻落实市委“创新社会治理，加强基层建设1+6”文件为指引，深入研究丰富基层社会网格化管理的内涵，拓展依托网格的公共服务机制，组织引导社会力量参与网格化管理服务，探索基层党建与网格化管理相融合，并以松江区的实践经验为样本在全市进行宣传和推广，着力提升城市郊区基层社会治理能级。

1. 从网格管理迈向创新基层治理和拓展公共服务

网格化管理是当前城市治理现代化、信息化和社会化的有益探索，而以创新社会治理和社会化服务为方向的网格化管理更是适应当前社会治理新形势、实现社会治理现代化的长效途径。

一是创新基层社会治理方式。首先，网格化管理要助推社会治理从条块分治转向整体联动。转变行政管理资源单一和条块分割的不足，通过网格整合相对分散的社会资源，形成社会治理合力。其次，要从运动式管理转向常态化管理。网格化管理要告别以创建、整治等间歇性的治理方式，用定点、定责的长效机制进行管理。再次，要从粗放式管理转向精细化管理。网格化管理一定要落地基层，从“管房、管地、管人、管事”等细节处开始，做到源头管理、精细管理。最后，要从行政管理转向服务群众。以往群众的“急难愁”有“投诉没门路，解决无期限”的烦恼，网格化管理让“指导员、服务员”就在身边，让“咨询处、受理点”就在门前，避免了因信息不畅而导致服务管理缺位、错位的困扰。

二是拓展和提升服务群众能力。网格化管理是党委、政府管理基层社会、服务群众的载体和平台，是党和人民群众密切联系的“直通车”“连心桥”，网格化管理是群众接触到最近的行政资源，网格长在某种意义上被群众视为“党和政府”的基层代言人。因此，网格化工作体系不应仅仅停留于管理，更应提升其服务群众的能力。在推进执法管理力量下沉的过程中，服务资源的延伸也是应有之义。特别是在农村地区，村民前往村镇办理事务、咨询政策、获取服务受到地域交通的限制，而设在家门口的网格点是服务群众“最后一公里”的有效载体。如松江区石湖荡镇探索将网格点建设为“社区服务小屋”，通过信息化手段，为村民提供物流、家政、购物、助医等资源链接服务，并探索在有条件的网格点建立老年活动室，使网格点成为凝聚群众、服务群众、引导群众的重要平台。

2. 从行政主导迈向多元主体和居（村）民自治参与

网格化管理能打破部门与职能边界，突破层级节制的组织结构，其精细化、责任化、规范化成了城市治理的重要手段之一，但网格化管理运作模式又存在主体单一、偏重行政化等现状，与多元主体参与的社会治理理念相违背。因此，网格化管理的深入实践应该在组织体系、参与主体、管理方式、评价机制上更加注重社会力量和居村自治的参与。

一是鼓励多元主体参与。在坚持党委领导、政府主导的前提下，引导社会、市场等不同主体发挥积极作用。在网格内既有经济组织、也有社会组织和群众自治组织，应积极探索在网格管理中，发挥社会组织与群众自治组织的共治作用，以及企业、商户的社会责任和属地化参与意识。同时，积极引导专业的社会组织参与网格化管理的各项工作，通过政府购买服务等形式，让社会组织参与网格内的公共服务、矛盾调处、群众诉求表达等，提升网格管理水平和丰富服务内容。

二是与居村自治管理相结合。《关于深化拓展网格化管理提升城市综合管理效能的实施意见》指出，“要加强网格化管理与居村自治管理相衔接”。为此，一方面，要建立居（村）民自我巡查、自我管理、自我监督的联勤机制，将村居干部、网格长、志愿者等队伍进行整合联动，增强城市管理顽疾、社会矛盾的快速发现和处置能力。另一方面，要开展居（村）民自治，探索通过如浦东新区合庆镇“草根宪法”（1+1+X 工作法）等市民公约和乡规民约的自治方式，在萌芽状态预防多重隐患、化解各类矛盾。

3. 从资源单一迈向基层党建与网格管理的融合共进

为加强服务型党组织建设，松江区叶榭镇把党组织工作与网格化管理相融合，既拓展了网格服务资源，又丰富了党组织的活动内容。这是在基层治理中，实现农村地区区域化党建的有效形式，有利于夯实基层党建基础、整合基层社会治理的资源。

一是调整党组织划分形式。要打破原先基层社区以党员身份划分的行政支部、老年支部和流动支部的形式，通过“支部建在片区、党小组建在网格”的工作思路，根据“就近居住、活动就便”的原则，将党小组进行重新组建，在每个网格内设立一个党小组。各党小组内的老党员、老干部和其他有专业技能的党员组成网格志愿者服务队伍，通过党建工作与网格管理的整合，辅助网格长开展日常工作。

二是探索治理责任共担。网格化管理强调组织领导，在街镇、村居层面有党组织的直接领导，在网格片区也需要党建力量参与和引领。一方面，从制度层面要求党建工作、组织生活与网格工作进行互动，明确规定党员参与网格管理的相关内容；另一方面，党员评优评先需征询网格长评价，而对网格长工作效能的评估也要听取党小组的意见，通过双向评价最大限度地激发服务群众的热情，将网格工作与基层党建相互融合，形成责任捆绑、互助互进的基层服务主体。

B.18

长宁区探索志愿服务制度化建设路径

章卫民　章　维　樊乐波　黄　群　干晓华*

摘　要：　本文对上海市长宁区志愿服务工作中注重制度和品牌建设、运用最新信息技术、完善激励保障措施、弘扬志愿服务文化等创新举措进行了分析总结，也分析了志愿服务工作中行政干预过多、社会化发展能力不强、专业化程度较低等问题，并提出了充分发挥各级志愿服务领导协调机构的作用、建立培训基地、拓宽志愿服务领域等对策建议。

关键词：　志愿服务　制度建设

为了加快长宁区的志愿服务制度化建设，推动志愿服务深入持续健康发展，加快志愿服务事业发展进程，长宁区精神文明建设委员会办公室于2014~2015年启动《关于推进长宁区志愿服务制度化建设》的专题课题调研，对长宁区志愿服务制度化建设现状、领导组织体系、项目运行机制、队伍网络规模等开展调研，积极探索建设与国际化大都市相匹配的现代志愿服务制度，加大对各级各类志愿服务组织的支持力度，进一步发挥志愿服务组织在服务群众、服务社会中的重要作用，增强城市的软实力，提高城市文明程度。

* 章卫民，上海市长宁区区委常委，宣传部部长；章维，上海市长宁区区委宣传部副部长，区文明办主任；樊乐波，上海市长宁区文明办副主任；黄群，上海市长宁区文明办未成年人工作协调科科长；干晓华，上海市长宁区志愿服务工作科副科长。

一　主要调研方法

（一）多角度制订调研方案

一是确定调研目标即摸清基数、拿出措施、提出意见，十二个字统领调研全过程，为加快志愿服务制度化建设及领导决策提供依据。二是做到“三个结合”即全面与重点相结合、近期与长远相结合、集中与分散相结合，使调研工作客观真实，数据翔实。三是调研形式多元：①采用行之有效的座谈调研、实地调研、书面调研等传统方法；②依托网络借助媒体，开展网站、微博、微信征集等方法听取社会公众的意见建议。四是分层立体调研：①本区志愿者服务组织发展情况；②专业志愿者队伍发展情况；③社会志愿服务发展情况；④征集社会各界对加强志愿服务制度化建设的意见。从以上四个方面充分了解并掌握本区志愿者服务制度化建设的基础情况。

（二）多层面召开座谈会

一年来，调研组抓住重点，在三个层面召开座谈会。在基层组织管理座谈会上，相关街镇就“邻里守望”、“睦邻文化建设”、“社区志愿服务制度化建设”等主题做了交流；在社会组织座谈会上，与会者对公益组织参与志愿服务制度化建设、参与“邻里守望”项目推进、参与社区志愿服务工作流程策划及社区大型志愿服务活动等内容进行了座谈；在重点行业座谈会上，各单位就“水电气邮等公共服务进社区”，推进行业专业队伍进社区开展志愿服务，探索形成“定点定时、常态长效”的志愿服务新模式进行畅谈，提出建议。

（三）多维度收集基础数据

调研组在月发行量29万份的《成长的家园》报刊上就志愿者服务制度化、志愿服务项目、志愿服务报名注册等内容开展了三次问卷调查和宣传，广泛听取意见。另外，调研组还对虹桥社区（虹储小区）、华阳社区、周桥社区、天山社区等进行了实地考察，考察了各类志愿者工作室、志愿者服务站的志愿服务制度、活动项目、人员结构等。比较全面地了解全区主要委办局和各社区在志愿服务活动，尤其是制度化建设方面的做法和经验，为撰写调研报告提供依据。

二　长宁区志愿服务制度化建设的现状

多年来，长宁区认真贯彻中央文明委的指示精神，切实有效地开展志愿服务活动。一是抓住“全国文明城区”创建和“迎办世博”等大型活动的契机，广泛动员志愿者和市民开展形式多样的志愿服务活动，使志愿者组织体系得以建立和巩固，志愿者队伍得到壮大，志愿服务活动逐步规范，形成规模，志愿精神更加深入人心。二是紧密结合中央关于社会主义核心价值观教育和党的群众路线教育实践活动等要求，不断深化志愿服务制度化建设，先后出台 10 项志愿服务工作长效制度，健全完善了长宁区立体化、网格化的志愿服务领导体制，服务项目不断创新，还形成了许多具有长宁特色的志愿服务品牌，广大志愿者和志愿服务组织整体素质得到全面提升。

（一）注重制度和品牌建设

长宁区不断探索志愿服务工作的新机制，逐步构建了比较完备的志愿服务长效运行机制。构建立体工作网络。长宁区以完善志愿服务立体工作网络为抓手，按照“全区统筹、条块结合、以块为主”的工作原则，组建区志愿服务工作协调小组，先后在文明办增设“志愿服务工作科”，成立长宁区志愿者协会和社区志愿者协会分会，开通虹桥志愿服务网，新建长宁区志愿服务中心，形成“一大组织、两大工作平台”的纵向管理体系；主动吸纳各政府部门、人民团体、区“凝聚力工程”学会、区属企事业单位以及社会组织联合会等作为协会会员单位，形成各方参与、共享共赢的志愿服务横向社会支持体系，完善志愿服务制度建设。于 2014 年 4 月初在全市率先召开区志愿服务工作推进会，先后制定了《关于推进志愿服务制度化的指导意见》、《关于推进长宁区“邻里守望”志愿服务工作的实施意见》和《长宁区关于社区志愿服务的工作方案》等文件，对工作流程和工作规范提出了要求，逐项研究、同步出台了10项配套制度，健全完善了具有长宁特色的志愿服务制度体系。培育多样化服务品牌。长宁区聚焦重点人群和弱势群体，深入开展“邻里守望”志愿服务活动，推进志愿服务项目常态化、项目化、专业化、社会化发展，促成了“老伙伴计划”、“金色晚霞”、“三百老人庆重阳”、“农情家年华”、“温暖回家路”、“关爱阳光宝宝”等一批志愿服务工作品牌和“洋志愿者服务队”、“白领地铁二号线应急志愿服务队”、“交通文明志愿者”等一批特色志愿服务团队。

（二）运用最新信息技术

至2015年底，长宁已建成“上海虹桥志愿服务网”“‘i志愿’APP手机软件”“上海长宁区文明办微博账号”“文明长宁微信公众号”等信息平台。实现信息化建设初级目标。依托长宁特色的“上海虹桥志愿服务网”，已构建了志愿服务工作从“实名登录注册－实际需求采集－实时项目发布－实况全程记录－实效成果展示”的“五实”服务需求对接运作体系，基本实现长宁志愿服务“一个标准平台、一个统一全面的数据库、一个社会志愿服务资源网络、一个志愿文化交流传播平台”的信息化发展初级目标。对接“志愿云”深化信息建设。长宁区正按照市志愿者协会的统一部署，积极与中国志愿者联合会“志愿云”系统对接，依托全国性的“志愿服务”大平台、大系统、大数据，进一步规范志愿者的招募、注册、管理、服务时间记录等一系列制度，实现志愿者管理、调配、宣传、激励等工作的信息化。

（三）完善激励保障措施

志愿服务的常态长效发展，离不开志愿者的持续热情参与，离不开全社会关心、支持、尊重志愿者的良好社会氛围。当前，有关部门正围绕如何合理开发和利用志愿者这一重要社会资源，并通过完善志愿服务激励机制来保证志愿者的服务热情，强化志愿者参与服务的动机，吸引更多的社会公众加入志愿服务行动的行列中等问题进行探索。在志愿者表彰方面，坚持每年开展“区优秀志愿者、优秀志愿服务组织、优秀志愿服务项目”评选表彰活动，选树、表彰、宣传一批志愿服务工作的先进典型。在志愿者嘉许方面，正在研究如何在就业、就学、就医、享受公共服务等方面给予激励。在志愿者保障方面，依托市志愿者协会，落实为注册志愿者免费提供最高保额为20万元的人身伤害意外险，为区市民巡访团办理了人身伤害意外险，已为两位在巡访中发生意外的巡访团员办理了理赔手续；依托市“关爱好心人”专项基金会，为长宁区近10位困难优秀志愿者提供资助金额近8万元，更好地维护和保障了志愿者的权益。

（四）弘扬志愿服务文化

志愿文化是志愿服务活动深入开展的精神动力和价值基础，是培育和弘扬社会主义核心价值观的重要内容和传播途径。经多年培育，长宁的志愿文化氛围已逐步形成，志愿服务理念已渐入人心。广泛刊载志愿服务公益宣传。设计长宁区志愿服务“VIS视觉识别系统”，在全区重点区域设置志愿服务公益广告，统一社区志愿服务中心、居民区学雷锋志愿服务站、公共场所便民利民志愿服务站点的标识，设计制作区志愿者服装，弘扬“奉献、友爱、互助、进步”的志愿服务精神。发挥志愿服务网上宣传优势。设计开发“i志愿”手机智能终端，方便志愿者借助手机登录上海虹桥志愿服务网，了解服务项目、报名参加活动，获得相应积分；开发“长宁区志愿服务网上博物馆”项目，运用网络技术，全面展示长宁区志愿服务发展历程、阵地建设、项目运作、典型引领、多元文化、所获荣誉、心语心愿等内容，引导市民将志愿服务作为行为自觉。积极开发志愿文化衍生宣传品。通过“编印《大爱》、《真情》、《有心皆志愿》等志愿服务宣传画册，编印《心尚》双月刊杂志，拍摄《志愿担大任》、《志愿服务在长宁》等志愿服务宣传片”等措施，展示长宁区志愿服务工作全景。

三　长宁区志愿服务制度化建设方面存在的不足

目前，具有长宁特色的志愿服务发展道路已经初步形成，志愿服务活动社会化、常态化、项目化、专业化迈出了坚实的步伐。但是与党的十八届三中全会提出的“支持和发展志愿服务组织”战略部署，中央文明委关于推进志愿者服务制度化建设的要求，还有一定的距离。主要表现在以下几方面。

（一）对志愿服务及其重要性的认识有待进一步提高

志愿者服务是构建和谐社会的润滑剂，一个文明成熟的社会，志愿服务是一种全民习惯、一种生活方式、一种文化标识。虽然借助迎办世博会和各类精神文明创建活动的契机，上海市公众对志愿者服务的认知度和参与率在提高，但是群众对志愿者服务内涵及功能的认识仍然存在简单化、片面化、肤浅化的问题。一是受传统观念的影响，大多数人仍然认为，志愿服务是日常的琐碎之事，走的是形式，缺乏实际效果，其功能只是社会的点缀，并不是和谐社会的普遍需要，影响了志愿服务活动开展的主动性。二是认为志愿服务只是年轻人或是退休有闲暇时间的中老年人的事情，社会公众参与志愿者服务的动力不足，导致志愿服务局限于某些领域、某些人群、某些时段，更谈不上大多数社会成员终生参与志愿服务的理想状态。三是对大多数群众来说，对志愿服务的理解只是停留在印象中、口头上，还缺乏行动和参与。志愿服务不仅仅是一个活动，更重要的是作为一种理念被人们接受。有了相应的理念，才能更好地落实在实际行动上，才能使一次次的志愿服务活动逐渐变成人们的习惯，通过一个个习惯性的志愿行动，才能够使志愿精神沉淀下来，进而形成志愿文化。

（二）志愿服务行政干预过多、社会化发展能力不强

从总体上来说，长宁区志愿者服务活动对行政的依赖性仍比较强，社会

化的自主发展能力相对还比较弱。过度的行政干预从一定意义上弱化了志愿服务的自愿性，有悖于志愿开展的原则，也不符合志愿服务的特质及发展的趋势。表现为：一是一些志愿服务的组织管理受传统行政工作习惯思维影响，日常性服务非常少，仅仅是党政部门安排任务才开展活动，而且存在形式化、间断化的问题；二是一些志愿组织在配合党政工作开展服务的时候，不能努力发挥志愿者的特长，而是机械应付、敷衍对待，间接导致很多人对志愿服务存在误解，甚至是主观排斥感；三是一些志愿组织除了政府支持经费外，很难自主筹集社会资金，服务处于停滞状态。这些问题的存在，对长宁区打造多元融合的社会志愿服务体系格局十分不利。因为在实现志愿服务的“参与社会化”中，政府应该扮演提供支持、进行评估、推动发展、协调关系的角色，而不应成为主要的志愿服务的机构、团体，进而避免出现志愿服务垄断化和官僚化的弊端。在这一方面，长宁还有很长的路要走。

（三）志愿服务专业化程度较低，在开发、研究、培训、评估等方面有待提升

当前，国外志愿服务的专业化程度非常高，在服务项目开发、服务人员培训、服务监督与评价等方面拥有一套相对完善的系统，且能够针对特殊的团体提供一些专业的服务。与国外专业化的志愿服务相比，目前长宁区尚缺乏这样一种能提升志愿服务工作针对性、专业化、有效性的系统，也缺乏志愿服务项目开发、志愿服务目标设定、志愿者培训以及志愿服务研究等方面的专业人才，加之志愿者本身也往往习惯于听从组织安排、缺少自主发挥的空间，致使志愿服务的质量和效果受到影响。

（四）志愿服务项目个性化不足，缺少便于市民乐于参与，具有广泛社会影响的志愿服务载体

当前，我国正逐步由“单位制”向“社会制”管理体制转变，“小政府、大社会”的管理方式越来越受到社会认同，社会志愿服务组织势必越来越多地介入政府让渡出来的领域中。这一形势要求志愿服务实现由单一服

务功能向开拓多样服务功能的重要转变，使志愿服务不仅作为服务弱势群体、促进社会文明和谐的手段，而且作为公民参与社会发展事务、参与政治民主进程的重要途径。多年来长宁创造了一些诸如“邻里守望”“敬老”“爱幼”“帮农”“助残”等好的志愿服务载体，但仍然停留在传统服务项目上，集中在孤老弱、环保卫生服务等项目中，缺乏开拓创新，降低了志愿服务自身的活力。

（五）志愿者服务保障机制不够完善

一是经费投入不足。虽然对志愿者服务的经费投入没有一个确切的统计，但财政投入较少、社会捐助渠道的问题比较突出，直接影响了志愿服务活动的开展和志愿服务事业的发展。二是缺乏法律法规保障。国际上通行的做法，是通过立法来确定志愿服务的法律地位，并为志愿者提供法律保障，以保障志愿服务事业的健康发展。本市已有的《上海市志愿服务条例》出台，但各部门、社区执行情况如何尚不明确。

四　长宁区加快志愿服务制度化建设的对策思路

党的十八大报告和十八届三中全会均对志愿服务提出了更高的要求。2014 年上海市委一号课题也对发动志愿者参与社会管理提出了新的要求，这对本区志愿服务事业发展是挑战更是机遇。长宁区将以此为契机，以志愿者服务制度化建设为重点，全面推进志愿服务事业健康发展，推动长宁拥有更加完善的志愿服务法律制度、更加宽泛的志愿服务领域、更加专业的志愿服务队伍、更加通畅的志愿服务供需对接渠道、更加丰富的志愿服务文化。

（一）充分发挥各级志愿服务领导协调机构的作用

长宁区志愿服务领导协调机构均已经建立起来，各级志愿者协会也已成立。当前，关键是要充分发挥这些志愿服务组织的作用。要进一步建立健全运行机制，完善相应的规章制度，确保对志愿服务活动的指导和监管。

要解放思想、拓展思路、创新载体，积极探索、主动吸纳制度完备、运行规范的民间志愿者组织、公益类自发组织等加入区志愿者协会。同时，积极探索在不同行业、系统、单位以及街道（社区）建立协会的分支机构，逐步使社会资源向一线志愿服务组织倾斜，着力促进基层志愿者组织的发育和壮大，增强活力。逐渐减少行政主管部门、官方团体对志愿服务活动的行政性指令，有效整合社会资源，实现志愿服务向社会化的转型。成立各级志愿服务中心，负责全区各层级志愿服务活动的管理和服务。本次调研针对社区志愿服务制度化建设和社区志愿服务中心建设草拟了《长宁区社区志愿服务制度化建设评估指标体系》和《长宁区社区志愿服务中心建设评估指标体系》等两套评估指标体系，希望对推进本区志愿服务制度化建设有所帮助。

（二）商请有关部门对《上海市志愿服务条例》开展监督调研、执法检查

志愿服务是一项社会事业，上海实行由市文明委领导，市文明办牵头，市工青妇、民政、教委等相关部门共同参与的领导体系和“横向到边、纵向到底、条块结合”的管理体系。由此可见，发展志愿服务事业不单单是某一个系统、某一个部门的事，还需要全社会的共同参与，需要各相关单位按照职责分工，各司其职，齐抓共管，形成全社会共同支持、参与、监督志愿服务的良好氛围。《上海市志愿服务条例》（以下简称《条例》）于2009年4月颁布，2009年6月1日施行。《条例》为社会组织参与社会治理提供了制度化、规范化的法律保障。为促进《条例》的全面落实，依法促进志愿服务新发展，建议把《条例》列入市人大2015年度监督调研和2016年度执法检查计划，加大监督力度，进一步强化各单位依法开展志愿服务的法制意识。为此，长宁区作为全市开展《条例》监督调研工作的试点城区，于2015年率先开展了此项工作，由区人大常委会内司工委牵头，通过听取汇报、交流座谈、实地走访等形式对全区各部门、社区以及各种类型的志愿服务组织《条例》执行情况进行了专项调研。梳理了志愿服务工作现状、《条

例》执行中存在的问题以及对《条例》修订的相关建议和意见，并形成初步报告，为全市开展监督调研工作提供了依据。

（三）建立培训基地，打造更加专业的志愿服务队伍

在志愿者招募过程中，要确保每一个志愿者都具有较高的思想觉悟，从事技术服务的志愿者还必须持有技术资格证明和具有相关工作经验。积极筹建长宁区志愿服务培训基地，制订年度培训工作计划，对全区各级志愿服务的组织者和骨干进行专业培训。注重对志愿者的初始培训和岗前培训工作，采取分级分类的方式，对志愿者公共知识和专业技能进行专题培训。为志愿者建立一人一档，记录志愿者的培训经历，并作为志愿者考核、评优的重要依据。加强志愿服务理念、志愿者权利义务及纪律方面的宣传、倡导，努力提升志愿者自身综合素养。

（四）拓宽志愿服务领域，打造长宁志愿服务品牌

要以便民利民、扶贫帮困、就业援助、老年服务、残疾人服务、青少年服务、外来人口服务、婚姻家庭、人口计生、社会治安、社区矫治、群众文化、环境卫生、科学普及、大型活动等领域的志愿服务活动为重点，积极打造广大群众关爱他人、奉献社会的平台，打造特殊和优秀人才发挥才智、回报社会的平台，培育具有长宁特色的“邻里守望”品牌项目。

志愿精神是高尚的精神，志愿服务是伟大的事业。长宁区将按照中央文明办要求，进一步聚焦重点对象，完善制度建设，深入推进志愿服务工作常态长效发展，用“奉献、友爱、互助、进步”的精神感召、凝聚、引领更多的社会公众投入志愿服务中去。

B.19

静安区曹家渡街道创新基层治理的实践与探索

叶智坚　李永波　杨 蓉　谢志彬　王燕锋　李晟晖　王海峰*

摘　要：　为顺应社区治理体系和治理能力现代化发展趋势，近年来，静安区曹家渡街道不断创新实践，工作模式逐步从“社区管理”向“社区治理”转变，在创新基层治理的过程中，从提升社区自治工作品牌建设、综治中心标准化建设、政府购买社会组织服务模式探索、社区15分钟法律服务圈建设，到社区共治化解城区管理难题等方面，都实现了有效突破，重点拓展社区多元治理“主体”参与，提升社区治理能力，更好地为社区群众提供精准有效的服务和管理。

关键词：　社区　创新　基层治理

社区治理体系和治理能力现代化是国家治理体系和治理能力现代化的实现前提，静安区曹家渡街道经过不断创新实践，工作模式逐步从“社区管理”向“社区治理”转变，重点拓展社区多元治理“主体”参与，提升社区治理能力，更好地为社区群众提供精准有效的服务和管理。

---

* 叶智坚，上海市静安区曹家渡街道党工委书记；李永波，上海市静安区委宣传部副部长，外宣办主任，新闻办主任；杨蓉，上海市静安区新闻办副主任；谢志彬，上海市静安区曹家渡街道党工委副书记；王燕锋、李晟晖、王海峰，上海市静安区曹家渡街道办事处副主任。

一　打造社区自治升级版，为社区治理保驾护航

曹家渡街道居民区自治工作坚持以“建设睦邻家园，打造熟人社区”为目标，以“睦邻自治家园”为主线，明确“引领自治，指导自治，对接自治，保障自治”的社区自治工作思路，不断提高群众参与自治的组织化程度，提升对社区的认同感、归属感、责任感和自豪感，弘扬“睦邻”精神，营造睦邻文化和熟人社区，逐步打造社区生活共同体，共绘美好“社区梦”。

（一）以夯实基础为根本，逐步完善社区自治工作体系

一是逐步形成以党总支为核心，居委会为主导，居民、驻区单位、社会组织、政府部门、社会力量等五元融合发展的“1+1+5”居民区治理架构。“五元”，即以居民、楼组、团队、业委会为主体的群众资源，以物业公司、共建单位为主体的社区资源，以社会团体、志愿者组织、慈善组织、民办非企业单位等社会组织为主体的专业资源，以政府职能部门为主体的行政资源，以及以“两代表一委员”、统战人士、知名人士、专家学者为主体的社会资源。

二是加强居民区自治联席会建设，通过“三会五议”群众工作法，深化“一会五委”社区自治工作模式，创新工作抓手、创新议事机制、创新自治平台，激发居委会自治活力。“一会”，即“居民区自治联席会”，是反映民情、集中民智、发挥民力的议事平台。通过整合群众资源、行政资源和社区资源，扩大居民群众参与面，消除行政化色彩。“五委”，即居委会下属“五大工作委员会”，根据居委会工作任务，下设综治与调解、社会保障、人口计生与公共卫生、环境与物业、精神文明建设五个工作委员会。“一会五委”社区自治共治工作模式，打破了五大专业委员会之间的壁垒，完善“民意畅通机制”和“发现需求与解决问题机制”，及时、有效地研究本居民区的共性问题和公共议题。同时也真正将“五委”的触角落实到基

层，努力做强多元主体参与的五个自治小平台，开好“小三会”。

三是全面推行“组织引领团队、党员凝聚团队、团队服务社区”的“睦邻乐园”自治团队模式。街道鼓励团队不断从活动型向功能型、功能型向公益型转变，积极连接驻区单位资源、社会组织专业力量，围绕人文活动、为老服务、爱心义卖、精神慰藉、文化教育、绿色环保、环境美化、社会融入等方面开展“睦邻微公益”项目。

四是大力发展类别多样、功能多元、参与面广的特色楼组和特色团队，充分挖掘社区人才资源，逐步形成“十百千”的社区人才梯队，即数十名社区带头人、数百名楼组团队骨干和数千名居民志愿者，鼓励社区居民投身公益服务和志愿服务，引导居民有序参与社区管理和服务，不断提高群众参与自治的组织化程度，进一步提高参与社区自治的自觉性，进一步凝聚融合多元文化，进一步引导党员、群众构筑共有精神家园，凝聚社区正能量。

五是注重公民规则意识与日常民主素质的养成，推进基层民主协商机制。一方面，街道加强与居民区的上下联动，找出妨碍居民有效议事的问题症结，把物业管理等社区焦点作为重点，结合“五议”群众工作法，探索形成“曹家渡议事十五条”，培养引导居民形成对规则的尊重及程序正义的理念，学会在规则之下有序的民主参与、有效的参会议事。另一方面，通过居民区搭建平台、群众商议内容、街道统一制作，一个个符合居民区实情的“自律式”公约达成并张贴在公共空间的醒目位置。公约是参与制定者共同信守的行为规范，如何让公约更有生命力、更显张力，就要充分考虑长期适用性，要选择居民共同关心的、与自身利益密切相关的，又要充分考虑公众约定性，让居民对公约内容有认同感、对公约执行有责任感，如楼组公约、文明养狗公约、文明使用儿童乐园公约等文明公约。

（二）以满足居民需求为抓手，不断夯实多元自治平台

一是深化“睦邻之家”自治品牌，搭建由小及大、由近及远的“睦邻点－睦邻之家活动室－睦邻小广场”的阶梯式睦邻活动场所。第一步，“睦邻之家”建立自治“议事园”，将居民区办公用房和活动室自治阵地领上了

规范化的道路。第二步，利用居民区空地进行改造，开辟“睦邻小广场”，集团队风采展示、社区文化宣传、体育健身活动于一体，吸引更多居民走出家门、融入社区，寻求团队活动效应“最大公约数”。第三步，“社区睦邻点”架起邻里“连心桥”，打造温馨“客堂间”。

二是充分发挥楼组“二长五大员”在楼组自治中的带头作用，建立健全楼管会、弄管会等形式多样的楼组自治机制和楼组自治金制度，逐步探索形式多样的社区自治金，把邻里互动、安全防范、矛盾化解、规范约束等功能纳入楼组自治平台中。

三是充分发动党小组长、楼组长、党员、志愿者等社区力量，提升“一居一特”自治品牌，深入开展“搞好小活动、做好小实事、关心小人物、化解小矛盾、树立小典型、讲好小故事”等“六小”社区自治行动，及时总结报道社区中涌现出的先进事迹、优秀典型，传递社区“正能量”。

四是新媒体与传统宣传融合，加大社区动员。一方面，通过《曹家渡社区自治工作简报》和“和谐曹家渡”微信公众号的“睦邻自治家园”专栏，实现线上线下同步宣传，提高居民群众，特别是社区青年的知晓率、参与率和满意率，让居民能及时了解社情、反映问题、解决矛盾。另一方面，街道鼓励居民区用“+互联网”的工作方法，在不同服务层面上搭建起互联式沟通网络，使居委会在社区营造上做“加”法，使楼组、团队骨干在社区动员上做“加”法，使居民在社区融入上做“加”法。

（三）以解决疑难问题为关键，有效提高居民自治能力建设

一是街道党工委全力促使公共权力向下对接自治，加强行政管理与基层民主自治有效衔接和良性互动。健全“党工委引领、自治办指导、党总支领导、居委会组织、老百姓参与”的社区自治推进机制，将街道工作对接会的自上而下与居委会约请制度的自下而上两种机制有效结合，推动有关部门更好地履行主体责任，加大问题解决力度。

二是形成“居委会印章使用和管理”及“居委会依法协助行政事务”两份居委会工作清单，健全完善各类操作流程和规范性证明文本，推动居委

会角色归位、职能固化，充分释放基层自治活力，切实保障居委会的主导地位。

三是高度关注业委会工作。成立全区首家与民主党派致公党区委合作，以业委会工作为主的“社区法律志愿服务团”，引导业委会依法、规范运行，推进物业管理重大事项决定的公开化、透明化。成立业委会工作联谊沙龙，加强业委会主任和新换届业委会的初任培训，提高化解涉及业委会、物业和业主等各类矛盾的工作能力。

二　综合治理工作中心实现标准化建设、规范化运作、法治化治理

街道综治中心是基层社会治理工作的重要平台，在矛盾化解、信访稳定、社会治安等工作中发挥着重要作用。按照中央综治委“贯彻‘三严三实’要求，推进基层综治建设，创新治安防控体系”总体要求，以及市综治委《关于加强街道乡镇社会治安综合治理工作中心规范化建设的指导意见》要求，曹家渡街道积极开展综治中心规范化建设试点工作，制定了《曹家渡街道综治中心建设标准（2015 版）》（以下简称《标准》），成为全市首个街道综治中心规范化建设文件，是静安区综治中心建设模式的“升级版”，推动了社区平安建设工作上新台阶。

（一）明确定位，严格标准，把准综治中心规范化建设脉络

此次《标准》是在总结历年来静安区综治中心建设经验的基础上，按照市委一号课题的新要求，以加强对人的服务和管理为核心，从综治中心体制机制改革优化入手，对包括功能定位、工作职能、组织部门、工作机制及流程、工作制度、岗位设置及要求、职能部门常驻机构职责、责任清单、权力清单、信息系统、硬件建设等在内的 11 个方面进行了全面的梳理，形成的一个“2. 0 版”建设标准。

一是进一步明确“平台”定位。《标准》确定了综治中心“指导促进平

安建设、接受处理群众诉求、受理调解民间纠纷、集中治理安全隐患、发动部署治安防范、管理服务重点对象”等九大基本职能，明确了综治中心是整合区级层面、街道层面、条线部门、社会面上与基层平安建设相关的各方各类资源、队伍、服务、管理的综合性服务工作平台。二是进一步明确“枢纽”定位。《标准》明确了综治中心作为基层平安建设的枢纽，是一个覆盖综治、信访、司法、安全生产、公安、预防犯罪、人口管理各条线，涵盖居民区、驻区单位、社工组织、群防群治队伍的立体化网络，平台运作的部门不仅包括综治办、信访办等6个原街道内设科室，还囊括了公、检、法、司等12个职能部门派驻机构。三是进一步明确“窗口”定位。《标准》明确了综治中心是服务基层群众的平安工作窗口。中心实行“一个窗口”服务群众，统一受理群众对社会治安综合治理各类事项的来电来信来访；同时，中心也承担主动发现群众平安建设公共需求的职责，既是汇集基层平安建设社情民意的汇聚地，又是提供基层平安建设管理服务的供应站。

（二）突出重点，规范运作，提升综治中心规范化建设水平

在综治中心规范化建设工作中，街道一方面抓好面上统一标准的制定，另一方面重在“五联机制优化”、“内外联勤联动”和“硬件配置标准”等工作上下功夫，探索符合街道实际的建设路径，进一步提升规范化运作水平。

一是进一步优化综治中心“五联”机制。“五联”机制是综治中心运作的灵魂。街道进一步丰富平安联创、治安联防、问题联治、矛盾联调和人员联管“五联”工作机制的内涵。如在平安联创机制建设中，街道主动改变以往基层平安建设成效评价模式，积极引入体制外的各类群体，如两代表一委员、社区居民、单位员工等基层一线的普通人，通过走访联系、座谈交流、案事件回访等形式，积极听取广大居民群众对街道综治和平安建设的意见和建议，把工作成绩的评判权交给老百姓，改变了以往单纯的“上面说了算”和“工作指标为准”的考核机制，更多地由“下面说了算”，让“群众评价”成为衡量街道综治和平安建设工作的重要标准。

二是进一步强化综治中心联勤联动功能。联勤联动是综治中心运作的核心。在综治工作中心层面上，街道进一步理顺中心参与部门与街道之间、中心参与部门之间、中心与街道其他内设机构之间以及中心内部各工作室和常驻机构之间的关系，完善各项分工合作、联勤联动机制，把责任捆绑在一起、把队伍整合在一起、把行动部署在一起。同时，积极做好综治中心与网格化综合管理中心相关工作职能的对接，推动综治联勤联动工作机制与城市网格化管理相融合，利用网格化中心在网络渠道、工作队伍和信息技术方面的优势，提升综治中心的问题排查发现能力、快速响应能力和预警监测、分析研判能力。

三是进一步明确综治中心硬件配置要求。硬件配置是综治中心运作的支撑。《标准》首次明确规定了综治中心内部的硬件功能建设要求，内设综合接待、功能接待、综合指挥和后台办公四大区域，设立集中接待窗口以及信访接待、人民调解等必要的工作场所，同时，设立综合指挥室，配备监控指挥系统等必要设施设备，开展辖区内公共安全突发事件应急处置。

（三）建章立制，依法治理，增强综治中心规范化建设能力

一是厘清综治中心工作清单。工作清单是综治中心工作的法治保障，主要包含权力清单和责任清单。此次规范化建设工作中，街道通过制定责任清单和权力清单，明确职权依据、界定职责主次、限定负面行为，推动街道综治中心职能、权限和责任明晰化、法定化，有利于构建职能边界清晰、权限分工合理、责任落实到位的基层综治工作格局。经过初步梳理，共形成10项责任清单和5项权力清单。

二是明确综治中心岗位设置。工作岗位是综治中心工作的基础。《标准》首次确定了综治中心岗位设置，实现了定人、定岗、定责，原则上设工作岗位14个，其中，领导岗位6个、非领导岗位8个。这14个岗位涵盖了综治中心39个主要工作类目。同时，根据工作需要，可另设若干辅助岗位（社工、协管员等），协助开展相关工作。此外，《标准》首次明确，法院、检察院、公安分局应当在中心内设立诉调对接分中心、社区检察室和社

区警务站，作为各单位派驻社区工作机构，与综治中心合署办公。

三是强化综治中心信息化建设。综治信息化系统是综治中心工作的关键。《标准》首次将综治信息化系统纳入综治中心整体建设考虑，突出信息化工作在综治中心运转中的关键作用。中心 148 项具体工作的处置程序都依照相关法律法规和规章制度的规定，通过信息系统进行流程固化，并积极与街道网格化管理系统功能对接，街道、居民区和社会面群防群治三个层级信息化系统平台建设得到了进一步强化，切实发挥了信息化系统在“大综治”数据整合、业务流转、综合监测、绩效考评等方面的功能作用，以信息化的方式实现综治中心“五联机制”高效运转。

街道综治中心的规范化建设开展以来，长期困扰社区综治工作体制机制性障碍得到了初步破除。由于内设机构和派驻部门集中办公，形成了各方资源共享的格局，避免了许多重复、冗余的工作，使综治工作从“单兵种作战”发展到“集团军作战”；由于工作职能、岗位设置和工作流程的再次优化和明确，确保了各项工作细化分工，责任到人，使每个工作人员明确自己的工作职责和任务要求，做到各司其职、各负其责、不推诿、不扯皮；由于综合接待窗口的健全和完善，以及综治信息化系统的应用，使与综治和平安建设有关的各类事项实现了统一受理、统一分流、统一协调、统一督办、统一归档，各责任部门在中心的统一指挥协调下开展工作，省去了很多互相协调的程序，节约了时间，提高了效率。

三　推进政府购买社会组织服务，探索“三社联动”，有效激发社会活力推动政府职能转变

本着“市场无法满足，居民确有需求，政府应当承担”的定位，曹家渡街道以社区生活服务中心作为枢纽平台，以政府购买社会组织服务为抓手，积极探索“三社联动”，有效推动政府职能转变，基层自治能力和社会活力得到激发。辖区内现有社会组织 105 家，每万人拥有社会组织数 13 家。

（一）创新机制调动社会力量提供专业化社区服务，满足居民多元需求

2009 年成立的曹家渡街道社区生活服务中心不是政府部门或下属单位，而是作为政府购买社会组织服务的平台，由社会组织提供便民服务、专业服务以及中心的日常管理。

一是运作专业化。中心采取“1+1+X”的运作模式：第一个“1”为社区服务工作领导小组，第二个“1”为承接中心具体运营管理的社会组织，“X”为运作具体服务项目的社会组织及社区单位。二是资源集约化。区、街道、居委会形成432体系，为社会组织服务提供资源支撑。包括区层面4项职责（做规划、定标准、培育组织、创品牌），街道层面3项职责（资源整合、项目设计运作、服务设施托底），居委会2项职责（需求发现、志愿互助）。三是服务个性化。从“面积小，人口多”的实际出发，依托热线、网络等信息手段，组织专业服务组织、志愿者队伍，与硬件设施共同构建三级服务网络，为居民提供及时、就近、便捷的服务。

（二）政府制度规范与社会组织行业自律相结合，确保财政资金使用实效

政府购买社会组织服务往往存在行政化、财政资金依赖等矛盾，难以适应全面深化改革的总体要求。为此，从自律他律两方面探索，2014 年制定《政府购买社会组织公共服务项目评估考核管理实施细则》，建立从需求发现为起点、评估反馈为终点的闭合链条，对项目执行进度、实施质量、财务规范、项目管理进行监督管理，做到“立项有依据、执行有监管、结项有评价”。评估考核将项目实施与资金给付勾连，实现优胜劣汰。同时，承接项目的社会组织参与编制《曹家渡街道社区生活服务指南》，形成共同遵守的管理和自律标准。在项目方案征集、可行性论证、阶段性评估等阶段，街道作为责任主体，邀请社区居民、专家团队、评估机构等，依据细则和标准共同进行监督。

（三）整合各方资源探索“三社联动”，激发社会组织能量提升社会活力

社区生活服务中心成立之初，就同步挂牌作为社会工作实习、实训和实验“三实”基地，依托项目运作实现社会组织和社会工作者参与社区建设的融合联动。一是提供注册登记咨询、政务服务资源连接等各类专业支撑。社区服务志愿者登记注册工作交由社工管理，对志愿者进行分类管理的同时，解决社工服务中的连接资源问题。二是提供社会工作专业人力资源和各类增能培训。依托居委会等基层组织，深入居民和职工中发现问题、挖掘需求，针对性地开展社会组织的培育和引进，将“需求发现”、“项目孵化”、“组织培育”等各环节有效串联起来，为社区服务及社会组织良性发展提供扎实的基础。先后为 32 名社会工作者提供实习岗位，4 名实习生被社会组织录用，培养 20 名社工师。三是将社会工作方法引入社区工作。街道建立居民区工作者定期在社工“三实”基地轮岗制度，每年由社工带领志愿者调研居民需求从而形成年度服务项目，并根据居民满意度适时调整项目内容。同时，搭建公益平台，号召各项目承接社会组织积极参与社区组织的各类公益活动。

（四）有效提升社区服务能级和空间，减轻政府压力

一是改善公共服务质量及提高公共服务效率。通过更多社会组织之间的竞争和社会工作方法的引入，使得社区服务有了专业理论和方法的指导，服务的内容也从较为大众的便民服务向更为专业的咨询、辅导类服务演进。如心理减压、助残服务、矛盾调解等，通过前端调节缓解后端治理压力，起到社会润滑剂、减压阀的作用。二是降低了行政成本。一些群众性、社会性、公益性、服务性的项目，委托给社会组织承担，取得了良好的工作效果，运作成本也比政府自己做低很多。三是解决部分的市场失灵。社区服务引入更多社会组织参与，改变了以往政府作为单一主体的社区服务方式，促进服务领域由特定群体向社会公众拓展，使得服务对象和服务内容更为多样。

（五）为社会组织让渡空间，推动政府职能转型

通过政府购买服务工作架构和机制的创新，厘清政府和社会组织的关系，固化政府内部职责界面，强化过程监管，中心逐渐形成了“以社区为平台，政府扶持监督、社会组织承接、项目化管理运作、专业社工引领、志愿者参与”的模式，体现“小政府、大社会”的分工。街道通过定期深入了解社区民众需求，建立长效供需对接制度，使民众需求能及时转为服务项目和内容；同时做到服务下沉，做好与居委会的对接，在深挖不同人群需求的基础上调整项目、培育组织。社工深入社区、直面群众开展专业服务，和居委会的互动解决了居委会找不到专业支撑、社会组织找不到一线支持的问题，让社会组织和居委会通过“三社”联动的平台，开放各自的优势和所需，以合作互动促进发展。

（六）基层基础得到夯实，社会活力得到激发

一是专业志愿者队伍不断壮大。社区生活服务中心自成立以来，组建一支专业志愿者队伍服务社区广大居民，为法律咨询、心理咨询、为老服务、助残服务等各项工作提供专业志愿者的支撑力量。目前，社区生活服务中心拥有各类登记在册的专业服务志愿者已超过2000人，志愿活动参与率也很高。如，“上海市优秀志愿者”徐慧倢律师以个人名义，在中心为社区居民开展了近五年的义务法律咨询服务，服务居民200余名。二是社会组织能力得到培育提升。社会组织有了更多介入社区服务的机会，使得组织能够获取更多的资源，在运作项目、提供服务的过程中自我成长。同时，“三社”联动的专业要求无形中让社会组织不断进步以提高竞争力，社会组织的规范化、专业化、职业化水平不断提高。静安阳光心理精神康复服务社、启航青少年发展中心、福寿康等专业社会组织已经走向全市。

四　建立“睦邻和乐”社区法律服务工作室，打造“15分钟法律服务圈”

如何在“依法治理”的框架下，发挥好“居民自治”和“社区共治”

作用，推进法治社区建设是基层政府着力思考的问题。曹家渡街道通过成立“睦邻和乐”社区法律服务工作室（以下简称工作室），突出“开放平台、多元参与、主动服务”的理念，大力构建开放型社区法律服务工作平台，打造“15 分钟法律服务圈”，为社区居民提供优质便捷高效的法律服务，努力提升社区居民对法治社区的获得感。据统计，2014 年下半年至 2015 年上半年，通过工作室平台为社区提供法律服务的组织、机构达到 22 家，参与社区法律服务的各类法律工作者和志愿者 1000 多人次。2015 年以来，社区各类矛盾纠纷发生量同比下降 20%，居民通过法律手段维护合法权益的意识明显提升；街道信访矛盾接待量同比下降 30%，化解率同比提高了 15%。同时，一支工作室专属的基层法律服务志愿者队伍已初步培育成型，一批“既懂业务，又懂法务”的“老娘舅”和“老法师”活跃在居民身边，为社区居民提供实实在在的法律服务。

（一）搭建开放平台，基层法律服务有了“新天地”

“打造一个开放性的基层社区法律服务平台”是曹家渡街道在建立工作室之初就明确提出的工作目标。工作室既是一个实体，也是一个整合区和街道两级法律资源的开放性平台，广大社区居民都可以通过这一平台定制属于自己的法律服务，咨询法律问题、寻求法律援助、调解矛盾纠纷、接受法制培训、聘请专业律师、参与法制宣传等。工作室的建立，让居民群众有了一个家门口的法律服务“新天地”。

一是服务主体的开放性。工作室依托社区，为社区法律服务工作提供了综合性支撑，各类法律服务资源都可以在这一平台发挥自己独特的作用。目前，在工作室平台运作的不仅有传统的公检法司派驻部门、律师事务所和法律援助机构，还有各类专业性、行业性调解组织；同时，调解协会、平安志愿者协会、帮教协会和综治协会等各类新兴法律服务社会组织也通过工作室平台开展服务活动，更有如高校法律专业学生志愿服务团、民主党派志愿者服务队等志愿者组织通过工作室向社区注入了一股股法律新生力量。

二是运作模式的开放性。社会化运作是工作室秉持的运作理念。目前，街道通过政府购买服务，将工作室服务活动委托给街道综治协会开展，明确服务项目和内容，街道负责指导监督。在此过程中，社区居民可以全面参与项目运作，既可以向工作室提出各类法律服务需求，定制个性化的法律服务项目，也可以通过工作室向其他社区居民提供法律宣传和服务，倡导“助人自助”的理念。同时，居民群众也可以监督工作室服务活动的开展，在服务成效的考评中，居民群众的满意度和获得感也是一个重要考量指标，真正形成法律服务基层自治的新格局。

（二）吸引多元参与，基层法律服务提升“自治力”

工作室积极建立健全多元参与工作机制，吸引多方力量参与社区法律服务工作，为“15 分钟法律服务圈”构筑厚实基础。

一是丰富法律服务参与主体。工作室积极丰富社区法律服务参与主体，构建“四龙治水”模式：既有体制内的法律援助中心、公证处、诉调对接中心、社区检察工作室、社区警务站和街道工青妇等群团组织，又有传统的律师事务所等专业法律服务机构，更注重吸收“柏万青老娘舅”工作室、人民调解协会、平安志愿者协会、安帮协会、综治协会等新兴社会组织参与社区法律服务，还自主招募建立了一支以居民志愿者为主体的“纯民间”志愿服务队，打造居民身边的“法律专家团”，进一步丰富社区法律服务参与主体。

二是健全法律服务工作机制。工作室以矛盾纠纷的社会化调解为切入点，倡导“社会矛盾社会化解”理念，在矛盾纠纷化解中培育居民群众的法治意识和能力，积极探索建立“六对接”工作机制，即“访调对接”、“诉调对接”、“公调对接”、“检调对接”、“律调对接”和“社调对接”工作机制，通过提前介入、联合调处，引导各类社区法律服务资源发挥能动作用，将一些案事件用社会化调解的形式来处理，主动介入社区矛盾纠纷化解，适时开展法制宣传、以案释法，在多元纠纷解决机制方面进行了有益的探索，促进纠纷化解方式更加便捷、灵活、高效。矛盾纠纷当事人在参与纠

纷化解的同时也接受了一次法治教育，达到了“调解一案，教育一片”的效果，增强了法律服务工作实效。

（三）强调主动服务，基层法律服务更具“生命力”

“主动服务”是基层法律服务的生命力。如何有效缩小法律服务与社区居民间的距离，如何引导居民群众主动参与社区法律服务，发挥好居民群众在法治社区建设中的核心作用，是工作室成立后的一项重要任务。

一是织密社区法律服务工作网络。受制于现有的法律服务模式所限，社区居民寻求和接受法律服务的便利性和选择性存在短板，与日益便捷的生活服务相比，法律服务和老百姓之间的距离感一直存在。工作室成立后，着力打造“15 分钟法律服务圈”，积极提升居民群众对法律服务的获得感。工作室积极打造“社区 - 块区 - 小区”三级法律服务网络。在社区层面，依托工作室开展实体运作；在块区层面，将所有居民区按照地理位置，分为四个块区，工作室下设四支法律服务分队，由法律专家和法律服务志愿者组成，开展组团式法律服务工作；在小区层面，依托居民区开展一站式法律咨询、法律援助、矛盾化解、法制宣传等工作。三级法律服务网络之间互通互联，居民既可以去居委会需求帮助，也可以通过居委会找块区的法律服务分队，还可以直接前往工作室咨询；既可以向律师、法官、检察官、公安民警等专业法律服务工作者进行专业咨询，也可以选择身边的“老娘舅”化解纠纷；既可以通过《社区报》法治社区专栏和和谐曹家渡微信公众平台了解法律条文、现实案例及近期法律热点剖析，还可以通过《居民身边的法治故事》等刊物，用身边的案例答疑解惑。

二是组建社区法律服务志愿服务队。工作室探索建立社区网络、志愿团队、专家顾问、后台支撑为一体的综合性、多层次的社区法律服务志愿服务队。服务队的一个最大特点就是“纯民间”，现有 14 名志愿者和 4 名专业法律顾问。志愿者均为社区居民中的具有一定公信力、热心社区公益事业、有一定法律知识背景的居民志愿者，同时，他们都有自己相关的行业专业经历，是“既懂业务，又懂法务”的“老娘舅”、“老法师”。与专业的法律工作者相比，他们更贴近社区一线，更了解老百姓的家长里短，更能体会居民群众的所思所想。专业顾问则是具有丰富法律从业经历的律师和法官，他们可以为志愿者的服务工作提供强有力的法律支撑。这支队伍依托社区三级服务网络，实行菜单式服务，居民群众可以自主选择自己放心的“老娘舅”和“老法师”。如在社区网络排摸到矛盾纠纷萌芽时，由法律服务志愿者作为“老娘舅”及时参与介入化解，同时专家顾问和职能部门提供有力支撑，实现了由“被动受理”向“主动服务”的转变，使社区广大人民群众在遇到法律问题或者权利受到侵害时能够及时有效地获得法律帮助，并在化解矛盾的同时达到对社区居民开展生动法治教育的目的。

五　社区共治，缓解城区管理难题

“停车难”是当前中心城区居住小区面临的一个与居民群众切身利益息息相关的现实问题，如何有效缓解这一矛盾也是基层社会治理中的一道难题。曹家渡街道尊重民意，汇聚民智，发挥部门合力，通过社区共治的形式，积极探索和加强社区小市政道路临时停车管理。

（一）城市发展导致小市政道路停车矛盾凸显

小市政道路相对于市政道路而言，也称非市政道路，类似于上海过去的所谓“弄堂”。在曹家渡街道武西、万航社区范围内，共有 8 个相邻小区，其中商品房小区 5 个，旧住宅小区 3 个；物业服务企业 5 家；社区居民户数 2700 余户。在该区域内自然形成了 5 条小市政道路。近年来，随着车辆保有量的持续增长，该区域小区停车资源逐步饱和，停车矛盾日益突出，部分居民将车辆移到小市政道路停放，甚至部分单位和车主在小市政道路上私设停车地锁，并呈蔓延跟风趋势，一度堵塞消防通道。这些因素导致了该区域小市政道路停车秩序日趋混乱，道路通行环境恶化，居民反应较为强烈，影响了社会和谐稳定和社区安全。

（二）认真梳理，排查矛盾症结

面对该区域的管理难题和居民的强烈呼声，街道充分认识到这是关系群众切身利益的现实问题，必须直面解决。经过梳理，排查出产生小市政道路停车混乱的主要是“三缺”：一是法律缺失。小市政道路并非物业管理区域，不适用住宅物业管理的相关规定；也不是停车场或专门用于停车的其他场所，不适用有关停车场（库）管理的规定。对小市政道路进行停车管理缺少现成的法律法规规章支撑。二是资源缺乏。有限的车辆停放区域与日益增长的停车需求产生矛盾，经初步统计，区域内小区泊位数仅为420个左右，小市政道路在保障消防通道的前提下可用于临时停车位为180余个，而居民拥有车辆数已达730余辆；此外周边外来车辆停放也挤占了该区域居民停车空间。三是管理缺位。由于现有法律法规对小（非）市政道路的行政管理与执法规定存在盲区，一些不良行为得不到及时纠正。

（三）转变思路，社区共治化解难题

为了缓解停车难，加强小市政道路管理，街道转变思路，从社会管理转向公共治理，加强相关各方相互间的协调合作，谋求社区公共利益最大化。

政府统筹规划。法律缺失并不意味着政府管理应当缺位。在深入分析该区域停车管理现状的基础上，街道与有关部门组成工作平台，共同开展问题调研和工作推进，在坚持立足区情、兼顾各方，跨前一步、科学治理的思想共识基础上开展工作。一是坚决拆除私装的停车地锁。明确除公安交通管理部门和交通行政主管部门外，任何单位和个人不得在道路（含街巷、里弄内的通道）上以安装地锁、划设标线等方式设置停车泊位。二是厘清物业管理界限。对物业管理单位对管理区域外的路面进行停车收费等行为予以制止。三是摸清该区域居民车辆情况和可供临时停车地段的情况。四是提出加强管理的建议方案，在合理安排居民临时停车的同时促进该区域内综合管理的无缝衔接。

社区共治共享。社区是社会的细胞，同时，社区也是实现居民自治的有

效载体之一。我们从社区居民自治和社会单位共治入手，发挥居民群众的能动性，通过居民自我管理和服务，来推进小市政道路停车管理工作。一是成立相邻居民区小市政道路共治委员会。共治委员会是临时性议事协商小组，在居民区党总支、居委会领导下运作，解决了合法性问题，组成人员包括居委会负责人、各相关物业公司负责人、各小区业主代表、部分楼组长等，具有广泛代表性。对该区域进行管理的一系列方案必须经共治委员会通过后才能够公布并实施的规定，使共治委员会具有一定的权威性，其形成的工作方案具有一定的约束性。二是加强宣传发动和引导。新的管理方式涉及对居民利益的微调和再平衡，是否能够成功取决于居民群众的理解、支持和配合，为此共治委员会的成员做了大量的沟通、宣传工作。三是完善管理方案。从自治共治的要求出发，区相关工作平台将加强管理的建议方案提交了共治委员会讨论，在共治委员会修改通过后向该区域全体居民公布并征求意见。方案决定，聘请第三方社会组织实施管理，维护交通秩序，协调该区域居民停车问题。本着优先服务本区域居民、兼顾错时停车服务外来人员，以及自愿原则，参照小区停车收费标准和道路流动停车收费标准，对本区域居民停车（发放识别证）和外来人员停车实施差别化收费。管理队伍相关成本从所收费用中支出。四是实施规范管理。经过共治委员会研究决定，聘请市容环境管理服务中心对该区域进行统一规范管理，其他任何方式对该区域小市政道路进行停车管理的行为自行终止。管理队伍在培训后，统一着装，实行24小时轮班上岗。在进行交通疏导、规范临时停车的同时，管理员还兼任了社区保安志愿者和社区保洁志愿者的角色，与小区物业单位的保安、保洁工作实现了衔接。

（四）第三方社区组织介入取得管理实效

小市政道路停车管理工作试点是基层社会治理创新的具体而微的体现。这项工作涉及社区相关各方利益的微调和再平衡，是否能够成功取决于各方的理解、支持和配合。在实际操作过程中，从维护社区公共利益出发，物业公司对小区围墙之外但在规划红线之内的沿道路区域让渡了停车权限；一贯在小市政道路上停车不缴费的居民也纷纷参照标准缴纳停车费用；政府相关各部门对共治委员会选聘的第三方社会组织提供了政策支持；第三方社会组织的管理员还兼任了社区保安志愿者和社区保洁志愿者的角色，与小区物业单位的保安、保洁工作实现了衔接。这些工作都保障了试点的顺利推进，我们也从中看到了社区共治与居民自治的强大生命力。在下一步的城区管理工作中，我们将进一步以社区居民需求为出发点，创新社会治理，通过政府各部门与社区单位、居民群众进行协调合作，在三者的良性互动中寻求“善治”，促使社区公共利益达到最大化。

附　录

Appendix

B.20

附录一　上海社会发展主要指标

平均每天的社会、经济活动情况

指标	计量单位	1990 年	2000 年	2009 年	2010 年	2011 年	2012 年	2013 年	2014 年
上海市生产总值(GDP)	亿元	2.14	13.07	41.22	47.03	52.59	55.29	59.18	64.55
第一产业	亿元	0.09	0.21	0.31	0.31	0.34	0.35	0.35	0.34
第二产业	亿元	1.39	6.05	16.44	19.78	21.72	21.52	21.99	22.37
工业	亿元	1.29	5.48	14.82	17.91	19.75	19.44	19.83	20.17
建筑业	亿元	0.10	0.57	1.62	1.87	1.97	2.07	2.17	2.26
第三产业	亿元	0.66	6.81	24.47	26.94	30.53	33.42	36.84	41.84
其中:交通运输、仓储和邮政业	亿元	—	—	1.74	2.29	2.38	2.45	2.56	2.86
批发和零售	亿元	—	—	5.98	7.11	8.33	9.02	9.68	10.44
金融业	亿元	—	—	4.94	5.35	6.24	6.71	7.74	8.95
房地产业	亿元	—	—	3.39	2.75	2.79	3.14	3.68	4.19
全市财政收入	亿元	0.78	4.80	21.26	—	—	—	—	—
其中:地方财政收入	亿元	0.46	1.36	6.96	7.87	9.40	10.26	11.26	12.56

续表

指标	计量单位	1990 年	2000 年	2009 年	2010 年	2011 年	2012 年	2013 年	2014 年
地方财政支出	亿元	0.21	1.71	8.19	9.05	10.73	11.46	12.41	13.49
最终消费	亿元	0.98	6.15	21.56	25.82	29.65	31.59	34.55	37.97
居民消费	亿元	0.78	4.81	15.84	19.95	22.57	23.89	26.02	28.52
农村居民消费	亿元	0.18	0.48	0.83	0.93	1.21	1.28	1.42	1.57
城镇居民消费	亿元	0.60	4.33	15.01	19.02	21.36	22.61	24.61	26.95
政府消费	亿元	0.20	1.34	5.71	5.87	7.07	7.69	8.53	9.45
能源终端消费量	万吨标准煤	8.49	14.32	27.27	29.59	29.98	30.19	31.38	30.91
生产消费量	万吨标准煤	7.81	13.06	24.66	26.84	27.07	33.95	28.04	27.77
生活消费量	万吨标准煤	0.68	1.26	2.60	2.76	2.91	3.13	3.34	3.14
社会消费品零售总额	亿元	0.91	5.11	14.17	16.63	18.67	20.31	22.06	23.89
出生人数（户籍统计）	人	359	190	253	275	278	331	298	340
死亡人数（户籍统计）	人	236	259	292	298	304	321	320	327
结婚对数	对	295	255	411	357	408	395	410	389
离婚人数	人	90	174	264	256	262	289	381	336
城市自来水售水量	万立方米	336	541	659	670	669	667	683	680
用电量	万千瓦时	7253	15327	31599	35503	36702	37080	38647	37508
城市煤气供应量	万立方米	348	584	389	352	296	224	149	82
旅客发送量	万人次	10.51	18.88	30.51	36.80	37.04	39.85	43.65	48.11
出版图书、杂志	万册	129	120	124	128	129	140	137	129
出版报纸	万份	443	460	447	436	428	398	361	329
发生火灾事故	起	6	14	17	16	16	12	26	16
发生交通事故	起	21	113	8	6	6	6	5	3
市区清运垃圾	吨	10466	23507	19452	24384	31288	32132	37578	41466
市区清运粪便	吨	6658	7014	6055	5507	5671	5479	6082	5479

注：生产总值中三个产业行业按新行业分类标准统计；2004 年新交通法实施后，交通事故认定标准有变化。

主要社会指标一览

指标	计量单位	1978 年	1990 年	2000 年	2010 年	2011 年	2012 年	2013 年	2014 年
全市常住人口	万人	1104	1334	1608.60	2302.66	2347.46	2380.43	2415.15	2425.68
全市户籍人口	万人	1098.28	1283.35	1321.63	1412.32	1419.36	1426.93	1432.34	1438.69
非农业人口	万人	645.23	864.46	986.16	1254.95	1267.76	1280.82	1289.58	1299.50
农业人口	万人	453.05	418.89	335.47	157.37	151.60	146.11	142.76	139.19
人口密度	人/平方公里	1785	2104	2537	3632	3702	3754	3809	3826
人口中男性比例	%	49.4	50.4	50.4	49.8	49.8	49.7	49.7	49.7
常住人口自然增长率	‰	—	—	0.27	2	1.87	4.2	3.18	4.19
户籍人口自然增长率	‰	5.1	3.5	-1.9	-0.6	-0.68	0.26	-0.54	0.32
婴儿死亡率	‰	15.49	10.95	5.05	5.97	5.70	5.04	5.73	4.83
平均期望寿命	岁	73.35	75.46	78.77	82.13	82.51	82.41	82.47	82.29
男性	岁	70.69	73.16	76.71	79.82	80.23	80.18	80.19	80.04
女性	岁	74.78	77.74	80.81	84.44	84.80	84.67	84.79	84.59
城镇居民人均居住面积	平方米/人	4.5	6.6	11.8	16.7	17.0	17.3	17.5	17.8
农村居民人均居住面积	平方米/人	15.7	37.08	53.58	59.68	58.90	60.42	58.48	58.92
城镇居民平均每个就业者赡养人口	人	1.68	1.64	1.85	1.81	1.84	1.86	1.81	1.83
农村居民平均每个就业者赡养人口	人	1.6	1.49	1.31	1.48	1.41	1.43	—	—
基尼系数(城镇)		—	—	0.2205	0.3050	—	—	—	—
基尼系数(农村)		—	—	0.2987	0.3066	—	—	—	—
城镇登记失业人数	万人	10	7.7	20.08	27.73	27.33	27.05	26.37	25.63
城镇登记失业率	%	2.3	1.5	3.5	4.2	4.2	4.2	4.2	4.2

续表

指标	计量单位	1978年	1990年	2000年	2010年	2011年	2012年	2013年	2014年
小学在校学生人数	万人	87.06	110.19	78.86	70.16	73.11	76.04	79.25	80.3
学龄儿童小学入学率	%	98.7	99.9	99.99	99.99	99.99	99.99	99.9	99.9
初中在校学生人数	万人	—	—	55.6	42.55	43.06	43.27	43.67	42.68
初中毕业生升学率	%	—	75.9	97	96.5	96.0	96	97	96.9
高中（含中专、技校）在校学生人数	万人	—	—	49.69	32.65	30.90	30.18	28.96	26.98
高等学校在校学生人数	万人	5.06	12.13	22.68	51.57	51.13	50.66	50.48	50.66
普通高校录取率	%	—	51	67.4	85.1	87.8	88.3	88.7	89
研究生在读人数	千人	1.25	9.57	30.61	111.72	119.02	127.01	134.80	133.6
成人高等教育在校学生人数	万人	1.08	6.09	11.49	19.86	18.86	32.12	18.37	16.87
每万人在校大学生	人	46	90	141	224	218	213	209	209
每万人拥有医生	人	30	44	31	22	22	23	24	25
每百人拥有报纸	份/天	16	33	28	19	18	17	15	13
人均公共图书馆藏量	册、件	0.96	1.19	3.42	2.96	2.94	3.03	3.00	3.04
人均生活用电量	千瓦时	48	108	331	734	746	787	849	717
人均生活用水量	立方米	32.3	45.8	88.7	80.9	80.1	79.8	81.53	80.05
人均拥有道路面积	平方米	0.79	1.34	7.17	11.12	18.44	18.88	11.3	11.51
每万人拥有公共交通车辆	辆	2.7	4.7	12.08	12.46	11.79	11.91	12.11	11.97
每万人拥有出租车辆	辆	1.56	8.47	25.61	21.72	21.49	21.29	20.96	20.92

注："每万人"和"人均"指标均按当年年末常住人口数计算；成人高等教育在校学生数中未包括网络教育在校学生。

居民生活

指标	计量单位	1978年	1990年	2000年	2010年	2011年	2012年	2013年	2014年
城镇居民家庭人均年可支配收入	元	406	2183	11718	31838	36230	40188	43851	47710
城镇居民家庭人均年生活消费支出	元	357	1936	8868	23200	25102	26253	28155	30520
其中:食品消费支出	元	—	—	3947	7777	8906	9656	9823	10677
衣着消费支出	元	—	—	567	1794	2054	2111	2032	2038
居住消费支出	元	—	—	794	2166	2226	2288	2848	3031
医疗保健消费支出	元	—	—	501	1006	1141	1017	1350	1449
交通与通信消费支出	元	—	—	759	4076	3808	4564	4736	4885
娱乐、教育、文化消费支出	元	—	—	1287	3363	3746	3724	4122	4931
每百户城镇家庭年末耐用消费品拥有量									
其中:洗衣机	台/每百户	—	72	93	99	100	101	—	—
电冰箱	台/每百户	—	88	102	104	105	106	—	—
彩色电视机	台/每百户	—	77	147	188	191	192	—	—
照相机	台/每百户	—	44	71	95	94	98	—	—
热水淋浴器	台/每百户	—	—	64	98	101	100	—	—
家用空调器	台/每百户	—	—	96	200	207	207	—	—
家用电脑	台/每百户	—	—	26	129	138	144	—	—
移动电话	台/每百户	—	—	29	230	236	239	—	—

续表

指标	计量单位	1978年	1990年	2000年	2010年	2011年	2012年	2013年	2014年
农村居民家庭人均可支配收入	元	281	1665	5565	13746	15644	17401	19208	21192
农村居民家庭人均年生活消费支出	元	—	—	4138	10225	11272	12096	13425	15291
其中：食品消费支出	元	—	—	1823	3807	4517	4837	5334	6188
衣着消费支出	元	—	—	201	554	644	704	771	801
居住消费支出	元	—	—	724	2070	1806	1834	2260	2747
医疗保健消费支出	元	—	—	209	585	909	1029	1181	1308
交通与通信消费支出	元	—	—	279	1459	1309	1705	1719	1891
娱乐、教育、文化消费支出	元	—	—	559	1012	1139	1088	964	1069
每百户农村家庭年末耐用消费品拥有量									
其中：洗衣机	台/每百户	—	45	69	95	88	90	—	—
电冰箱	台/每百户	—	29	74	103	99	101	—	—
彩色电视机	台/每百户	—	25	97	198	188	190	—	—
影碟机	台/每百户	—	—	27	22	14	14	—	—
热水淋浴器	台/每百户	—	—	44	96	90	91	—	—
家用空调器	台/每百户	—	—	14	147	130	136	—	—
家用电脑	台/每百户	—	—	5	60	50	49	—	—
移动电话	台/每百户	—	—	19	194	189	200	—	—

社会保障与就业情况

指标	计量单位	1978年	1990年	2000年	2010年	2011年	2012年	2013年	2014年
城镇基本养老保险参保人数	万人	—	—	675.32	894.89	1290.88	1326.8	1342.98	1373.37
城镇职工	万人	—	—	431.27	522.04	902.58	921.11	922.43	936.99
领取养老金的离退休人员	万人	—	—	234.23	352.02	363.95	378.4	390.63	404.07
城镇基本医疗保险参保人数	万人	—	—	566.73	999.74	1262.27	1299.01	1325.50	1353.57
城镇职工	万人	—	—	364.59	608.41	937.95	954.46	955.70	967.64
当年享受城镇基本医疗保险人次数	万人次	—	—	—	11171.33	12133.42	12440.08	18847.79	17138.27
享受大病、重病患者或病疗减负人次	万人次	—	—	—	34.14	66.14	78.4	448.25	500.2
城镇职工失业保险参保人数	万人	—	—	434.86	556.2	604.22	617.35	625.74	634.08
当年享受城镇职工失业保险人数	万人	—	—	—	24.37	21.90	10.9	9.93	9.81
城镇职工生育保险参保人数	万人	—	—	—	657.3	704.08	711.53	713.90	717.54
当年享受城镇职工生育保险人数	万人	—	—	—	7.71	8.76	11.7	11.25	12.4
城镇职工工伤保险参保人数	万人	—	—	—	556.12	879.75	898.94	904.08	920.49
当年享受城镇职工工伤保险人数	万人	—	—	—	1.66	2.50	6.1	6.59	6.86
农村社会养老保险参保人数	万人	—	—	121	69.06	69.60	80.8	71.52	78.3
小城镇社会保险参保人数	万人	—	—	—	114.44	91.77	—	—	—
来沪从业人员综合保险参保人数	万人	—	—	—	404.84	59.76	—	—	—
高龄无保障老人保险纳保人数	万人	—	—	—	5.22	5.17	5.07	—	—

续表

指标	计量单位	1978 年	1990 年	2000 年	2010 年	2011 年	2012 年	2013 年	2014 年
少儿住院基金参加人数	万人	—	—	212.47	197.19	204.69	208.65	218.94	218.2
当年少儿住院基金支付人次数	万人次	—	—	8.01	8.99	9.07	9.38	—	—
全市从业人员	万人	698.32	787.72	828.35	1090.76	1104.33	1115.50	1368.91	1365.63
第一产业	万人	240.06	87.25	89.23	37.09	37.28	45.70	50.65	44.81
第二产业	万人	307.48	467.08	367.04	443.74	445.08	439.96	479.22	476.87
其中：工业	万人	—	—	330.02	347.65	347.73	342.9	367.03	366.14
建筑业	万人	—	—	37.02	96.09	97.35	97.06	111.07	110.09
第三产业小计	万人	150.78	233.39	372.08	609.93	621.97	629.84	839.04	843.95
其中：交通运输、仓储和邮政业	万人	—	—	—	54.97	58.14	60.11	88.21	87.55
批发和零售业	万人	—	—	—	180.69	181.66	185.81	231	235.52
金融业	万人	—	—	—	24.11	28.41	30.05	32.89	34.42
房地产业	万人	—	—	—	35.94	35.59	33.36	48.38	48.64
从业人员构成	%	100	100	100	100	100	100	100	100
第一产业	%	34.38	11.08	10.77	3.40	3.38	4.1	3.7	3.28
第二产业	%	44.03	59.30	44.31	40.68	40.30	39.44	35.01	34.92
第三产业	%	21.59	29.63	44.92	55.92	56.32	56.46	61.29	61.80

注：1. 2005 年以后按新行业分类标准统计，2000 年没有新行业的分类统计。

2. 根据《中华人民共和国保险法》，2011 年对社会保险政策进行了调整。原参加“小城镇社会保险”和“来沪从业人员综合保险”的从业人员被纳入城镇职工保险范围内，并对养老、医疗、工伤、失业、生育保险的相关政策做出了调整。

B.21

附录二 全国直辖市主要社会指标

指标	计量单位	北京			天津		
		2000 年	2013 年	2014 年	2000 年	2013 年	2014 年
城市常住人口	万人	1364	2115	2152	1001	1472	1517
城市户籍人口	万人	1108	1316	1333	912	1004	1017
非农业人口	万人	761	1065	1090	533	632	645
农业人口	万人	347	251	244	379	372	372
常住人口自然增长率	‰	0.90	4.41	4.83	1.55	2.28	2.14
城镇居民家庭人均年可支配收入	元	10350	40321	43910	8141	28980	31506
城镇居民家庭人均年消费支出	元	8494	26275	28009	6121	22306	24290
其中:食品消费支出	元	3083	8170	8632	2455	7160	7943
衣着消费支出	元	755	2795	2903	544	1819	2051
居住消费支出	元	587	2126	2202	561	4997	5320
医疗保健消费支出	元	589	1718	1862	408	1502	1721
交通与通信消费支出	元	605	4106	4407	349	3056	3182
教育文化娱乐服务消费支出	元	1284	3985	4170	788	1778	2013
家庭设备用品及服务消费支出	元	1098	1974	2143	722	1223	1387
城镇居民恩格尔系数		36.3	31.1	30.8	40.1	32.1	32.7
每百户城镇家庭年末耐用消费品拥有量							
其中:洗衣机	台/每百户	103	100	101	98	99	100
电冰箱	台/每百户	107	103	104	100	101	103
彩色电视机	台/每百户	146	140	141	132	113	115
移动电话	部/每百户	28	225	229	—	216	220
热水淋浴器	台/每百户	74	99	99	70	91	94
家用空调器	台/每百户	70	180	186	66	131	134
家用电脑	台/每百户	32	110	114	16	72	77
农村居民家庭人均年纯收入	元	4687	18337	20226	4370	15353	17014

续表

指标	计量单位	北京			天津		
		2000 年	2013 年	2014 年	2000 年	2013 年	2014 年
农村居民家庭人均年消费支出	元	3441	13553	14529	2393	12491	13739
其中：食品消费支出	元	1264	4696	5043	1020	4132	4645
衣着消费支出	元	262	1173	1251	223	951	1013
居住消费支出	元	539	2387	2310	452	2784	3036
医疗保健消费支出	元	276	1167	1289	152	953	980
交通与通信消费支出	元	217	1452	1583	108	1811	1813
文教娱乐用品及服务消费支出	元	495	1331	1454	205	833	1041
家庭设备用品及服务消费支出	元	252	898	1069	135	767	891
农村居民恩格尔系数		36. 7	34. 6	34. 7	42. 6	33. 1	33. 8
每百户农村家庭年末耐用消费品拥有量							
其中：洗衣机	台/每百户	85	95	97	85	98	98
电冰箱	台/每百户	84	102	103	65	95	99
彩色电视机	台/每百户	107	132	132	98	120	120
摩托车	辆/每百户	34	12	11	31	40	40
电风扇	台/每百户	143	—	—	163	—	—
照相机	架/每百户	26	32	32	15	11	12
家用电脑	台/每百户	7	74	75	—	43	46
家用空调器	台/每百户	20	123	127	—	71	71
移动电话	部/每百户	14	221	222	—	197	203

指标	计量单位	上海			重庆		
		2000 年	2013 年	2014 年	2000 年	2013 年	2014 年
城市常住人口	万人	1608	2415	2426	2849	2970	2991
城市户籍人口	万人	1322	1432	1439	3091	3358	3375
非农业人口	万人	986	1290	1300	661	1344	1372
农业人口	万人	335	142	139	2430	2014	2003
常住人口自然增长率	‰	0. 27	3. 18	4. 19	—	4. 7	5. 1
城镇居民家庭人均年可支配收入	元	11718	43851	47710	6276	23058	25147
城镇居民家庭人均年消费支出	元	8868	28155	30520	5475	17124	18279

续表

指标	计量单位	上海			重庆		
		2000年	2013年	2014年	2000年	2013年	2014年
其中:食品消费支出	元	3947	9823	10677	2214	7245	6306
衣着消费支出	元	567	2032	2038	551	2334	1883
居住消费支出	元	794	2848	3031	494	1376	3528
医疗保健消费支出	元	501	1350	1449	293	1245	1188
交通与通信消费支出	元	759	4736	4885	406	1976	2011
教育文化娱乐服务消费支出	元	1287	4122	4931	786	1723	1718
家庭设备用品及服务消费支出	元	683	1706	1779	476	1326	1298
城镇居民恩格尔系数		44.5	34.9	35.0	42.2	40.7	41.5
每百户城镇家庭年末耐用消费品拥有量							
其中:洗衣机	台/每百户	93	—	—	95	93	95
电冰箱	台/每百户	102	—	—	100	96	99
彩色电视机	台/每百户	147	—	—	132	127	132
移动电话	部/每百户	29	—	—	—	219	228
热水淋浴器	台/每百户	64	—	—	83	89	91
家用空调器	台/每百户	96	—	—	81	184	161
家用电脑	台/每百户	26	—	—	14	60	69
农村居民家庭人均年纯收入	元	5565	19208	21192	1892	8493	9490
农村居民家庭人均年消费支出	元	4138	13425	15291	1396	6971	7983
其中:食品消费支出	元	1823	5334	6188	748	2539	3233
衣着消费支出	元	201	771	801	62	411	487
居住消费支出	元	724	2260	2747	199	674	1293
医疗保健消费支出	元	209	1181	1308	69	536	679
交通与通信消费支出	元	279	1719	1891	61	582	782
文教娱乐用品及服务消费支出	元	559	964	1069	155	443	806
家庭设备用品及服务消费支出	元	225	694	712	67	474	567
农村居民恩格尔系数		44.1	39.7	40.5	53.6	43.8	44.2
每百户农村家庭年末耐用消费品拥有量							
其中:洗衣机	台/每百户	69	—	—	9	62	70

续表

指标	计量单位	上海			重庆		
		2000 年	2013 年	2014 年	2000 年	2013 年	2014 年
电冰箱	台/每百户	74	—	—	6	80	86
彩色电视机	台/每百户	97	—	—	31	105	111
摩托车	辆/每百户	73	—	—	4	31	38
电风扇	台/每百户	326	—	—	122	—	—
照相机	台/每百户	14	—	—	1	—	—
家用电脑	台/每百户	5	—	—	—	13	17
移动电话	部/每百户	19	—	—	—	190	210

指标	计量单位	北京			天津		
		2000 年	2013 年	2014 年	2000 年	2013 年	2014 年
1. 用水							
自来水生产能力	万吨/日	367	444	503	347	454	447
供水管道长度	公里	7610	14495	14994	5049	13411	14369
全年售水总量	亿吨	7.54	9.82	10.34	6.11	6.94	7.11
其中:生活用水	亿吨	5.89	4.9	5.2	2.57	3.45	3.57
人均日生活用水量	升	146	232	240	132	142	124
城市人口饮用自来水普及率	%	100	100	100	100	100	100
2. 燃气							
人工煤气管道长度	公里	545	—	—	1270	—	—
人工煤气销售量	亿立方米	4.67	—	—	0.99	—	—
家庭使用人工煤气用户	万户	35.9	—	—	24.99	—	—
液化石油气销售量	万吨	19.06	45.35	53.12	4.42	4.95	4.32
家庭使用液化石油气用户	万户	124.5	190.5	278.2	31.91	5.96	6.53
天然气管道长度	公里	4232	—	—	4268	14963	16108
天然气销售量	亿立方米	9.59	95.69	108.9	2.35	26.96	29.45
家庭使用天然气用户	万户	135.4	546.9	567.8	104.97	312	315
城市燃气普及率	%	99.3	100		96.8	100	100
3. 城市交通							
营运的公共交通车辆数	辆	14191	27590	28331	5385	9670	11164
每万人拥有公共交通车辆	辆	—	13.05	13.17	—	17	18.3
公交车客运总数	亿人次	40.67	80.48	81.58	5.34	13.65	15.1
人均城市道路面积	平方米	3.61	4.55	4.65	—	18.74	16.71
营运的出租汽车年末数	辆	65127	67046	67546	31939	31940	31940

续表

指标	计量单位	北京			天津		
		2000 年	2013 年	2014 年	2000 年	2013 年	2014 年
4. 环境卫生							
城市下水道总长度	公里	4847	13505	14290	7032	18644	18748
污水处理厂能力	万吨/日	129	393	425	61	259	260
城市生活垃圾清运量	万吨/日	0. 81	1. 84	2. 01	0. 61	0. 55	0. 59
城市粪便清运量	万吨/日	0. 75	0. 61	0. 59	0. 05	0. 09	0. 08
5. 住房与环境							
城镇居民人均住房使用面积	平方米	16. 8	31. 31	31. 54	—	35. 75	21. 82
农村居民人均住房面积	平方米	28. 9	51. 35	52. 42	—	31. 8	—
人均公共绿地面积	平方米	9. 7	15. 7	15. 9	5. 4	11. 0	9. 7
6. 技术进步							
专利申请数	件	10344	123336	138111	2787	49036	55298
专利授权数	件	5905	62671	74661	1611	24828	24312
7. 教育与卫生							
每万人拥有在校大学生	人	207	278	276	118	340	338
每万人拥有医生	人	38	41	42	30	22	22

指标	计量单位	上海			重庆		
		2000 年	2013 年	2014 年	2000 年	2013 年	2014 年
1. 用水							
自来水生产能力	万吨/日	1048	1124	1137	427	502	586
供水管道长度	公里	15943	36217	35068	6367	13028	14724
全年售水总量	亿吨	19. 75	24. 92	24. 82	7. 07	11. 3	12. 8
其中:生活用水	亿吨	14. 26	19. 69	19. 66	4. 19	7. 10	6. 13
人均日生活用水量	升	114	116	113	160	144	138
城市人口饮用自来水普及率	%	99. 97	99. 99	99. 99	70. 31	94. 83	95. 8
2. 燃气							
人工煤气管道长度	公里	6606	2962	2109	—	—	—
人工煤气销售量	亿立方米	18. 4	5. 44	3. 01	—	—	—
家庭使用人工煤气用户	万户	255. 89	43. 4	13. 8	—	—	—
液化石油气销售量	万吨	45. 94	39. 74	41. 81	8. 29	11. 6	12. 2
家庭使用液化石油气用户	万户	239. 3	330. 46	334. 68	28	38. 67	37. 13
天然气管道长度	公里	1742	23156	26057	5264	—	—
天然气销售量	亿立方米	2. 16	65. 75	66. 39	7. 53	37. 05	35. 89

续表

指标	计量单位	上海			重庆		
		2000年	2013年	2014年	2000年	2013年	2014年
家庭使用天然气用户	万户	38.09	558.19	614	123.95	444.10	470.9
城市燃气普及率	%	100	100		36.35	92.53	93.73
3. 城市交通							
营运的公共交通车辆数	辆	17939	16717	16155	4656	12088	14986
每万人拥有公共交通车辆	辆	11.15	12.11	11.97	1.63	4.07	5.03
公交车客运总数	亿人次	2.65	27.10	26.65	7.9	24.2	26.1
人均城市道路面积	平方米	7.17	11.3	11.51	—	10.89	11.25
营运的出租汽车年末数	辆	42943	50612	50738	16798	20431	23050
4. 环境卫生							
城市下水道总长度	公里	3920	19425	20972	2806	13005	14135
污水处理厂能力	万吨/日	463	784	788	14	249	267
城市生活垃圾清运量	万吨/日	1.76	2.01	2.04	—	—	—
城市粪便清运量	万吨/日	0.7	0.61	0.55	—	—	—
5. 住房与环境							
城镇居民人均住房使用面积	平方米	11.8	17.5	17.8	10.7	35.1	35.6
农村居民人均住房面积	平方米	53.6	58.48	58.92	29.6	53.3	54.1
人均公共绿地面积	平方米	4.6	13.38	13.79	1.0	17.10	16.54
6. 技术进步							
专利申请数	件	11337	86450	81664	1780	49036	55298
专利授权数	件	4050	48680	50488	1158	24828	24312
7. 教育与卫生							
每万人拥有在校大学生	人	141	209	209	47	289	302
每万人拥有医生	人	31	24	25	16	16	17

注：1. 上海农村居民家庭人均年纯收入为当年农村居民家庭可支配收入替代；

2. 重庆的煤气、液化石油气、天然气销售量均由当年城镇供应量替代，全年售水总量由当年供水总量替代；

3. “—”表示无资料来源。

B.22

附录三 上海小康生活标准综合评价值

指标	单位	1978年	1990年	2000年	2010年	2011年	2012年	2013年	2014年	小康值
综合评价值										
经济水平										
人均国内生产总值	元	2485	5911	30047	76074	82560	85373	90993	97370	2500
物质生活										
人均收入水平										
城市居民家庭人均可支配收入	元	406	2182	11718	31838	36230	40188	43851	47710	2400
农村居民家庭人均可支配收入	元	281	1665	5565	13746	15644	17401	19208	21192	1200
人均居住水平										
市区人均使用面积	平方米	4.5	6.6	11.8	16.7	17.0	17.3	17.5	17.8	12
农村人均（钢砖木结构）住房面积	平方米	—	37.1	53.6	59.7	58.9	60.42	58.48	58.92	15
人均蛋白质摄入量	克	—	70	>75	—	—				75
城乡交通状况										
城市人均拥有铺路面积	平方米	0.79	1.39	6.16	18.13	18.44	18.88	11.3	11.51	8
农村通公路行政村比重	%	—	100	100	100	100	100	100	100	85

续表

指标	单位	1978 年	1990 年	2000 年	2010 年	2011 年	2012 年	2013 年	2014 年	小康值
恩格尔系数（城市居民）	%	—	52.5	44.5	33.5	35.5	36.8	34.9	35.0	50
人口素质										
成人识字率（15 岁及以上人口）	%	—	88.9	93.8	97	—	—	—	—	85
居民平均期望寿命	岁	73.35	75.46	78.77	82.13	82.51	82.41	82.47	82.29	
婴儿死亡率	‰	15.5	10.95	5.05	5.97	5.70	5.04	5.73	4.83	31
精神生活										
教育娱乐消费支出比重（城市居民）	%	—	11.9	14.5	14.5	14.9	14.2	14.6	16.2	11
电视机普及率	%	—	70.9	100	100	100	100	100	100	100
生活环境										
森林覆盖率	%	—	5.5	9.2	12.58	12.58	12.58	13.1	14.0	15
农村初级卫生保健基本合格以上县百分比	%	—	100	100	100	100	100	100	100	100

注：1. 本表中小康值是根据 2000 年国家统计局《全国人民小康生活水平的基本标准》确定的。其中，人均国内生产总值按常住人口计算；

2. “恩格尔系数”和“教育娱乐消费支出比重”仅是城市居民家庭，不包括农村居民家庭；

3. “人均国内生产总值”、“市区人均使用面积”根据人口普查后调整的人口数重新计算，婴儿死亡率 2008 年开始改为常住人口口径；

4. “—”表示没有指标数据来源。

B.23

后　记

2014 年以来，上海着力完善各项社会政策，积极推进社会治理体制机制创新，充分发挥基层组织和社会力量参与社会治理的积极作用，通过社会政策的创新，适应城市社会经济发展需要，逐步改善民生，提高市民生活质量，促进全面小康建设。2016 年的上海社会蓝皮书主题是“优化社会政策，促进社会治理”，结合全市完善社会政策、促进社会治理创新的探索经验，从专家学者角度紧紧围绕上海社会政策和社会发展中的热点、瓶颈和难点问题，面向“十三五”的发展前景，提出优化社会政策，促进社会发展的新思路、新举措。

本年度蓝皮书的撰写从 2015 年 5 月启动，由上海社会科学院社会发展研究院前院长卢汉龙研究员、社会学所（青少所）所长杨雄研究员、城市人口与发展研究所副所长周海旺研究员提出选题及研究框架设计，并组织实施。研究报告主要利用上海社会科学院社会发展与社会政策领域的骨干研究人员，同时吸收对本报告相关论题富有经验的院外专家学者参与。全部报告最后由周海旺统稿审定。

在这里，我们谨向参与本报告的研究和支持配合本研究的有关专家学者与社会有关部门表示诚挚的敬意，感谢他们为本报告的写作与发表所做出的努力。

本书编委会

2015 年 12 月

Abstract

The general report discuss the theme of "Optimize social policies and promote social governance", through combine the city's experience of consummate social policy and promote social governance to experts and scholars' perspective around Shanghai Social policy and hot point, bottleneck, difficult issues of social development. For "Thirteen Five" development prospects, proposed optimization social policies to promote new ideas and new initiatives for social development.

Since 2014, Shanghai actively promote the social management system and mechanism innovation, and give full play to the positive role of grassroots organizations and social forces to participate in social governance, exploring government-led, social participation of the new model of social governance, promote a harmonious society. At the same time, pay attention to mobilizing grassroots communities and the creativity of all kinds of social organizations, promoting social and economic restructuring. This report summarize and analyze the Shanghai social optimize policies to promote social governance and practice and exploration of social governance are summarized and analyzed. For example, accelerate the exploration of grass-roots social governance, improve population policy, control population development process, optimizing personnel policies and supporting measures to boost Shanghai Technology Innovation Center, cultivate various social organizations to make up the short board of social management, adjust and improve the structure of education to adapt to the school-age population development situation changes, accelerate the establishment of health care reform for all citizens to high quality health care system, encourage entrepreneurship to create jobs, reform the pension system to promote social equity , accelerate the establishment of the pension service assessment mechanism for the aged, improve the social philanthropy development mechanism, pay attention to the construction of the urban safety system to explore new problems and Countermeasures in the new situation. Through innovative social policies, adapt to urban social and economic development needs, and gradually improve people's livelihood, improve the quality of life of the people, promote the overall well-off construction.

Appendix part lists some of the key indicators of Shanghai social development and makes a comparison with some municipality's development indications, aiming at recording the process of Shanghai social development quantitatively.

Contents

Ⅰ General Report

Abstract: China's social development has entered a new stage being accompanied by the new normal of Chinese economy. At this stage, the government will be more interested in the quality and efficiency of economic grow and the integration of urban and rural development willstrengthen. Income distribution will gradually improve, and the driving effect of consumption is increasing day by day. During the 12th five-year plan, the quality of social development in Shanghai reached the medium level, Social and economic security level is higher. Social cohesion is strong and the social acceptance is higher. The relationship between the native and the guest is basically harmonious, but the citizen community participation and community action are obviously insufficient. In the 13th five-year plan, Shanghai will be facing an aging population. Urban-rural dual structure will be outstanding. The pressure of social security is increasing. Environmental protection, energy saving and emission reduction will be more constrained. The risk of Metropolis safety is higher. Grassroots governance is difficult in the internet era. Therefore, Shanghai must attach great importance to the promotion of social quality to improve urban operation and public service quality. Striving to improve people's wellbeing and accelerating the development of social programs. Must vigorously develop social organizations and activate social vitality to enhance the city "happiness" . Actively promote the city identity and social harmony to practice the value orientation of Shanghai City. Respect for the people to draw public opinion and strengthen the coordination of interests. In a word, Shanghai should develop new forms of social governance.

Keywords: Social Quality; Social Development; Social Governance

Ⅱ Special Reports

B. 2 A Research on the Construction of New Social Governance System in Shanghai

Xia Jiangqi, *Lu Hanlong* / 014

Abstract: At present, the entire city of Shanghai has been in a "new tripartite-structure" that consisted of "central urban area-uria-outer suburban district" in the aspect of spatial morphology, population distribution and industrial layout. The former "double dual structure" in which urban-rural dual structure and household registered dual structure coexist has been broken. Shanghai's social governance system is incommensurate to the changed conditions because of the outstanding problems in the top and bottom part of it. In the top part mainly include the following issues: the leadership system has not been stereotyped, the coordinated mechanism of mediating social contradictions and the dynamic adjustment mechanism of the allocating governance resources have not been improved; in the bottom part mainly include the following issues: the fragmentation of the vertical and horizontal relationships restricts sub-district and town to strengthen their social governance function, the community governance system in central urban area has not been effectively established, township merger has been a significant negative impact on the grass-roots social governance in suburbs.

Keywords: Social Governance System; New Tripartite-structure; Community

Abstract: Grass roots social governance is one of the important contents of the social governance innovation in the big cities. By the end of 2014, Shanghai municipal Party committee issued a number of issues, the relevant policy design and practice of the basic level of Street Town. This paper combing the latest progress in the reform of grassroots governance in Shanghai city, and analyzes some of the existing problems, and finally put forward the main trend of the reform in the future.

Keywords: Grass Roots; Social Governance; Progress; Shanghai

Abstract: This paper analyze basic circumstances that social organizations participate in grassroots governance which has four types: Shanghai life services, commonweal and charity, cultural and sports, special investigation and handling of social conflicts. It summarized various social organization's work mechanism and remarkable achievements in the promotion of grassroots governance, at the same time, it also analysis the outstanding problems which exist in the development, finally profound social organization working mechanisms and promote innovative social management work thinking.

Keywords: Shanghai; Social Organization; Grassroots Governance

Abstract: The city public security problem is not only one of the most prominent and difficult problems in city system. As a super-large city, Shanghai faces the same public security problems as other super-large cities. At the time, Shanghai also has its own public security problems for economic and social development. The unique natural environment and extreme weather conditions, the international macro environment changes, population increasing, urban spatial layout, the economic and social transformation and so on brought these problems. Shanghai public security in not isolated, but with the economic and social development. The public safety management must be gradually market-oriented and socialized. I is the participation of social will support four-center and international metropolis construction.

Keywords: Shanghai; Major City Public Security

Abstract: This paper analysis the serious imbalances population age structure problems which bring by Shanghai long-term ultra-low fertility, and consider that the fierce competition job and high-cost living is an important reason that many people don't want to have two children, and the existing maternity-related benefits policy didn't provide the necessary help for raising two children of the family. Therefore, we need to fully use international experience for reference to encourage fertility effectively, and study and introduce relate policies to encourage families to have two children such as: changing fertility policy, adjusting public opinion propaganda-oriented, advocating the majority of young people have two children, changing the existing welfare policy that encourage late marriage fewer children, and put the part of the cost of infertility treatment into health care, building the infant care network, carrying the welfare matchmaking service that allows unmarried-women have childbearing and so on.

Keywords: Shanghai; Fertility Level; Fertility Policy

Abstract: This paper analysis the children of migrants population's education in large cities backgrounds that been control, through three areas of Shanghai's survey.

In recent two years, Shanghai control the enrollment scale of children of migrants' population and the scale of students through strength residence management, strict admission control, control illegal running school, but still exist outstanding issues that facing a large amount of educational resources needs, uneven distribution, private primary has difficult to maintain. It need to further strengthen the residence management, increase education resources zone configuration, make efforts to improve the quality of private primary schools and other measures, resolve the issue of education of children of foreign population properly.

Keywords: Population Regulation; Residence Permit; the Children of Migrants Population; Education Problem

B.8 The Achievements, Challenges and Solutions Suggestions of Shanghai Occupational Education Development

Wang Qin, Ma Qingfa / 109

Abstract: This paper carding the basic ability, quality construction, business staff training and other achievements of Shanghai occupational education in recent years, and analyze the new situation and challenges that occupational education facing. It put forward some suggestions that can adopt in the future years: taking efforts to promote occupational education reform turn "supply oriented" static stylized model to the "demand-oriented" dynamic conscious adjustment mode, constitute and implement the occupational education teachers Excellence plan, promote academic education and occupational training institutions develop together.

Keywords: Occupational Education; System; Connotation

B.9 Analysis of Shanghai Current Development of Health Care Services and Discussion of Future Health Development in the Thirteenth Five Year Plan

Jin Chunlin, Xin Hongyun, etc. / 127

Abstract: 2015 is the last year of the Twelfth Five Year Plan of Shanghai development of health care services and the time of preparing to start the Thirteenth Five Year Plan. In the Thirteenth Five Year Plan, Shanghai health system will face many challenges which are more complex and difficult, and the reform will be related to more stakeholders. This article has clarified the current situation of health care services in Shanghai and proposed several core problems. Meanwhile, we analyzed the health situation of Shanghai, and then raised some considerations and suggestions.

Keywords: Medical and Health Services; Current Situation; Shanghai

Abstract: This paper concludes the situation of employment in the period of 12th Five-Year Plan and analyzes the amount of employment, the structure of employment, the unemployment and give the main measures to address the problems. In the period of 13th Five-Year Plan, Shanghai will face the problems of gross and structure in employment, will undergoing contradiction between highly educated talent surplus and shortage of skilled employment. At the same time, Shanghai culture seems lack of innovative entrepreneurial spirit, the traditional job security does not fit the era of the Internet will also puzzling the government. Aimed at these problems, this paper find some suggestions such as perfect the job security system, change the service mode of employment, transform the service mode of employment, thanks to the overseas high-level talents, integration of innovative entrepreneurship resources, improve the monitoring indicators of employment, countermeasures and so on.

Keywords: Mass Entrepreneurship and Innovation; Job Security; Shanghai Culture.

Abstract: Recently Shanghai social pension system reform has achieved great progresses: (1) has moderately reduced enterprises contribution rate at the right moment; (2) has increased the retiree pension further; (3) has enlarged the pension coverage further; (4) has increased the total pension income further; (5) has advanced the pension sustainable development capacity. However, there are still existed some problems: (1) delay or escape in payment to the contribution of Shanghai urban pension system still exist; (2) the return of investment for the huge social pension fund is still in very low level; (3) the continus 11 years increase of pension brings some negative effects. Therefore, we put up some suggestions respectively: (1) to establish the normal adjustment mechanism for basic pension; (2) to strengthen the collection and management for basic pension; (3) to elevate the investment return for Shanghai social pension funds; (4) to elevate moderately the allocation proportion of state-owned assets divident in the field of Shanghai social pension funds; (5) to put urban basic pension from local pooling to national pooling.

Keywords: Pension Insurance; Normal Adjustment Mechanism; Local SASAC Divident; National Pooling Pension

B. 12 Research on the Assessment System for Shanghai Elderly Care Needs

Yin Zhigang, *Jin Ling*, *etc.* / 176

Abstract: Elderly needs assessment system is the basic work to build a fair, efficient and orderly pension service system. The assessment system for elderly care needs is aimed at setting an unified standard which the elderly can get health care service without going to different care service agencies to apply for care service respectively. This assessment system is not only to integrate different systems of several departments, but also integrate care service resources offered by different departments. The system will establish the elderly long-term care system, co-ordinate resources of community home endowment, institution endowment and aged care hospital. Meanwhile, it will form a unified pension services management information platform and gradient old-age subsidy policy. Shanghai government is planning to construct "clear division of responsibilities, gradient connection, mutual referral, fair queue" social endowment service system, with the purpose of realizing the basic care for the elderly needs and professional services and reasonable matching, ensuring that the limited basic public services can be efficiently used.

Keywords: The Assessment System for Elderly Care Needs; Five in one System; The Social Endowment Service System

B. 13 LTC Insurance System Boosting Elderly Service Resources Integration and Industry Development

Abstract: The security system for the elderly included Long Term Care (LTC) service and its insurance which is be separated by the exist system such as old age security and its service, nursing care and non – nursing care. According to community service as well as LTC service and insurance system, Shanghai should begin to study to set up LTC and build the service system around it to help raising the efficiency and development the industry for the elderly. The financing sources for the LTC will come from government budget, health insurance fund, public housing saving fund as well as the fund for the disability and family planning, there should be personal contribution and out – of – pocket. Following with "money flows to the elderly demand" and combining with unified demand evaluation system, LTC insurance system will set up with unified and standard payment level. Besides, the LTC insurance will help to set up service personal system which will include 3 personnel group: present training, potential mining and tapping future (person +robot) .

Keywords: Long Term Care Insurance; Long Term Care Resources; Industry for the Elderly

B. 14 The Development Status, Problem and Reflections on Measures of Volunteer Service In Shanghai

Yang Xiong, Chen Linhui, etc. / 208

Abstract: In the process of urban modernization, Shanghai has nurtured a strong volunteer culture, and cultivated a positive volunteer service spirit, and formed a good volunteer service organization structure and working system. However, there are some problems at the same time, such as burnout among the volunteers, lack of protection for volunteers, sub - optimal two - way information channel, not enough the public awareness, need to upgrade the degree of standardization of voluntary service organizations and so on. In coming future, Shanghai will continue to promote the mechanism innovations of voluntary service, and strengthen the institutionalization, organization, socialization, informatization, project construction, and actively create a volunteer service culture, so as to highlight the social values in social governance and public services.

Keywords: Volunteer Service; Volunteering Spirit; Volunteer Culture; Social Governance

B. 15 Shanghai Charity Development: Status, Problems and Prospects

Zheng Leping / 226

Abstract: In recent years, the development of Shanghai charity present several new trends as follows: First, the new philanthropic innovation models continuously appears, such as Unite Foundation, Adream Charitable Foundation, Micro public welfare, social enterprises, community foundations and so on.

Second, the modern concept of charity gradually from the edge into the mainstream. The modern concept of charity has become the basic code of conduct of various charitable organizations, become the core element of the organization's mission, aspiration and values. Third, the development of philanthropy showing the multi-level, diversified development trend, charitable and cultural infiltration into a number of areas such as enterprise, campus and community. But we must also soberly aware that as a global city, Shanghai's philanthropy still exists many problems which need to breakthrough such as the popularity of the modern charity concept, the transparency of Foundation, the problems of credibility and mutual legal discipline, the specialization and professional of foundations, improvement of the tax system problems. Therefore, we need to make large effort to build institutional philanthropy development, capacity-building, industry self-regulation, the modern universal concept of charity in order to make Shanghai charity towards a new height.

Keywords: Shanghai; Charity; Commonweal

Abstract: Shanghai has formed a social assistance system based on Minimum Living Standard Scheme, supplemented by assistance for households in expenditure-related poverty and disaster victims and other temporary assistance programs, the system has developed medical assistance, educational assistance, housing assistance, and employment assistance on the one hand, and encourages the non-governmental participation in poverty relief on the other hand. This has shaped a development-oriented social assistance system featuring wide coverage, differentiation, and cooperation between different sectors, which is in line with the social and economic development of Shanghai. At the same time, many problems still exist in the system, including 1) relatively low standard of social assistance benefits makes it is still hard for needy households to get rid of poverty; 2) simplified assistance programs could not deal with the structural changes of urban poor population; and 3) the social assistance needs of the sizable migrant population are ignored due to the lack of policy inclusiveness. This paper proposes several suggestions for improving Shanghai's social assistance system, including 1) enlarging the investment on social assistance to promote the equality of distribution; 2) cultivating multiple stakeholders for social assistance through encouraging the participation of non-governmental sector; and 3) facilitating the inclusiveness of the social assistance to promote social integration.

Keywords: Social Assistance; Social Equity; Poverty Type-based Social Assistance; Development-oriented Social Assistance

Ⅲ Cases Reports

B. 17 An effective way that Songjiang District Exploring Suburban Network of Local Governance

Sun Ganlin, *Chen Hongming*, *etc.* / 261

Abstract: Shanghai Songjiang District promote grass-roots social governance reforms actively, deepen expand the grid management, enhance the effectiveness of the urban suburbs' integrated management, improve village governance and service system as the goal, strengthen the rural grass-roots development. Through covering the grid system of whole area, explore more emphasis on multi-stakeholder body, pay attention to protect the rule of law on the way, emphasis on multi-pronged means, focusing more on the gateway go ahead on the process, enhance the suburban community governance and public services

Keywords: Songjiang District; Urban Suburbs; Social Governance Network

Abstract: This paper analysis and summarized the Shanghai Changning District volunteer service work that focusing system and brand building, using the latest information technology, consummate the incentive safeguards, develop and expand the voluntary service culture and other innovative initiatives, it also analyzed the excessive administrative intervention in volunteer work, social development capacity is not strong, low degree of specialization and other issues. And it proposed the suggestions that making full use of volunteer service leadership and coordination at all levels, establish training bases, broaden the field of volunteer service

Keywords: Voluntary Service; System Construction

Abstract: To comply with the trend of community governance system and the ability of modern governance development, in recent years, Jingan District Caojiadu Sub-district Community has innovated and practiced continuously. And, the work mode gradually conversed from " community management " to " community governance " . In the process of innovation of grassroots governance, from enhance the community self-governance brand construction and Caojiadu Sub-district Community ZongZhi Center standardized construction investigate government purchase of social organization service mode and community 15 minutes legal service circle construction to the Community Cohabitation can solve all the aspects of the city puzzles and implement the effective breakthrough, emphasis on expanding community multiple governance "subject" to participate in, improving the ability of community governance, and well-providing the community residents service and management accurately and effectively.

Keywords: Community; Innovation and Grassroots

Ⅳ Appendix

✧ 皮书起源 ✧

“皮书”起源于十七、十八世纪的英国，主要指官方或社会组织正式发表的重要文件或报告，多以“白皮书”命名。在中国，“皮书”这一概念被社会广泛接受，并被成功运作、发展成为一种全新的出版形态，则源于中国社会科学院社会科学文献出版社。

✧ 皮书定义 ✧

皮书是对中国与世界发展状况和热点问题进行年度监测，以专业的角度、专家的视野和实证研究方法，针对某一领域或区域现状与发展态势展开分析和预测，具备原创性、实证性、专业性、连续性、前沿性、时效性等特点的公开出版物，由一系列权威研究报告组成。

✧ 皮书作者 ✧

皮书系列的作者以中国社会科学院、著名高校、地方社会科学院的研究人员为主，多为国内一流研究机构的权威专家学者，他们的看法和观点代表了学界对中国与世界的现实和未来最高水平的解读与分析。

✧ 皮书荣誉 ✧

皮书系列已成为社会科学文献出版社的著名图书品牌和中国社会科学院的知名学术品牌。2011 年，皮书系列正式列入“十二五”国家重点出版规划项目；2012~2015 年，重点皮书列入中国社会科学院承担的国家哲学社会科学创新工程项目；2016 年，46 种院外皮书使用“中国社会科学院创新工程学术出版项目”标识。

中国皮书网

www.pishu.cn

发布皮书研创资讯，传播皮书精彩内容

引领皮书出版潮流，打造皮书服务平台

栏目设置：

□ 资讯：皮书动态、皮书观点、皮书数据、皮书报道、皮书发布、电子期刊

□ 标准：皮书评价、皮书研究、皮书规范

□ 服务：最新皮书、皮书书目、重点推荐、在线购书

□ 链接：皮书数据库、皮书博客、皮书微博、在线书城

□ 搜索：资讯、图书、研究动态、皮书专家、研创团队

中国皮书网依托皮书系列“权威、前沿、原创”的优质内容资源，通过文字、图片、音频、视频等多种元素，在皮书研创者、使用者之间搭建了一个成果展示、资源共享的互动平台。

自2005年12月正式上线以来，中国皮书网的IP访问量、PV浏览量与日俱增，受到海内外研究者、公务人员、商务人士以及专业读者的广泛关注。

2008年、2011年中国皮书网均在全国新闻出版业网站荣誉评选中获得“最具商业价值网站”称号；2012年，获得“出版业网站百强”称号。

2014年，中国皮书网与皮书数据库实现资源共享，端口合一，将提供更丰富的内容，更全面的服务。